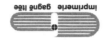

D1387862

# Si la vie était
# un gag…

ÉDITION DU CLUB QUÉBEC LOISIRS INC.

© Avec l'autorisation des Éditions Libre Expression

© Éditions Libre Expression, 1994

Dépôt légal — Bibliothèque nationale du Québec, 1994

ISBN 2-89430-125-1

(publié précédemment sous ISBN 2-89111-600-3)

Marcel Béliveau

# Si la vie était un gag…

Ma vie aurait pu être triste. Il aurait suffi que je l'accepte. Mais je suis un rebelle et toute forme de résignation m'est étrangère.

La maladie de mon père, la pauvreté de ma famille et un séjour à l'orphelinat m'ont appris que la vie n'est pas facile et qu'il faut lutter pour survivre. De tels facteurs, souvent à l'origine d'une enfance malheureuse, ont eu sur moi un effet inattendu. Ils m'ont donné de l'ambition et un sens aigu de la dignité.

À Grand-Mère, à Shawinigan et ensuite à Cap-de-la-Madeleine où nous avons habité, il y avait trois classes sociales: les riches, les pauvres et les plus que pauvres. Ma famille faisait invariablement partie du dernier groupe. Et ce n'est pas un cliché. J'ai souffert d'être rejeté et j'ai eu honte d'être montré du doigt. De quoi pousser quelqu'un à longer les murs... ou à brandir l'étendard de la révolte. La deuxième voie s'accordait davantage avec mon tempérament.

Le désespoir a été le fil conducteur de ma vie, le filtre qui a teinté ma vision de l'existence, le ressort qui m'a propulsé dans le monde du rire. Ce désespoir me donne l'envie irrésistible de m'amuser.

Bien que je sache qu'on finit tous par se faire avoir, la vie me semble un gag, une plaisanterie absurde. Alors, je fais la seule chose qui me semble valable: essayer de tirer le meilleur de chaque situation.

À certaines périodes de ma vie, j'ai été dans la dèche. À d'autres, j'ai roulé carrosse. La seule constante, c'est que je ne me suis jamais ennuyé. Riche ou pauvre, je me suis toujours amusé... et j'ai souvent amusé les autres.

Je ne suis pas un raconteur d'histoires, ni un comique ni un motivateur. Cependant, en toute modestie, je crois avoir le talent de faire rêver. Quand je raconte des bribes de ma vie, certaines personnes disent y puiser une inspiration. C'est peut-être parce que je suis convaincu que la vie est faite pour réaliser nos rêves. Je n'ai aucune hésitation à tout mettre en œuvre pour réaliser les miens. Si je ne réussis pas à tout coup, j'ai au moins la satisfaction de faire ce qui me plaît. Je préfère agir plutôt que subir.

On dit aussi que la nécessité est source d'inspiration. Dans mon cas, c'est vrai. L'adversité me pousse à l'action. Par simple réflexe.

Je prends plaisir à réaliser des choses que l'on dit «impossibles». De prime abord, quelquefois naïvement, tout me semble possible. À la condition bien sûr d'en assumer les conséquences. Faire ce que l'on aime est une récompense en soi et n'a rien à voir avec les avantages qui s'y rattachent. Cette distinction entre l'activité elle-même et ses retombées m'a toujours semblé fondamentale.

Mon optimisme rebelle n'a pas que de bons côtés. Il m'entraîne parfois dans des situations aussi complexes que ridicules. C'est plus fort que moi, tout défi me stimule. Et plus il est grand, plus ma résolution est ferme.

Au fil des ans, j'ai appris que toute situation, même si elle semble désespérée, peut parfois être tournée à notre avantage. Il ne faut jamais s'avouer vaincu d'avance ni renoncer avant d'avoir été jusqu'au bout. Bien sûr, un repli stratégique peut être souhaitable afin de trouver l'élan qui nous mènera plus loin. Mais repli n'est pas abandon. Comme je le répète souvent, «avant l'heure, ce n'est pas l'heure et après l'heure, ce n'est plus l'heure». Chaque chose en son temps.

Jouer des tours a sans doute été ma soupape, ma façon de survivre à la morosité du présent. L'humour étant un exutoire au désespoir, je générais une dose quotidienne de gags. Il est aussi arrivé qu'un canular ait été la seule façon de sauver ma peau. Une petite mystification m'a souvent tiré d'embarras lorsqu'une situation semblait sans issue. J'ai souvent été le premier à m'étonner d'un dénouement.

Tout canular est impossible sans la participation de la «victime». C'est elle qui, inconsciemment, règle la mise en scène et dicte les répliques. L'auteur de la mystification n'a qu'à suivre le courant, même s'il ne sait pas trop où cela l'entraînera. C'est là que ça devient passionnant.

Évidemment, une telle attitude suppose le goût du risque. Mais quand on a tout à gagner... La conviction de n'avoir rien à perdre offre toutes les libertés, permet toutes les audaces. Et cette conviction est ancrée profondément en moi.

Plusieurs gags de *Surprise sur Prise* m'ont été inspirés par des anecdotes dont j'ai été la victime ou l'instigateur. Jouer des tours, je ne pense qu'à ça! À l'époque où je les ai vécus, je ne savais pas que ma manie du gag allait me conduire là où je suis aujourd'hui. Ayant toujours vécu sans me soucier du lendemain, il va sans dire que je n'ai jamais eu l'ambition d'être riche, de réussir dans une carrière ou de connaître la célébrité. Le plaisir d'abord! Et l'un de mes grands bonheurs est d'y associer le plus grand nombre possible de personnes. Mais le profit est venu de surcroît, sans que je m'y attende.

Depuis, je ne crois pas avoir changé. Je cherche toujours à m'amuser. Le gag est devenu mon métier et j'y trouve toujours autant de plaisir. Bien sûr, la réussite d'un gag nécessite beaucoup de préparation et de travail. D'autant plus que je tiens fermement à ce que tous les gags soient aussi inoffensifs qu'amusants. C'est trop facile d'insulter et d'humilier les gens. L'émission ne doit jamais se prêter au règlement de comptes ni glisser dans la vulgarité. J'ai toujours défendu ces principes et je les défendrai sans relâche.

Ce n'est pas que je sois vertueux, mais la méchanceté ne me fait pas rire. L'humour cinglant m'indispose et la mesquinerie me répugne. Je connais trop bien la difficulté de vivre et de s'assumer pour accepter que l'humour devienne blessant.

En me remémorant certains moments de ma vie et les aventures incroyables dans lesquelles je me suis souvent trouvé, je me dis que si j'avais été raisonnable et pondéré, je serais passé à côté d'une quantité incroyable d'expériences. Bien sûr, j'aurais préféré éviter certaines d'entre elles, mais les plus décevantes ont souvent été le point de départ des aventures les plus passionnantes. Elles sont inséparables les unes des autres.

Les événements m'ont souvent projeté à l'avant de la scène. Mais quand les caméras se déplacent et que les lumières du studio s'éteignent, je reste là avec bien des questions sans réponses. Flâneur impénitent, je vais m'asseoir sur une terrasse et, seul, je regarde passer les gens...

Je réfléchis. Tous les jours je pense à la mort. Récemment, l'idée m'est venue que c'est peut-être très monotone dans l'au-delà. Tout est paraît-il si parfait que ce doit être ennuyeux au point de donner le goût de vivre. On revient peut-être sur terre pour s'amuser à relever des défis.

Après l'âge de cinquante ans, nous pouvons délimiter le maximum d'années qu'il nous reste à vivre. Même le meilleur gag ne résiste pas à l'usure. C'est une raison de plus pour faire sauter les barrières et pour nous consacrer à ce qui nous plaît. Évidemment, il nous faut trouver l'équilibre qui nous permet d'user de notre liberté sans restreindre celle des autres.

Tout au long de ma vie, et peu importe les circonstances, je me suis beaucoup amusé... et je continue de m'amuser en racontant certaines aventures dans lesquelles j'ai été plongé de gré ou de force.

# Chapitre premier

Mécanicien, débosseleur, soudeur, peintre, mon père, mon idole, était aussi sculpteur. Colosse placide, il rentrait à la maison la figure noire, à l'exception des deux ronds clairs tracés autour des yeux par ses lunettes de soudeur. Il s'asseyait à la table de la cuisine et je m'approchais pour le regarder rouler une cigarette d'une seule main, entre deux gros doigts aux ongles ras et cerclés de cambouis.

Ce solide gaillard était rongé par la tuberculose. Parce que c'était une maladie contagieuse et que beaucoup de ceux qui en étaient atteints mouraient, notre famille se trouvait un peu mise à l'écart, et l'entourage ne prenait pas forcément des gants blancs pour nous le faire savoir.

Quand j'ai eu cinq ou six ans, nous avons quitté Grand-Mère pour nous installer dans la ville voisine, Shawinigan, nom emprunté aux Micmacs. Près de chez moi habitait un copain de mon âge qui s'appelait Robert. Ses parents étaient plus aisés que les miens; il suivait même des cours de violon, ce que je trouvais profondément ennuyeux, et lui aussi probablement.

Un jour, je le rencontre dans la rue avec son petit étui de cuir.

– Je vais à mon cours de violon, tu m'accompagnes?

Son professeur n'est autre que le directeur de la fanfare de Shawinigan. Tous les jeudis soir pendant la saison chaude, cette fanfare locale en grand uniforme donne un concert dans le parc du centre-ville et les promeneurs se massent autour du kiosque à musique pour écouter une valse de Strauss ou une marche militaire, plus adaptée aux circonstances.

Et nous voilà partis vers la rue principale où la fanfare occupe des locaux situés juste au-dessus du poste de pompiers. Mon copain Robert et moi passons devant le terminus d'autobus, traversons la rue, et montons à l'étage. Là, j'écarquille les yeux, fasciné par tous les instruments de la fanfare accrochés au mur.

– Fais attention, surtout ne touche pas, me glisse Robert.

Le professeur, un monsieur en redingote noire, l'air à la fois austère et distrait, conduit mon camarade dans la petite pièce du fond d'où s'échappent bientôt les grincements plaintifs de l'archet et les remarques détachées du maître. Resté dans la grande salle, je passe lentement en revue les grosses caisses, les trompettes, les cymbales et l'énorme tuba, je caresse du bout des doigts ces cuivres rutilants et ces peaux tendues.

Le cours fini, le directeur de la fanfare quitte précipitamment les lieux. Si précipitamment même que, nous croyant sortis avant lui, il nous enferme à double tour dans la grande salle. À vrai dire, cela ne nous inquiète pas. La porte est fermée à clé? Profitons-en. Et nous nous précipitons sur tous les instruments, produisant des sons stridents avec les trompettes, donnant des coups de mailloches sur les tambours, frappant les cymbales les unes contre les autres, soufflant dans les cornets à pistons et les trombones à coulisse. Pendant une bonne heure, nous nous enivrons de cette réjouissante cacophonie.

Puis vient le moment où nous en avons assez. Déjà la nuit tombe, et il faut rentrer chez nous. Mais comment sortir de là? En faisant le tour de la pièce, je tombe sur une boîte d'allumettes. Si nous mettions le feu aux rideaux pour attirer l'attention? Puisque Robert est d'accord, aussitôt dit, aussitôt fait. Je craque une allumette et je la passe sous les vieilles tentures de velours qui ne demandent qu'à brûler. Pour flamber, ça flambe, mais en dégageant une épaisse fumée. Nous étouffons, nous toussons comme des damnés, tant et si bien que la panique s'empare de nous. Il faut à tout prix briser une vitre pour aérer. Je saisis un clairon que je lance dans une vitre. Elle résiste. Je recommence l'opération plusieurs fois, et mon clairon est tout cabossé quand je viens enfin à bout du carreau.

De l'autre côté de la rue, une dame qui étend son linge entend nos appels au secours, et voit la fumée qui s'échappe par la fenêtre. L'alerte est donnée. Mais les pompiers, même s'ils sont juste en-dessous, doivent mettre le temps de grimper un étage, d'abattre la porte à coups de hache et de nous évacuer, de sorte qu'il est déjà trop tard pour maîtriser l'incendie.

Sains et saufs, un peu gênés quand même, Robert et moi regardons brûler l'édifice, depuis le trottoir d'en face. Quel spectacle! Tout y passe: les locaux de la fanfare, tous les instruments de musique, et la caserne des pompiers; ils ne sont pas beaucoup plus fiers que nous ceux-là.

Voilà pourquoi pendant tout cet été, il n'y a pas eu de concerts publics dans le parc de Shawinigan.

Même après un tel désastre, mon père ne m'a pas donné la moindre gifle. Comme toujours il m'a demandé d'expliquer le pourquoi de mon acte. Je lui ai dit que nous étions enfermés, qu'il fallait bien attirer l'attention... Il a reconnu la logique de mon explication et a été rassuré de constater que son fils n'était pas dans la voie de la pyromanie.

On s'en doute, mon exploit eut un grand retentissement dans toute la ville et ma photographie parut même à

15

la une du journal local. Dans la rue, les gens me reconnaissaient et m'interpellaient, sans hostilité:

— Ah, c'est à cause de toi qu'on n'a plus de musique le jeudi!

J'avais anéanti la fanfare de Shawinigan, j'avais privé la population d'un plaisir hebdomadaire, mais j'avais acquis – bien involontairement – une certaine renommée.

La tuberculose de mon père contribuait aussi à me singulariser. Je sentais bien que nous étions mis à l'écart, que nous étions craints à cause de la contagion. Mes frères et sœurs en souffraient sans doute plus que moi qui avais appris à tirer profit de la situation...

Dans la rue voisine habitaient deux jumeaux blondinets et inséparables. Un jour ils arrêtent devant chez nous et je leur demande s'ils veulent jouer aux cow-boys, mais ils refusent. Je propose d'autres jeux. Même refus.

— Alors pourquoi vous venez me chercher?

— On aimerait bien jouer avec toi, mais on peut pas.

— Ça n'a pas de bon sens. Qu'est-ce qui vous en empêche? Si c'est faire les bons que vous voulez, allez-y, je ferai le méchant.

— On ne peut pas parce que ton père a la tuberculose. Notre mère dit que si on te touche ou si tu nous touches, on va mourir.

C'était sans doute dit sans intention de blesser, mais le résultat était le même. D'autant que ce rejet m'apparaissait comme parfaitement absurde; mon père, je l'embrassais tous les jours et je ne m'en portais pas plus mal.

— Ah, elle a dit ça ta mère? Eh bien, les gars, vous allez mourir tous les deux, et aujourd'hui même...

Et je m'approche, en tendant vers eux des bras menaçants, comme dans les films d'horreur. Effrayés, les jumeaux déguerpissent à toutes jambes, mais en moins de deux je suis sur leurs talons. Quand je les touche, ils crient comme des damnés. De mon côté, je jubile :

– Touché ! Tu vas mourir !

J'en rattrape un dans l'escalier de leur immeuble. Je me mets à le malmener de plus belle, le faisant hurler de terreur. Sa mère se précipite alors sur le balcon :

– Vas-tu lâcher mon fils, espèce de voyou !

Comme l'autre veut rentrer par l'arrière, je fais le tour et je l'empoigne ; il tremble de tout son corps, persuadé que son dernier jour est venu.

Évidemment les jumeaux ont survécu ; ils en ont été quittes pour une peur bleue. De mon côté, j'avais eu ma première vraie leçon de vie, à savoir qu'il faut toujours chercher le moyen de tourner l'adversité à son avantage. Plutôt que d'aller pleurnicher dans les jupes de ma mère parce que personne ne voulait jouer avec moi, j'avais utilisé la situation en ma faveur ; je m'étais en quelque sorte créé un jeu, cruel peut-être, mais pas plus que l'attitude de rejet adoptée à notre égard.

* *
*

J'avais huit ans quand ma mère est tombée malade, assez gravement pour être hospitalisée pendant quelque temps. Comme mon père était alors dans un sanatorium, mes frères, mes sœurs et moi nous sommes trouvés sans foyer. On nous a donc placés dans un orphelinat qui s'appelait Ville-Joie-Sainte-Dominique, tenu par des dominicaines. J'y étais traité comme un orphelin, même si mes parents étaient encore vivants. Un jour, on m'a même envoyé chez des gens qui auraient voulu m'adopter, car ils me trouvaient gentil ; mais moi, cela ne m'intéressait pas : j'avais mes parents, je n'en voulais pas d'autres.

La vie à l'orphelinat n'avait rien d'une partie de plaisir. Nous nous levions avec les poules, et à tour de rôle, deux d'entre nous devaient être debout un peu avant les autres pour déposer sur chaque lit un pantalon et un chandail que nous devions endosser pour aller à la chapelle. Après la prière du matin, retour au dortoir pour changer de vêtements, puis nous allions au réfectoire et en classe. À onze heures, de retour au dortoir, nous nous changions pour un autre office, et encore pour le repas du midi. J'avais en horreur ces multiples changements de vêtements.

Cet été-là, nous avons eu droit à la colonie de vacances pour orphelins. Les religieuses nous ont entassés dans une camionnette que, par optimisme ou par cynisme, elles avaient nommée La Joyeuse, et elles nous ont emmenés dans un endroit perdu dans les bois, au bord du lac Roberge, à Saint-Tite. Là, elles nous ont abandonnés aux mains d'aumôniers et de séminaristes qui faisaient office de moniteurs.

L'aumônier Bigras, chargé de notre dortoir, nous menait à la baguette. Comme il fallait de l'ordre et de la discipline en tout, on nous avait regroupés en équipes. J'étais le chef des Hirondelles, et j'avais recueilli sous mon aile protectrice l'un de mes frères, de quatre ans mon cadet. Nous dormions dans des dortoirs de trente lits, sur des paillasses. En tant que chef d'équipe, je devais veiller à ce que nos lits soient bien faits, et à ce que nous soyons en rang le plus vite possible. Comme mon frère mouillait son lit, je travaillais doublement: le matin, je courais remettre de la paille propre, je refaisais entièrement le lit...

Cela dit, notre séjour à l'orphelinat n'eut rien de paradisiaque, mais il nous a malgré tout procuré de bons moments.

*  *
*

Heureusement, après un certain temps, la famille fut de nouveau réunie et, quittant Shawinigan, nous nous sommes installés à Cap-de-la-Madeleine. Le sanctuaire de Notre-Dame-du-Cap est très fréquenté depuis qu'en 1888 une statue de la Vierge aurait ouvert les yeux devant un père franciscain qui passait par là. Pour ma part, je suis souvent allé observer la statue, même la nuit, et je ne l'ai jamais vue dessiller les yeux.

Nous avons trouvé un logement en face de l'église, entre le presbytère et le couvent des religieuses. C'est dire que nous étions plutôt bien encadrés.

Derrière la maison, nous disposions d'un carré de verdure. Mon père ayant lu dans une revue que le lait de chèvre avait un effet bénéfique sur les tuberculeux, il s'était procuré trois ou quatre chèvres que nous gardions dans ce minuscule jardin, en pleine ville. Et tous les matins, sur le chemin de l'école, je devais livrer du lait de chèvre aux quelques personnes qui nous en achetaient. Mon père n'avait sans doute pas mesuré les conséquences de cet élevage insolite sur l'intégration sociale de son fils. Quand j'effectuais ma tournée, les enfants du quartier s'en donnaient à cœur joie :

– V'là Bééliveau ! Bééééé... Béééééliveau !

Mais bêlera bien qui bêlera le dernier. Car au fond j'y trouvais mon compte. Je ramassais les crottes de nos biquettes, auxquelles je donnais un coup de pinceau, et je m'en allais jouer aux billes avec ces petites choses rondes. Je gagnais les billes des moqueurs, et eux empochaient des crottes de chèvre...

Régulièrement, mon père faisait sa valise pour entrer en cure dans un sanatorium. Les revenus de la famille étant plutôt minces, nous vivions en partie grâce à l'assistance sociale et au secours de la Saint-Vincent-de-Paul ou de je ne sais trop quel autre organisme.

Même s'il n'en laissait jamais rien paraître, mon père souffrait certainement de voir ses enfants mis à l'écart à cause de sa maladie. Dans une période où il allait mieux, il occupait un emploi comme mécanicien dans une compagnie d'autobus. Lui était alors venue une brillante idée, sans doute inspirée par le désir de racheter aux yeux de son fils aîné ses longues absences et la précarité de la situation familiale. Il avait découpé au chalumeau le toit d'un autobus condamné à la ferraille, il l'avait retourné et transformé en bateau à fond plat. Un soir, il était rentré à la maison en transportant cette étrange embarcation sur une remorque.

– Tiens, Marcel, c'est pour toi.

Son ingéniosité n'était pas passée inaperçue et j'avais eu de nouveau les honneurs de la presse. J'avais douze ans, et je posais fièrement devant ma «péniche», avec mon pantalon à mi-mollets et ma casquette de tweed enfoncée jusqu'aux oreilles.

Cap-de-la-Madeleine est située en face de Trois-Rivières. Les deux villes sont reliées par un pont qui enjambe une île. Or un jour, l'une des sections du pont s'écroula, ce qui causa la mort de plusieurs personnes, dont l'un de mes oncles. C'était un événement tragique. Les gens qui habitaient Cap-de-la-Madeleine et travaillaient à Trois-Rivières, ou vice-versa, s'arrachaient les cheveux. L'armée s'est mise à l'œuvre pour bâtir un pont flottant, mais en attendant, on ne pouvait pas se rendre d'une rive à l'autre.

Profitant de la situation, j'ai sorti mon bateau, j'ai procuré des rames à deux copains et, pour dix sous, nous faisions traverser la rivière aux gens. À chaque voyage, nous transportions une trentaine de passagers, tous debout. En découvrant notre drôle d'embarcation, les gens hésitaient à monter, les femmes en talons hauts serraient leur sac à main comme s'il s'était agi d'une bouée de sauvetage. Mais c'était ça ou rien...

Chez l'un de mes deux matelots, André Lahaye, dont le père était un ancien boulanger, nous avions récupéré un de ces petits caissons autrefois tirés par des chevaux et avec lesquels on livrait le pain. Nous l'avions installé à la poupe de notre «péniche» et c'est de ce poste de commandant de bord que je dirigeais la manœuvre, les mains en porte-voix, le cœur gonflé par l'enthousiasme des grands navigateurs. Mais la mise en service du pont provisoire a démoli brutalement notre pont d'or à nous.

Pour continuer à gagner de l'argent de poche, j'ai commencé à travailler dans un cinéma le soir et dans une station-service pendant la fin de semaine. Dans les années cinquante, le cinéma déplaçait les foules, la salle était presque toujours pleine. J'étais placeur, chargé de déchirer les billets et de guider les spectateurs jusqu'à leurs fauteuils. Comme nous étions payés plutôt maigrement, l'une des caissières et moi avions mis au point une petite combine pour arrondir nos fins de mois aux dépens du patron. Certains spectateurs allaient s'asseoir dans la salle sans attendre leur moitié du billet. Au lieu de les déchirer, je les rapportais à mon amie qui les revendait à notre profit. Dans mon esprit, il s'agissait moins d'une escroquerie que d'une simple astuce. La maladie de mon père, avec ce qu'elle entraînait d'insécurité et d'exclusion, m'avait appris très tôt que la vie n'était pas facile, et qu'il fallait se battre. Cela m'avait donné de l'ambition, de l'orgueil, mais aussi un côté rebelle, et même un peu voyou.

* *

*

Coincée quelque part entre l'église, le presbytère et le couvent des religieuses se trouvait près de chez nous une patinoire extérieure ouverte à tous. Ceux qui voulaient patiner n'avaient qu'à gratter eux-mêmes la glace. À proximité se dressait une petite cabane où nous allions nous réfugier de temps à autre, pour nous réchauffer autour de la truie, un petit poêle qui trônait au milieu de quelques sièges.

Un jour d'hiver, j'ai invité une copine à venir patiner avec moi. J'avais treize ou quatorze ans, c'était la première fois que je sortais avec une fille, et je voulais agir en homme.

Nous sommes entrés dans la cabane pour mettre nos patins. Il y avait là plusieurs personnes et notamment un marguillier que j'avais déjà vu passer la corbeille de la quête à l'église. Je ne sais pas si c'était du vin de messe, mais le bonhomme avait un coup dans le nez. Le visage rouge, il récitait un chapelet d'histoires grivoises, sans ménager les détails salés. Moi, j'étais un peu gêné à cause de mon amie et je faisais celui qui n'entendait rien. Voyant que je ne riais pas, le marguillier m'apostrophe :

– Pourquoi tu ris pas ? Tu les trouves pas drôles mes histoires ?

– Ce ne sont pas des choses à raconter devant une jeune fille, lui dis-je, chevaleresque. Vous ne savez donc pas vivre ?

Ne faisant ni une ni deux, le marguillier me balance son poing dans la figure. Je passe par-dessus le banc, ma tête heurte violemment le plancher, et je vois trente-six chandelles. Poussant un cri d'effroi, mon amie se précipite à mon secours, et tout autour, les gens s'énervent. Mais je n'avais reçu qu'un coup de poing. Je me relève en me tenant le nez, pendant que le marguillier fait le fanfaron au milieu de la pièce en riant, content de son coup. J'attrape alors une pelle qui servait à gratter la patinoire, je lui fais faire un moulinet à hauteur d'épaule et j'en abats un bon coup sur le crâne du marguillier qui tombe raide, les bras en croix. Stupéfaction dans la cabane. Puis émoi total. Persuadé de l'avoir tué, je détale en courant aussi vite que me le permettent mes patins.

Je monte chez nous et je trouve mon père assis dans la cuisine, en combinaison, en train de se rouler une cigarette de ses deux doigts. Sans rien dire, je me réfugie dans ma chambre.

Dix minutes plus tard, on frappe à la porte: c'est le vicaire de la paroisse. Commencent alors les éclats de voix dans le vestibule.

– Vous savez ce que votre fils a fait à M. Bobillard? M. Bobillard qui consacre beaucoup de son temps aux jeunes de la paroisse... Vous savez ce qu'a fait votre fils?

– Non, mais vous allez me le dire.

– Eh bien! il l'a assommé, ni plus ni moins. À l'heure qu'il est, M. Bobillard est à l'hôpital, entre la vie et la mort.

Mon père n'en croit pas ses oreilles, il est effaré.

– Ça n'a pas de bon sens. Pourquoi il aurait fait une chose pareille?

– Sans raison aucune. Votre fils c'est de la mauvaise graine, voilà ce qu'il est. C'est un fou dangereux. Il faut l'envoyer immédiatement à l'école de réforme... Dieu sait de quoi il est capable...

Mon père l'interrompt.

– Ne nous énervons pas; écoutons sa version.

Dans ma chambre, j'imagine le pire. Mon père me demande de m'expliquer. Je lui parle de la conduite du marguillier, je lui montre les traces du coup de poing que j'ai reçu au visage. À tout bout de champ, le vicaire tente de couvrir ma voix, il invoque le ciel, m'accuse de calomnie envers un brave homme si dévoué à la cause de l'Église. À tel point que mon père finit par lui dire :

– Taisez-vous ! Laissons-le parler.

Je continue. Mon père est assis, attentif. À la fin de mon récit, il se lève calmement, il empoigne le vicaire par la soutane et le gifle sur les deux joues :

– Foutez-moi le camp. C'est terminé.

Outré, le vicaire est parti sans demander son reste. Mais mon père avait osé frapper un prêtre ; la nouvelle s'est répandue dans toute la ville et on en fit toute une histoire. Moi, j'ai trouvé formidable que mon père prenne ainsi ma défense, au lieu de se rallier à l'autorité, pourtant vêtue d'une soutane.

* *
*

D'accord, j'avais un côté un peu voyou, mais j'avais aussi de très bons résultats en classe. Je n'étais sans doute pas plus intelligent que les autres, mais je me voyais servi par une excellente mémoire. Je retenais mes leçons sans effort. Aussi, quand je faisais les quatre cent coups, on me le pardonnait plus facilement que si j'avais été un cancre. Au fond, je jouais un double jeu : j'étais à la fois mauvais garçon et bon élève. Je me souviens qu'au collège nous avions un professeur qui portait toujours un costume vert trop court et des bas blancs. Très timide, ce professeur virait souvent au rouge tomate, ce qui était du meilleur effet avec son habit vert. Je crois bien qu'à ses yeux, j'incarnais le diable. Mais comme mes notes étaient excellentes...

Devant moi, il y avait un élève qui s'appelait Champoux, dont les cheveux étaient toujours en broussaille. Souvent, le professeur s'approchait et le frappait sur la tête en disant :

24

– Champoux, il n'y a pas plus hypocrite que toi dans la classe. Tu es même le plus hypocrite de tous les élèves que j'ai connus. À part Béliveau, bien sûr...

Et il se tournait brusquement vers moi, comme un marchand qui veut prendre un voleur la main dans le sac. Je faisais mine de sursauter, je regardais autour de moi, l'air d'être victime d'une erreur sur la personne...

Pendant toutes ces années-là, je fus premier de la classe. Aux yeux de mes parents et de mes professeurs, j'avais d'autant plus de mérite que j'étais souvent malade. J'avais fait une pneumonie, une pneumonie double, une pleurésie. J'attrapais pour ainsi dire tout virus qui passait.

* *<br>*

Vint le moment où il fallut choisir entre le cours classique et le cours scientifique. Encouragé par mes bons résultats, mon père m'avait inscrit dans une école qui était, semble-t-il, plus prestigieuse que l'ancienne. Mais voilà qu'à la fin du premier trimestre, je suis dernier de la classe.

– Ça se peut pas, dit mon père. Durant sept ans, tu es premier, même en étant absent plus souvent qu'à ton tour, et tout à coup, dernier de classe ? Qu'est-ce qui se passe ?

Je ne savais que répondre, j'invoquais une période nécessaire d'adaptation à ma nouvelle école. À la vérité, le frère enseignant, large et lourd, m'avait pris en grippe. C'était un cas d'antipathie naturelle et mutuelle dont mon bulletin se ressentait.

Un jour de décembre, après l'étude, je retourne dans notre salle de classe pour chercher des livres que j'ai oubliés. J'ouvre la porte et je vois mon frère enseignant assis dans le fond de la classe avec un élève. Il a la main dans sa culotte.

– Qu'est-ce que tu viens faire ici?

Il est tellement surpris qu'il me dévisage sans retirer sa main.

– Qu'est-ce que tu fais là? répète-t-il.

– Et vous? demandai-je, plein d'assurance.

Il enlève sa main et pointe un index menaçant vers moi.

– Je ne veux plus te voir ici, va-t-en.

– Mes livres...

– Laisse-les là tes livres, fiche le camp.

Je referme la porte, et je cours raconter la scène à un copain, et très vite l'affaire s'ébruite. Deux semaines plus tard, après une dictée française, nous sommes en rang d'oignons devant le bureau du frère enseignant, attendant de recevoir nos copies corrigées. Tout à coup, le bon frère s'écrie:

– Qui a parlé?

Pour une fois, je n'ai pas ouvert la bouche. Comme personne ne lui répond, il se lève, une règle en bois à la main, et s'élance vers l'élève placé devant moi. Celui-ci se baisse instinctivement, et je reçois la baguette en pleine figure. Le frère enseignant m'attrape, me donne un coup de poing, je tombe par terre, il me rattrape, m'en assène un autre, et je m'effondre sur un pupitre. Il me prend à la gorge, il m'étire la peau du cou. Puis il me donne une gifle qui me propulse au pied de son estrade. Ma main se trouve alors à portée de la grosse cloche avec laquelle on annonce la fin des classes. Comme mû par un ressort, je me relève d'un bond et je lui flanque la cloche sur le crâne. Le frère enseignant s'écroule lourdement. Le son de la cloche résonne longtemps dans la classe silencieuse. Tous mes camarades se penchent lentement au-dessus du corps inerte de leur professeur. Moi, je prends mes jambes à mon cou et je rentre chez moi. En me voyant arriver, ma mère est épouvantée : j'ai de longues égratignures au cou, j'ai l'œil poché et le nez en sang.

Au moment où je lui raconte l'incident, mon père arrive à la maison pour dîner, portant ses lunettes de soudeur sur le front.

– Tu t'es encore battu ? Tu pourrais faire attention, c'est quand même moi qui paie ton linge.

– Oui, mais cette fois, intervient ma mère, ce n'est pas avec un de ses camarades qu'il s'est battu. C'est avec le frère enseignant...

– Ah oui ? Raconte-moi ça.

Et tandis que ma mère me panse, j'explique à mon père comment j'ai pris mon professeur en flagrant délit, que je n'en ai pas fait une histoire, mais que depuis, il m'en veut.

– Bon, je vais te ramener à l'école.

Mon père est reçu par le frère directeur. Il lui expose la situation et, comme le directeur s'indigne, mon père demande qu'on fasse venir mon professeur. Celui-ci arrive, enturbanné comme un mamelouk.

À peine a-t-il mis le pied dans le bureau du directeur que mon père l'envoie au plancher. Puis il me prend par la main :

– Viens, on change d'école.

C'était la deuxième fois que mon père prenait ma défense contre l'autorité religieuse. Pour cela, je l'aimais davantage encore, si toutefois c'était possible.

J'ai continué à me battre. J'avais tendance à penser, à tort peut-être, qu'un homme qui ne se sert pas de ses poings est un homme qui ne combat d'aucune façon. Donc, presque tous les jours, je cognais. Je voulais être le plus fort de l'école. J'étais loin d'être le plus costaud, mais j'étais l'un des plus redoutés. On me connaissait dans toute l'école. Comme la maladie de mon père me condamnait à une forme d'exclusion, je pensais conquérir ma place en distribuant des coups.

*  *
*

En fait, je n'allais même pas rester dans cette école jusqu'à la fin de l'année. D'abord parce que la santé de mon père ne s'améliorait pas. Ses séjours au sanatorium étaient de plus en plus longs, et les rechutes, de plus en plus rapprochées. Je savais qu'il me faudrait bientôt trouver du travail pour aider ma famille.

À l'époque où je travaillais pendant la fin de semaine dans une station-service, en attendant les clients, j'écoutais la radio, assis sur un gros bidon d'huile. Un jour, l'animateur local Léo Benoît annonce de sa belle voix grave qu'il va nous faire entendre une nouvelle chanson de Georges Brassens, *Les Sabots d'Hélène*. J'écoute. Oui, c'est une bonne chanson. L'animateur reprend le micro, puis dit quelques mots sur Brassens; il aime tellement la chanson qu'il décide de la jouer une deuxième fois. Là, j'ai une sorte de choc. Moi, je suis en train de m'ennuyer comme un crapaud dans cette station-service, gagnant très peu, tandis que ce type est confortablement installé dans un studio, payé grassement pour passer les disques qu'il aime et raconter des histoires aux gens. Voilà ce que je veux faire, je veux travailler à la radio, pensai-je. J'avais trouvé l'emploi idéal.

Mais l'idée n'a pas plu à mon père. Pour lui, les gens de la radio, c'était comme les vedettes de cinéma: tous des tapettes. Je n'avais rien à faire dans ce monde-là, prétendit-il.

Vers la fin de l'année scolaire, un recruteur de l'armée de l'air est venu dans notre classe pour nous vendre sa salade. Engagez-vous, jeunes gens, haranguait-il. Tiens, voilà une bonne idée. J'ai levé la main, j'ai annoncé que je voulais y aller, moi, dans l'aviation. Tout le monde me disait que j'avais perdu la tête, que je ne pouvais pas abandonner les études à un mois des examens. Mais c'était décidé, je partais.

C'est ainsi qu'encore adolescent, je suis entré dans l'aviation pour la bonne raison qu'on y assurait un salaire et que cela me permettrait d'aider ma mère, ainsi que mes frères et sœurs.

À moins que je n'y aie vu l'occasion de déserter le foyer familial... Car j'attendais ce moment depuis longtemps déjà. Dès l'âge de douze ans, je me sentais prêt à voler de mes propres ailes. Peut-être ne serais-je pas allé très loin, mais je croyais être capable de faire mon chemin dans la vie. J'étais persuadé que le monde m'appartenait. Je me trompais...

# Chapitre 2

L'aviation n'était pas pour moi une découverte totale puisque j'avais déjà été cadet de l'air. Pendant une année, j'avais suivi une sorte d'entraînement militaire, puis j'étais allé en camp d'été. Là, on avait organisé des olympiades opposant Canadiens français et anglais, dans le but de stimuler les participants, j'imagine. Nous étions comme deux nations rivales qui allaient s'affronter dans toutes les disciplines.

Moi, j'étais inscrit pour la course à pied. Mais notre moniteur avait bien du mal à trouver des candidats pour les compétitions de boxe. Pour éviter d'être forcés à monter sur le ring, mes camarades avaient suggéré à mon insu:

— Y a qu'à envoyer Béliveau.

Et, comme si de rien n'était, on m'apprend que j'ai été désigné d'office pour boxer.

— Ah oui? dis-je en me frottant les mains. Quand ça? Contre qui?

Mais rien n'était encore décidé. Le samedi matin, en bonne forme, je gagne en course à pied. L'après-midi, je vais au gymnase avec mon moniteur et un groupe de camarades. Je m'entraîne, je fais un tour de ring avec mon adversaire, un Anglais rouquin de mon gabarit, au visage tout rousselé. Je le bouscule dans les cordes; autrement dit, je lui donne une bonne dégelée. Écœuré, il déclare

31

forfait: il ne veut plus boxer contre moi, il me trouve trop agressif.

– C'est pas grave, disent les Anglais. On va trouver un remplaçant.

Moi, je me prends déjà pour Rocky Marciano. Mais les bras me tombent quand je vois arriver mon nouvel adversaire, un Anglais qui fait presque une tête de plus que moi, le menton carré, les muscles développés. Cette brute a son propre équipement de boxe, ses chaussures, ses gants. Dans le gymnase, on s'écarte sur son passage. Il fixe son ballon d'entraînement à un crochet et il commence à y porter des coups en tous sens, le poignet souple et puissant. Badam, badam, badam...

Mes camarades ont jaugé l'adversaire

– Tu vas pas aller te battre contre ce tueur! C'est un professionnel. Il va te mettre en compote.

Mon moniteur voyait s'envoler nos chances de victoire.

– Tu as vu le gars, Marcel? As-tu vu ces abdominaux? ces biceps? Ce n'est pas un boxeur, c'est une machine, tu vas te faire battre à plate couture. Je ne peux pas t'envoyer au massacre. C'est décidé, tu ne boxes pas ce soir.

Du coup, j'ai cessé de faire le fier-à-bras en regardant la Machine malmener son ballon – badam, badam, badam –, et à la vérité, j'étais plutôt soulagé de ne pas monter sur le ring. J'aurais reçu une volée devant tout le monde, c'était perdu d'avance.

Le soir venu, nous allons quand même au gymnase, en spectateurs. Il y a là environ trois mille personnes survoltées, Anglais et Français, rassemblées pour suivre les différents combats. La situation des Français est plutôt mal engagée: on peut déjà parler de déroute. À l'annonce de ma catégorie, l'arbitre déclare:

– Pas de match dans cette catégorie, les Français se sont désistés.

C'est de l'arrogance pure et simple. Sans compter que la Machine en rajoute : il danse sur le ring, il boxe contre un adversaire imaginaire, il culbute en prenant appui sur les cordes.

Je sens que mes amis posent sur moi un regard lourd de reproche. Il y a cinq minutes encore, ils se réjouissaient de m'avoir sauvé du massacre, et voilà qu'ils me toisent comme si j'avais trahi le Québec ; rien de moins.

Mon sang ne fait qu'un tour. Je fends la foule, je monte sur le ring et j'apostrophe l'arbitre.

– On s'est pas désisté, je suis en retard !

L'arbitre annonce donc que le combat débutera dans cinq minutes, le temps de me préparer. Dans le vestiaire, je me mords les doigts. Ce maudit orgueil finira par me perdre. Voilà que je vais prendre une raclée en public. Pourquoi faut-il que ce soit moi qui défende l'honneur de la patrie, et pas n'importe lequel de mes copains ? Après tout, je ne suis pas plus brave qu'un autre. Bref, je suis mort de peur.

On me donne des chaussures de boxe qui ne sont pas de la même pointure et une paire de vieux gants tout usés. Je remonte sur le ring, l'arbitre fait la présentation des deux adversaires, en anglais et en français ; la foule crie, mais on ne peut plus rien pour moi. Impatient de se battre, la Machine sautille sur place, et ses muscles gonflés feraient peur à n'importe qui.

Il se produit alors une sorte de déclic dans ma tête. Mon choix est on ne peut plus simple : j'avance ou je m'écrase. M'écraser, je ne suis pas d'accord. Tant que je ne serai pas au tapis, qu'on ne compte pas sur moi pour m'avouer vaincu.

33

Le premier coup de gong résonne. Je suis tellement tendu par la peur que je surgis de mon coin comme un diablotin sort de sa boîte. J'attaque avec audace, j'enchaîne trois ou quatre coups droits, un direct à l'estomac, un crochet à la mâchoire, un uppercut au menton. Moins de trente secondes de combat, et la Machine, détraqué, met un genou à terre. Je m'écarte, incrédule. L'Anglais est sonné, il ne se relève pas: on me déclare vainqueur.

Une clameur enthousiaste soulève le camp français. C'est le délire, je suis le héros du jour, le seul Canadien français à remporter son match, et de surcroît contre un adversaire de taille.

De ce combat, j'ai tiré une autre leçon de vie qui m'a été précieuse: ne jamais se laisser impressionner par les gros bras ou les forts en gueule, toujours aller au bout des choses. Ne jamais renoncer, car rien n'est joué d'avance.

Ma carrière dans l'armée de l'air a été brève puisqu'au bout de quelques mois on m'a flanqué à la porte.

Jeune recrue, je me suis retrouvé dans un camp militaire où étaient regroupés tous les volontaires, Français et Anglais, à cela près que les Canadiens français devaient commencer par apprendre l'anglais, alors qu'on ne demandait rien aux Anglais. Partant avec une longueur d'avance, ceux-ci avaient la garantie d'une promotion plus rapide et donc d'une meilleure solde. Comme de raison, ce traitement inégal m'a tout de suite choqué et je ne me suis pas privé de le faire savoir.

À la fin de la première semaine, il y eut inspection – en anglais bien sûr. Levés à l'aurore, nous avons fait notre lit au carré, nous nous sommes mis en rang et du dortoir nous nous sommes rendus jusqu'au lieu de parade. Notre lieutenant, un Anglais du nom de Sokolovski, a fait l'appel selon l'ordre alphabétique. Les gars gueulaient *Yes sir!* et un soldat cochait les noms sur sa feuille.

Arrive mon tour.

– Beleview!

Personne ne répond. Sokolovski, qui m'a déjà repéré, tourne la tête dans ma direction et répète :

– Beleview!

Silence. Le lieutenant contourne les premiers rangs au pas de l'oie, se plante devant moi en claquant des talons et se met à m'engueuler en anglais.

– Quand j'appelle ton nom, je veux t'entendre répondre. J'en ai déjà maté, des têtes de pioche.

Puis, il se replace face à la troupe, droit comme un piquet.

– Beleview!

Je ne desserre pas les mâchoires. Je sens que mes camarades au garde-à-vous me regardent du coin de l'œil. Cette fois, le lieutenant est furieux; il revient se planter devant moi. Claquement des talons. Le visage à quelques centimètres du mien, Sokolovski me crie :

– Pourquoi tu ne réponds pas ?

– C'est Béliveau que je m'appelle, dis-je calmement.

– *SPEAK UP!*

– Mon nom, c'est Béliveau.

Sokolovski comprend qu'il ne tirera rien de moi.

– Va te rapporter aux officiers.

Je tombe sur des officiers québécois.

– Qu'est-ce tu fais ici? me demandent-ils.

– J'en sais rien, on faisait l'appel et on m'a dit de venir ici.

35

La semaine suivante, même chose. Le lieutenant Sokolovski s'obstinait à m'appeler Beleview et je m'obsti-
nais à ne pas lui répondre, ce qui embarrassait un peu les
officiers :

– Pourquoi tu ne lui réponds pas *Yes sir* ?

– Mon nom, ce n'est pas Beleview, mais Béliveau.

J'étais têtu comme une mule. J'arrivais bien à prononcer son nom, Sokolovski, je trouvais normal qu'il
fasse un effort lui aussi. Sinon, Beleview autant que tu
voudras, je ne répondrai pas.

Cette situation a duré des semaines. Chaque fois, je
me retrouvais devant les officiers québécois qui ne savaient trop quelle attitude prendre. Secrètement, ils ne
détestaient pas le fait que je tienne tête aux Anglais, mais
en même temps, cette affaire de rien du tout compliquait
les relations avec leurs homologues anglophones. Et qui
plus est je ne respectais pas les règles, je défiais l'autorité.

Il n'empêche que mon entêtement avait fait de moi
une sorte de meneur parmi les Français. Nous étions répar-
tis dans une quinzaine de dortoirs. La première semaine,
je fus nommé à la tête du mien. Au bout de trois mois,
j'étais devenu chef de l'ensemble des baraquements français. Probablement parce que je râlais un peu plus fort que
les autres et que je ne tolérais pas certaines injustices.
Nous autres, Canadiens français, non seulement nous devions nous lever une heure avant les autres pour assister
au cours d'anglais, mais dans la journée, si on nous sur-
prenait à parler français, on nous infligeait une amende de
dix dollars. Comme on nous donnait quatre-vingts dollars
par mois et que je me faisais prendre au moins trois fois
par jour, je finissais par devoir des sous à l'armée, au lieu
d'en gagner.

J'en étais malade. Vraiment malade puisque je me
suis mis à faire des poussées de fièvre. Depuis mon enfance, cela m'arrivait régulièrement. Pas mécontents de se

débarrasser du fauteur de troubles, mes supérieurs m'ont envoyé dans un hôpital militaire où j'ai passé trois mois entre convalescence et rechutes, sans trop savoir de quoi je souffrais.

Mais voilà qu'un beau matin mon médecin m'annonce que j'ai une dilatation des bronches, et qu'il va falloir m'enlever le poumon gauche. La nouvelle me bouleverse, bien sûr, et toute la journée, je reste sous le choc.

Le matin suivant, un officier me présente un document.

– Voici votre avis de réforme. Vous n'avez qu'à signer ici.

Je trouvais qu'ils y allaient un peu vite. En clair, cela signifiait que l'armée ne voulait pas payer mon opération, puisque de toute façon, avec un poumon en moins, je ne serais plus apte au service militaire. J'ai refusé catégoriquement de signer. Deux jours plus tard, sans me demander mon avis, on m'a confisqué tous mes effets militaires, et on m'a annoncé que dès le lendemain, je serais expulsé de l'hôpital. Autrement dit, arrange-toi comme tu veux, mais on ne veut plus te voir...

*  *
*

Mon médecin, qui désapprouvait cette façon de faire, eut le temps de me donner le nom d'un spécialiste de l'hôpital Royal Victoria de Montréal. Je n'avais encore jamais mis les pieds dans cette ville. J'ai emprunté à une infirmière l'argent pour l'autocar et je me suis rendu à l'hôpital. Le hall d'entrée grouillait de monde, et j'avais l'impression d'avoir atterri en terre étrangère. J'ai attendu... une heure, deux heures... Comme ça n'avançait pas beaucoup, j'ai simulé un évanouissement, grâce auquel j'ai fait un bond spectaculaire dans la file d'attente.

– Vous, on vous garde, m'a dit un médecin après l'examen.

Quelques jours plus tard, le verdict est tombé :

– Il y a quelque chose sur les poumons, il va falloir t'opérer. Au début de janvier.

C'était l'automne. Comme je ne savais plus trop où aller, je suis retourné chez nous. Mon père, toujours aux prises avec sa tuberculose, fut très peiné par la nouvelle de mon opération prochaine. Il s'inquiétait pour moi, car l'intervention était dangereuse. Mais à l'époque, les médecins, c'était un peu comme les curés, on n'avait ni le droit de leur poser des questions ni celui de mettre en doute leurs décisions.

L'une de mes tantes m'exhorta cependant à consulter un célèbre guérisseur qui venait de la soigner pour je ne sais quelle maladie.

– Tu n'as rien à perdre, Marcel, va donc le voir.

Moi, j'étais sceptique. Tout ça, c'était des croyances de bonne femme. J'ai quand même pris rendez-vous, et lorsqu'on m'a introduit dans le bureau du guérisseur, la première chose que j'ai vue, c'est une immense table. Mon regard a glissé sur le plateau verni et tout au bout, j'ai aperçu un petit bonhomme rond à épaisses moustaches, assis dans un fauteuil de cuir, l'air d'un bouledogue. Comme tous les guérisseurs, il était soumis à l'interdiction absolue de toucher ses patients ; la table si longue servait en fait à le mettre à l'abri d'une accusation de pratique illégale de la médecine.

Je me suis donc assis à mon bout de la table, un peu fébrile, impressionné par le décor et par la renommée du personnage. Comme je n'avais pas de quoi payer, mon père m'avait donné une sculpture qu'il avait faite – un petit cheval – sachant que ce soigneur était grand amateur de chevaux.

– Qu'est-ce qui vous amène, jeune homme ? bougonna-t-il, le menton enfoncé dans le cou.

– Les médecins veulent m'enlever un poumon.

– C'est tout?

Moi je trouvais que c'était déjà pas mal. Nous n'en avons jamais que deux, des poumons.

– Ils ne vous opéreront pas, me dit alors le guérisseur.

– Comment ça?

– Tous les soirs à sept heures, vous penserez à moi, et ils ne vous enlèveront pas ce poumon.

Je ne demandais pas mieux que de le croire, j'ai toujours été partisan de la médecine douce.

– Je vous ai apporté un cheval.

– Merci. Laissez-le sur la table.

Il ne l'a même pas regardé. La visite était terminée; j'avais passé environ une minute et demie dans son bureau. Les deux premiers soirs, à sept heures, j'ai pensé à lui. Puis ça m'est complètement sorti de la tête...

Le 6 janvier, fête des Rois, je retourne à l'hôpital Royal Victoria pour mon opération qui devait avoir lieu le lendemain. Je m'étais fait une raison, j'étais prêt. Mais à vingt-deux heures, on me réveille:

– Impossible de vous opérer demain matin. Le médecin qui devait pratiquer l'intervention est malade.

– Ah...?

– Il n'y a personne pour le remplacer en ce moment. Votre opération est remise à plus tard; probablement d'ici un mois.

Je retourne donc chez moi et je raconte à mon père étonné ce coup du hasard. Deux mois plus tard, on me rappelle. Je reprends le chemin de l'hôpital, où l'on me prépare pour l'opération, prévue pour le lendemain matin.

Vers la fin de l'après-midi, un médecin que je ne connais pas vient me voir et me baragouine dans son anglais approximatif:

– Vous pas opéré demain.

– Ah bon? Et qui est malade cette fois-ci?

– Personne de l'hôpital. Mais grave épidémie de grippe en ce moment à Montréal, très imprudent opérer poumon quand virus en circulation. Rentrez maison, on rappelle vous.

Ce n'était jamais que la deuxième fois. Je suis retourné à la maison où mon père m'a accueilli en m'interrogeant du regard; je lui ai fait signe que non, et nous avons attendu la suite.

Deux mois plus tard, même scénario. C'était la troisième fois qu'on me rasait pour cette fichue opération, la troisième fois que je m'y préparais mentalement. Même médecin, aussi.

– Vous pas opéré demain.

– Écoutez, ça suffit! D'abord c'est le médecin qui est malade, puis c'est la ville tout entière... Qu'est-ce qui se passe aujourd'hui? Vous avez égaré votre scalpel?

– Non, mais nouvelles radiographies montrent évolution positive depuis derniers mois. Opération plus nécessaire. Vous pouvoir partir.

C'est seulement à ce moment que j'ai repensé à la prédiction de mon guérisseur. Trois fois de suite, mon opération avait été reportée. Il ne s'était pas trompé. Une bonne fée ou un ange gardien s'étaient-ils penchés sur mon lit d'hôpital?

En fait, ce n'était que partie remise, mais je ne le savais pas encore.

*   *

*

Ayant tiré un trait sur ma carrière d'aviateur, je suis revenu à mon idée de faire de la radio. J'ai présenté ma candidature un peu partout, dans les stations privées du Québec. Presque chaque ville avait sa propre station. Mais partout, c'était la même réponse: trop jeune, manque d'expérience. Je m'étais laissé pousser une barbichette pour masquer mes dix-sept ans, sans succès.

Au moment où je désespérais, la station CJSO de Sorel me demanda de passer une audition et m'offrit un travail dès le lundi suivant comme animateur débutant, à trente dollars par semaine.

J'étais ravi, mon père beaucoup moins. Sa tuberculose avait encore gagné du terrain, il était devenu si faible qu'il ne quittait presque plus son lit. Il avait quarante-cinq ans, et il allait mourir l'année suivante. Un jour, il m'a fait venir dans sa chambre.

— Marcel, je vais bientôt mourir, il faut que tu t'occupes de tes frères et sœurs. La radio, c'est pas assez payant. Avec tes trente dollars par semaine, tu auras tout juste de quoi vivre. Tu ne pourras pas aider ta famille. Il faut que tu fasses ta vie maintenant...

Vu l'état où il se trouvait, je n'osai pas le contrarier. Mais c'était décidé, je partais pour Sorel le dimanche suivant, pour faire mes débuts à la radio dès le lundi matin.

Le samedi soir, un de mes oncles, qui avait épousé une sœur de mon père, vient à la maison. C'est un homme à poigne, qui possède à Shawinigan une compagnie de produits chimiques plutôt florissante. À peine arrivé, il s'enferme dans la chambre de mon père et s'entretient longuement avec lui, après quoi, il me prend aussitôt à partie:

— Marcel, tu vas me faire le plaisir de couper cette barbe!

— De quoi je me mêle, mon oncle?

– De ce qui me regarde. Lundi, tu commences à travailler pour moi.

– Quoi? Pas question! Demain, je m'en vais à la radio de Sorel.

– Oublie cette bêtise. À la radio y a pas d'argent à faire. Tu es soutien de famille, il te faut un bon salaire pour aider tes frères et sœurs.

– Et qu'est-ce que vous avez à me proposer?

– Tu vas faire de la livraison à Montréal.

Je suis sur le point de réaliser mon rêve à la radio et voilà que, du jour au lendemain, on fait de moi un livreur! Mais mon oncle offre 85 dollars par semaine, presque le triple de ce que je devais toucher à Sorel. Il y a de quoi réfléchir.

– Et comment je vais livrer, moi? À pied?

– Non, tu auras une camionnette toute neuve qui sera à ta disposition après tes heures de travail.

Voilà l'argument miracle. Je me vois déjà en train de m'organiser des virées avec des filles. D'accord, vendu, je serai livreur.

Le lundi, au lieu de me rendre à Sorel, je suis allé chercher mon permis de conduire à Montréal, où j'ai pris une chambre dans une pension de la rue Saint-Hubert. Le premier jour, j'arrivai avec trois heures de retard à l'entrepôt où je devais prendre la camionnette. Mon oncle n'a pas manqué de se payer ma tête. C'est vrai que l'entrepôt n'était pas très loin de ma pension et que j'avais tourné en rond comme un âne, mais à part l'hôpital Royal Victoria, je ne connaissais rien de Montréal.

Vers onze heures, je suis parti au volant de ma camionnette chargée, un plan de la ville à portée de la main sur la banquette. Un plan, c'est bien joli, mais quand on ne sait pas où se trouvent le nord et le sud, l'est et l'ouest...

Le soir, je suis revenu à l'entrepôt en ayant effectué une seule livraison. Mon oncle m'a déjà trouvé moins drôle.

Néanmoins, tranquillement, de semaine en semaine, j'ai appris à circuler. Je me rendais dans tous les garages de la ville, j'apportais de la peinture pour carrosserie, du plomb pour la soudure ou de l'acide pour les batteries. Rien de très passionnant, mais je me promenais en camionnette...

*  *

*

Puis mon père est mort.

Mon oncle m'a alors annoncé:

– Marcel, à présent, tu ne peux pas rester à Montréal, tu es trop loin de ta famille. Tu vas revenir à Shawinigan et tu travailleras à la fabrique.

J'ai travaillé de nuit, passant des heures juché au-dessus d'une grande cuve, à brasser de l'antigel avec une rame. Les vapeurs me montaient à la tête et au petit matin, je sortais de là en titubant comme un ivrogne. Au bout d'un mois, je suis allé me plaindre auprès de mon oncle:

– Dis donc, je vais pas faire ça toute ma vie. T'as pas autre chose?

Il m'a confié un travail plus «créatif»: toute la journée, je repeignais de grands barils de quarante-cinq gallons.

– Mon oncle, j'en ai assez de tes barils, lui ai-je dit un jour. T'as vraiment rien de mieux à m'offrir?

– Il y a bien la vente, salaire illimité, plus commission...

– Ah oui? Je sens que j'aimerais beaucoup faire de la vente.

– Pour ça, il te faudrait une auto.

Je rassemble alors mes maigres économies, je vais chez un concessionnaire et, pour cinq cents dollars, j'achète la moins chère de ses voitures d'occasion, une grosse Hudson. Je vais voir mon oncle, je lui montre l'engin, et me voilà vendeur.

Malheureusement, mon tacot ne tient pas la semaine. Elle ne démarre jamais, elle tombe en panne tous les cent mètres. Furieux, je retourne voir mon concessionnaire.

– Je ne peux pas travailler avec une minoune pareille. Il me faudrait une voiture neuve.

Seulement, pour ça, il me faut allonger au moins trois mille dollars, dont le tiers est payable comptant. Évidemment, je suis loin d'avoir une telle somme. Ma mère a bien touché un peu d'argent après la mort de mon père, mais à peine mille dollars, et elle en a plus que besoin.

J'explique au concessionnaire que je travaille pour mon oncle, l'entrepreneur en produits chimiques de Shawinigan.

– C'est ton oncle? Il est très connu ici. Écoute, on doit pouvoir s'arranger; est-ce que tu as les premiers mille dollars?

– Non, mais ma mère va toucher une prestation d'assurance sous peu et je vous donnerai l'argent.

– C'est bon. Voilà ce qu'on va faire: je vais payer pour toi et quand ta mère touchera cette somme, tu viendras me rembourser. Au fait, tu as bien vingt et un ans?

– Bien sûr.

J'en avais dix-huit.

– Et tu es sûr que ta mère va te donner l'argent?

– Certain. Appelez-la si vous voulez.

Il lève le combiné, puis hésite en me regardant droit dans les yeux...

– Si tu me dis d'appeler, c'est que tu dois être sûr de sa réponse.

Et il raccroche.

Cinq minutes plus tard, je sortais du garage au volant d'une voiture de l'année, sans avoir déboursé un sou. Je suis retourné à Montréal, cette fois comme représentant de mon oncle. Je me débrouillais plutôt bien et je me découvrais un talent pour la vente. Je touchais ma commission, je roulais en voiture neuve; pour un garçon de mon âge, c'était le Pérou. Satisfait, mon oncle avait augmenté mon salaire à 125 dollars par semaine.

Mais un jour, il me convoqua dans son bureau.

– Marcel, tu as menti sur ton âge, tu conduis sans assurance et tu n'as toujours pas payé ce que tu dois au concessionnaire. Il m'a appelé, il est en furie. J'exige que tu lui rendes sa voiture.

Mon oncle m'a passé un savon, on s'est mis à gueuler tous les deux et j'ai claqué la porte. Je n'y peux rien, j'ai en horreur qu'on m'aboie des ordres. Mais du coup, je perdais mon emploi en même temps que ma voiture neuve. Il ne me restait plus qu'à retourner à la radio. Enfin, façon de parler, puisque je n'y avais encore jamais mis les pieds.

*  *
*

En attendant de trouver du travail, j'ai remplacé des livreurs de pain. Jusqu'au jour où j'ai enfin réussi à décrocher un emploi temporaire à CKTR, la station de Trois-Rivières. C'était un travail de rien du tout, mais voilà que la même année, CKTR décide d'ouvrir une nouvelle station à La Tuque, ma ville natale, que j'avais quittée à l'âge de six mois. C'était alors une petite ville de huit mille habitants. La Tuque, c'était le bout du monde, la route s'arrêtait là; après il n'y avait plus rien, que la forêt. Les autorités de cette bonne ville avaient exprimé le vœu que les animateurs de sa radio soient de la région. Comme j'étais né là-bas, on m'a mis en tête de liste. Moi, ça ne me disait rien comme ville, mais j'y suis allé quand même.

Et le 4 septembre 1959, on a ouvert la station CFLM. J'avais vingt ans. C'étaient, bien que modestes, les vrais débuts de ma carrière à la radio. J'allais apprendre le métier.

Mais voilà qu'au bout de quelques mois je suis de nouveau malade. Subitement. Je suis en train de lire les nouvelles et soudain, j'ai un vertige, une bouffée de chaleur. Le médecin consulté me dit que c'est mon problème au poumon qui refait surface. Après trois ans: depuis l'épisode du guérisseur et de l'hôpital Royal Victoria.

Mon médecin n'est pas très rassurant:

– Si on ne vous opère pas, dans deux ans vous êtes mort.

Il m'envoie à l'Hôtel-Dieu de Montréal où je vois des spécialistes.

– Le lobe inférieur gauche du poumon est atteint. On va l'enlever et vous n'aurez plus de problèmes.

Facile à dire. Il s'agit d'une intervention très grave: un malade sur deux reste sur la table d'opération. Autant dire que je n'en mène pas large. Mais il n'y a qu'une porte de sortie. La veille de l'opération, alors que je suis transi de peur, je vois entrer dans ma chambre un petit cortège de religieuses. Faisant cercle autour de mon lit, elles se mettent à marmonner des orémus sous leurs cornettes. Celle qui dirige le chœur de pleureuses se penche vers moi avec compassion:

– C'est bien jeune pour mourir...

Puis elles sortent et vont «réconforter» un autre malade.

Cinq jours après mon opération qui a parfaitement réussi, je vois arriver un spécialiste flanqué d'une demi-douzaine d'internes qui l'encadrent comme une garde personnelle. Tout ce petit monde se presse à mon chevet. Le médecin expose mon cas, en anglais, et chacun vient me tâter le pouls ou me regarder le blanc de l'œil d'un air docte, sans me demander mon avis.

Le spécialiste m'ausculte à son tour. Il se penche au-dessus de moi pour me plaquer son stéthoscope sur la poitrine. J'ai ses sourcils broussailleux sous le nez. Tout à coup je vois ces sourcils qui se redressent, découvrant deux yeux exorbités. Il a entendu quelque chose de pas normal, le spécialiste. Jusque-là, je me sentais plutôt bien, mais subitement, rien qu'à le regarder j'ai des palpitations.

Le cône de son stéthoscope zigzague sur mon torse comme un pion sur un damier. Décidément, quelque chose tracasse le professeur. Le voilà qui se redresse et qui distribue les ordres comme un agent de la circulation. Vite, direction le bloc opératoire, pas une seconde à perdre. Timidement, je m'informe.

– Votre cœur s'est déplacé, me lâche le spécialiste en replaçant son calot de chirurgien. Mais nous sommes là...

Un cœur qui se déplace, en effet, c'est plutôt embêtant. Deux infirmiers me déposent sur une civière, les internes se partagent mes tiges de perfusion et tout le monde se met à courir dans le corridor. Brusque arrêt devant l'ascenseur: les portes s'ouvrent, et mon médecin traitant, le D$^r$ Duquette, en sort justement. Il passe devant moi, me salue, continue son chemin; puis il se ravise et fait demi-tour.

– Mais où est-ce que vous allez comme ça? me demande-t-il.

– J'en sais trop rien, ils sont tout affolés, je crois qu'ils me ramènent en salle d'opération.

Discussion animée entre les deux professeurs. Finalement, c'est le spécialiste qui en prend pour son rhume, et mon médecin me rassure :

– Ne vous inquiétez pas, il est parfaitement normal que le cœur se déplace après ce type d'opération.

On me ramena tranquillement sur mon lit, en s'excusant du dérangement. Je l'avais échappé belle. Le D$^r$ Duquette venait probablement de me sauver la vie. Si le hasard n'avait pas voulu que nous nous croisions devant cet ascenseur, le spécialiste et ses internes m'auraient fait subir une autre intervention que je n'aurais peut-être pas supportée.

Je suis sorti de l'hôpital frais comme une rose et j'ai repris mon travail à La Tuque. Croyant mériter un meilleur salaire, je suis allé voir mon patron pour lui présenter ma demande. Il s'est contenté de me raccompagner jusqu'à la porte de son bureau en me disant combien il était heureux de me voir remis de mon opération...

C'est alors que j'ai reçu un coup de fil d'un certain Jacques Dufresne que j'avais connu à Trois-Rivières :

– Nous venons d'ouvrir une nouvelle station à Saint-Hyacinthe et nous avons pensé à toi, il paraît que tu fais du bon boulot à La Tuque. Est-ce que ça te plairait de te rapprocher de Montréal ?

J'ai couru voir mon patron et je lui ai présenté sur-le-champ ma démission, en lui disant d'un air hautain qu'on m'attendait ailleurs où je serais rétribué à ma juste valeur.

À Saint-Hyacinthe, on m'avait effectivement retenu une chambre et j'étais reçu aux frais de la station. J'étais près de Montréal, et j'avais l'impression de retrouver la civilisation.

Le lendemain de mon arrivée, je me présente à la station de radio. On me fait entrer chez le patron. Un homme lui fait face et tous les deux sont complètement ivres malgré l'heure matinale.

– Qu'est-ce que tu veux, toi? me demande-t-il péniblement.

– Ce que je veux? Ben, vous m'avez engagé, me voici.

– T'engager, toi? Va d'abord te sécher le nombril. Ici on est près de Montréal, on ne prend que des gens d'expérience. Le voici, le nouvel animateur.

Le type en question me toise d'un regard embrumé. Cela me dépasse: comment peut-on me préférer un pareil ivrogne?

– Mais j'ai laissé mon emploi pour venir ici! Il faut que j'y reste. Je vous garantis que je suis meilleur que lui. Et je vous le prouve. Vous allez nous mettre en ondes chacun notre tour pendant une demi-heure; là vous pourrez juger.

– Impossible, je l'ai déjà engagé, j'ai promis.

Je proteste, j'argumente, je vais presque jusqu'à les insulter. Rien à faire. Pourtant, je sens que le patron me trouve plutôt sympathique.

– Écoute, fiston, reviens me voir demain matin.

Le lendemain, il me complimente sur mon caractère et ma détermination. Les compliments, c'est bien joli, mais ça ne me donne pas du travail.

– Je ne peux pas t'engager, mais je vais te trouver un emploi.

Cela dit, il téléphone à de nombreuses stations, mais on n'a besoin de moi nulle part. Finalement, il appelle à Granby. Il parlemente un moment puis raccroche, triomphant:

– Tu vois, ça y est, je t'ai trouvé du travail ! À Granby.

Le nom sonnait anglais, ça ne me disait rien qui vaille.

– C'est où ça ?

– En Estrie, à une centaine de kilomètres à l'est de Montréal. Je vais te conduire.

Le lendemain, il me prend à l'hôtel avec ma petite valise ; il m'emmène à Granby et me dépose devant la station de radio.

– C'est là.

Il me montre une porte qui donne sur un escalier où il fait noir comme à l'intérieur d'un poêle. Je monte les marches un peu raides, le plafond semble vouloir s'effondrer à tout moment, les murs sont crasseux. Je rencontre le patron de la station, M. Champagne, dont le bureau est à même le studio. Je me présente, il m'examine de la tête aux pieds, l'air peu convaincu. Puis il me tend une liasse de papiers.

– Tiens, les nouvelles sont dans cinq minutes. Le micro est là, t'as qu'à te jeter à l'eau.

– Comme ça ? À froid ?

– Tu veux la *job* ?

Je m'exécute et je ne m'en sors pas trop mal.

– Tu feras l'affaire, me dit-il. Tu commences lundi, à cinquante dollars par semaine.

– Cinquante dollars ? J'en gagnais soixante-dix dans un coin perdu comme La Tuque et vous...

– C'est à prendre ou à laisser.

Je prends, la mort dans l'âme. Il faut maintenant que je retourne à La Tuque, via Montréal, pour ramasser mes affaires. Au terminus de Montréal, j'attends patiemment mon autocar, quand mes yeux se posent sur les grandes lettres de CJMS, l'une des plus grosses stations de Mont-réal. Leurs bureaux sont juste là, en face de moi, de l'autre côté de la rue. C'est flambant neuf, il y a de grandes baies vitrées sur toute la façade. Je m'approche, je me colle contre la vitre, je vois l'animateur dans son studio, j'aper-çois des têtes connues.

J'entre dans le hall le nez en l'air, je bute presque contre le bureau de la réceptionniste.

– Oui, vous désirez?

– Je... euh... Je voulais... Je suis venu parce que, moi aussi, je travaille à la radio, à la Tuque.

– C'est M. Demers qui vous a demandé de passer?

– Euh... C'est-à-dire... Oui, c'est lui.

– Il n'est pas là aujourd'hui. Mais je vais appeler quelqu'un.

On me présente le chef annonceur.

– Vous venez pour l'audition?

– Hé bien... Oui, c'est bien cela.

Il me conduit dans un studio, me donne des messages publicitaires à lire, me demande d'improviser un peu.

– Bon, on vous donnera une réponse dès demain.

Demain? Du coup, j'en oublie mon autocar pour La Tuque. Je laisse le numéro de téléphone de mon ancienne pension de la rue Saint-Hubert, où j'attendrai le coup de fil de CJMS. Et le lendemain, je reçois l'appel:

– Ici Rock Demers de CJMS. Je ne me souviens pas de vous avoir demandé de passer à la station, mais votre audition est bonne et nous voudrions vous engager. Vous pouvez passer lundi?

Si je peux passer lundi? Et comment!

– Comptez sur moi.

51

Je venais de décrocher le gros lot. En quittant La Tuque pour Saint-Hyacinthe, j'avais lâché la proie pour l'ombre, mais le hasard m'apportait le bonheur sur un plateau. Pour un jeune de vingt ans, encore presque débutant, CJMS représentait une énorme promotion. J'entrais enfin dans la ligue majeure. Je me promettais d'y faire des étincelles!

# Chapitre 3

Le lundi suivant, je me présente à CJMS, intimidé par les animateurs-vedettes que je croise dans les couloirs. Ils sont au sommet, je ne suis qu'un blanc-bec. Je rencontre le grand patron, M. Demers, lequel m'annonce que je vais travailler la nuit, au moins au début. Je ne fais pas la fine bouche, trop heureux d'accepter ce qu'on me donne.

CJMS fonctionnait à l'américaine en ce que tous les employés de la maison portaient un uniforme dont le veston arborait l'écusson de CJMS. J'ai enfilé le mien, puis avec mon plus beau sourire, j'ai posé pour les photographies de promotion.

— Tu vas voir, me dit le patron en me donnant des claques dans le dos. On va faire de toi une vedette.

Ne demandant pas mieux, je me suis mis à rêver.

— Combien je vais gagner?

— Soixante-dix dollars.

Pas un dollar de plus que ce que je touchais à La Tuque...

— Mais attention, ici, tu n'es plus en province.

Au cas où je ne serais pas tout à fait convaincu, le patron m'amène voir l'installation ultramoderne de la station, les studios équipés en électronique de pointe. J'étais émerveillé devant ces pupitres sophistiqués: jamais je n'avais vu autant de manettes, de commutateurs et de voyants lumineux.

– Viens à minuit demain, et Gauthier, l'animateur qui travaille à cette heure-là, va t'expliquer comment tout ça fonctionne.

Le lendemain soir, tout nerveux, j'arrive à la station avec une demi-heure d'avance. Serai-je à la hauteur? Je m'installe dans un coin, en prenant bien soin de ne déranger personne, et je regarde le type qui est en ondes. À minuit moins le quart, il se lève et vient vers moi.

– C'est toi le nouveau? Gauthier sera là d'une minute à l'autre. Moi j'ai fini pour aujourd'hui. Salut!

J'entends alors la voix du gars qui donne le bulletin sportif, mais il est invisible. Il doit être dans un autre studio; je n'ai jamais vu une station de radio pareille. Au bout d'une quinzaine de minutes, le journaliste des sports prend congé des auditeurs.

– Vous écoutez CJMS, à Montréal. Bonsoir.

Puis c'est le silence.

Trente secondes, une minute s'écoulent. On pourrait entendre voler une mouche. Je commence à me tortiller sur mon siège en me demandant ce qui se passe et ce que je dois faire. J'ai beau regarder à droite et à gauche, personne d'autre que moi dans le studio. Par les grandes baies vitrées, je vois les passants circuler dans la rue. Une poignée de badauds est collée contre la vitre, cherchant à apercevoir son présentateur préféré. En temps normal, les curieux peuvent suivre les émissions grâce aux haut-parleurs extérieurs. Mais pour le moment, ces haut-parleurs sont désespérément muets.

J'ai des bouffées de chaleur. Mais qu'est-ce qu'il fabrique ce Gauthier? Il faut faire quelque chose, la radio a horreur du vide. Il y a une feuille de route à respecter, les messages publicitaires à passer. Je reste planté là, les mains moites. Tous ces boutons, moi, ça me donne le vertige; ce sont des machines que je n'ai jamais vues de ma vie. Je me sens comme le passager d'un avion qui s'apercevrait tout d'un coup qu'il n'y a personne dans la cabine de pilotage. Et je ne sais même pas où se trouve le manche à balai!

Après cinq minutes d'un silence interminable, je me décide à mettre un disque sur la platine – cela au moins je connais – et je pose le bras sur les sillons. J'essaie au hasard un ou deux commutateurs. Pour savoir si j'ai trouvé le bon, je suis obligé de sortir du studio. Quand je n'entends rien, je cours essayer un autre bouton. Au bout de plusieurs aller et retour, j'arrive à faire jouer le disque. Me voilà tranquille pour deux minutes.

Je m'attaque ensuite aux publicités. Ce sont de petites cassettes qu'il faut insérer dans un casier. Mais comment les mettre en marche? Je commence à suer à grosses gouttes. J'ouvre un canal, je pousse un tiret de volume, je me précipite hors du studio, j'écoute. Rien. Je reviens, j'essaie autre chose. Chaque fois, cela produit un blanc sur les ondes. Le téléphone se met à sonner, des voyants rouges s'allument sur le panneau de contrôle.

Pendant ce temps, dehors, les passants étonnés par les sautes d'humeur des haut-parleurs se sont massés contre les vitres et ils observent mon affolement, moqueurs. Il faut dire que j'ai l'air aussi serein qu'un poisson rouge dans le bocal duquel on aurait jeté un piranha affamé.

À minuit et demi, le dénommé Gauthier me rejoint dans l'aquarium. Je comprends vite qu'il ne me sera pas d'un grand secours: il est plein comme un œuf. Il tient à peine debout, et est incapable d'aligner deux syllabes.

– Ah... Hé... C'est... C'est toi... Bé... Bé... Béliveau?

– Oui, c'est moi. Vous ne vous sentez pas bien?

– Oh, ça... ça va aller.

Je l'installe au pupitre. Mais il est tellement rond qu'il ne reconnaît plus les touches, ou bien il les voit en triple. En tout cas, il regarde tout ça d'un œil perplexe, puis il pique du nez.

– Je vais aller vous chercher un café, lui dis-je.

– Bouge pas, vieux. Je... J'y vais... C'est... juste en face.

Il m'indique vaguement deux ou trois boutons à utiliser pour les cassettes, puis il quitte le studio en titubant.

Je ne l'ai pas revu de la nuit. J'ai passé les cinq heures suivantes à me battre avec tous ces appareils. Mais le matin, je jonglais comme un pro avec les filtres, les oscillateurs et les vumètres.

Deux jours plus tard, le jeudi, on me fait revenir dans l'après-midi pour me montrer le fonctionnement des consoles. En passant dans le couloir, le patron me voit dans le studio et entre.

– Mais tu opères tout seul?

– Ben oui...

– Et tu sais faire marcher tout cet attirail?

– Oh, vous savez, patron, ces machines-là se ressemblent toutes un peu. Quand on en a vu une...

Il en reste bouche bée.

– Mais c'est extraordinaire! Jamais j'ai vu un nouveau apprendre aussi vite... Marcel, tu es un génie de la radio.

– Moi? dis-je modestement, les mains derrière la nuque. J'ai bien observé, c'est tout...

\*  \*
\*

Le vendredi, j'ai touché ma première paie. Pas de quoi faire des folies, mais je n'avais pas travaillé à temps plein. Je me suis souvenu d'une banque située rue Saint-

Hubert, tout près de la pension où j'habitais autrefois et j'ai décidé d'aller y encaisser mon chèque.

Je prends l'autobus, je me trompe deux fois de ligne et j'arrive enfin devant la banque. Au moment où je tire la porte, quatre gars en cagoule me bousculent et s'élancent dans la rue comme des flèches, un revolver dans une main, un sac dans l'autre.

À toute vitesse, les voleurs s'engouffrent dans une Cadillac blanche qui les attend près du trottoir. Les portières ne sont pas encore fermées que le chauffeur démarre en trombe. La voiture fait une embardée et poursuit sa route en faisant crisser les pneus.

J'entre enfin dans la banque où règne une panique totale. Les gens crient de tous les côtés, plusieurs sont encore allongés par terre, mains sur la nuque ; mais il n'y a pas de blessés. Debout sur le comptoir, une femme hurle de frayeur. Je ne m'occupe de personne, je saute par-dessus le comptoir comme un lièvre, je décroche le premier téléphone en vue et j'appelle CJMS.

– Ici Béliveau, je suis sur les lieux d'un hold-up.

On me met en ondes toutes affaires cessantes. Je mentionne que je suis à l'angle de telle et telle rue, que la banque vient d'être dévalisée.

– Les quatre malfaiteurs se sont enfuis à bord d'une Cadillac blanche dont voici le numéro d'immatriculation...

Je décline le numéro que j'ai mémorisé au moment où la voiture démarrait. La police est à l'écoute, l'alerte générale est donnée et les bandits se font épingler à deux kilomètres de la banque.

Quant à moi, je suis toujours accroché à mon téléphone. Il paraît que le patron veut me parler.

– Bravo, Marcel! entonne M. Demers. Ça c'est du journalisme! Quel sang-froid! Quel courage! Viens tout de suite à la station. Je t'offre le champagne.

– Bien, patron.

Je raccroche et je retraverse la banque à grandes enjambées. En sortant, je vois un autobus qui vient de quitter l'arrêt. Je m'élance dans la rue, je fais des moulinets à l'intention du chauffeur. Il ouvre la porte sans prendre la peine de ralentir et je saute dans l'autobus en marche. Encore tout énervé, je fouille dans mes poches à la recherche de pièces de monnaie. L'autobus quitte la rue Saint-Hubert pour tourner dans la rue Sherbrooke. Perdant l'équilibre, je suis projeté vers l'arrière et je tombe à califourchon sur l'accoudoir d'un siège vide.

La bouche grande ouverte, je tombe à genoux, presque étouffé. Les passagers poussent des cris, le chauffeur arrête l'autobus, on se précipite à mon secours. Paralysé par la douleur, je ne peux plus respirer.

Je me retrouve à l'hôpital où l'on inspecte les dégâts. On me met des compresses froides. Finalement, je trouve le moyen d'appeler mon patron qui sable le champagne en m'attendant.

– Hé bien Marcel, où es-tu?

– Je suis à l'hôpital.

– Merde! Ils t'ont tiré dessus?

– Non, je me suis tiré tout seul...

Le lendemain, j'ai eu droit à ma photo dans les journaux, et on y vantait mon sang-froid. J'étais encore assez jeune pour me sentir flatté. À CJMS, je reçu un accueil triomphal. Je travaillais à la station depuis une semaine seulement...

Quelques mois plus tard, pourtant, j'avais déjà perdu bon nombre des illusions que je m'étais faites sur la radio.

Je me rendais compte que dans le fond ça n'était pas si drôle que ça. Bien sûr, les animateurs-vedettes gagnaient beaucoup d'argent, les femmes tournaient autour d'eux, ils avaient des voitures offertes gracieusement par des commanditaires. Mais moi je travaillais la nuit, je passais mon temps à regarder tourner des disques, je donnais les prévisions de la météo, je donnais l'heure ; rien de vraiment excitant, quoi. J'étais loin du statut de star et je trouvais que la marche était terriblement haute pour y arriver.

Pour m'occuper et pour mettre un peu de beurre sur mon pain, j'ai fondé à Montréal une école d'animateurs et d'annonceurs de radio. C'était une première. J'étais convaincu du succès de cette école, car les métiers de la radio continuaient de faire rêver beaucoup de gens. Compte tenu de mon peu d'expérience, je pouvais difficilement me poser en donneur de leçons, mais si on s'arrête à ce genre de détail, on ne fait jamais rien.

Puis il y a eu la grève à CJMS. J'étais à la station depuis un an environ quand les animateurs et les employés ont décidé de suspendre le travail. Ils réclamaient une augmentation de salaire. J'ai suivi le mouvement des aînés, et même si je ne comprenais pas tout, j'assistais à des réunions syndicales qui tournaient souvent à l'empoignade et aux règlements de compte.

De son côté, la direction se montrait intraitable. On recrutait des briseurs de grève pour assurer la programmation. Nous, les grévistes, nous allions verser du sucre dans le réservoir des voitures de ces faux frères. C'était la guérilla.

D'âpres négociations ont finalement permis de mettre un terme à la grève. La direction de CJMS était obligée de nous garder à son emploi, cela faisait partie des accords. Inutile de dire que les sentiments de M. Demers à mon égard s'étaient nettement refroidis. Il ne voyait plus en moi qu'un ingrat qui avait mordu le sein de sa nourrice. En fait, l'atmosphère générale de la station était tendue. Il fallait désormais pointer en arrivant et en partant. Les grévistes étaient l'objet de toutes sortes de tracasseries, alors que les jaunes avaient pris de l'importance.

On avait changé mon horaire. Comme le patron savait que mon école était ouverte le soir, il m'a inscrit en fin de journée, de dix-neuf heures à minuit, pour me compliquer la vie. De plus, je n'avais pas d'émission à proprement parler, j'étais en *stand-by*, au cas où il faudrait remplacer quelqu'un au pied levé. Je passais mes soirées à la station, mais je n'avais presque rien à faire. Je m'assoyais et j'attendais. Le but de la manœuvre était bien sûr de m'écœurer et de m'inciter à démissionner. Mais je ne souffrais pas trop de la situation puisque j'étais payé à me tourner les pouces. Parfois, j'en profitais pour faire des choses personnelles; j'enregistrais des messages publici-taires, par exemple.

Un soir où je me morfondais à la station, je reçois un coup de fil d'une femme qui m'appelait de temps en temps à l'époque où je travaillais la nuit. C'est l'un des «privilè-ges» de la profession, surtout en nocturne: il y a souvent des admiratrices qui téléphonent pour dire que nous avons une belle voix et pour demander si nous sommes libres après l'émission. Cette femme avait elle aussi une très belle voix, une voix très séduisante. J'avais été tenté, mais je n'avais jamais osé accepter quoi que ce soit. Ce soir-là donc, elle appelle à la station vers vingt et une heures:

– Pourquoi tu ne passes pas à la maison?

– Ben, je peux pas, je travaille.

Elle roucoule un peu, et l'appel des sens l'emporte bientôt sur le devoir. Je me dis, après tout pourquoi pas? Puis j'explique la situation à un copain.

– Tu viens avec moi, tu m'attends dans l'auto, le temps de voir de quoi la fille a l'air et puis, un de ces jours je repasserai lui faire une visite...

J'enfile mon manteau, beige chic, et mon chapeau de feutre orné d'une plume sur le côté. J'ai vingt et un ans, et j'aime bien me donner un genre dandy.

On arrive à l'adresse qu'elle m'a donnée. C'est une ruelle mal éclairée, dans un quartier un peu louche. L'entrée donne sur la cour arrière.

– Attends-moi ici, dis-je à mon copain, je vais voir.

Je me retrouve face à trois portes, comme dans les contes pour enfants. J'hésite un moment, puis j'opte pour celle de gauche, la seule sous laquelle filtre un rai de lumière. Je frappe. Au bout d'un moment, la porte s'entrouvre juste assez pour me laisser le passage. Je me lance.

La femme qui m'accueille a une trentaine d'années, elle n'est pas particulièrement jolie, et elle est vêtue d'un peignoir d'une couleur incertaine, elle a le cheveu gras et son maquillage est fatigué.

J'esquisse un sourire qui fait très homme du monde.

– Bonsoir madame, je pense que je me suis trompé de porte... Excusez-moi.

J'aurais dû me tenir pour dit qu'il valait mieux rester sagement dans les studios pendant mes heures de présence imposée. Eh bien, non. Un autre soir, je suis sorti pour voir des clients pour lesquels je réalisais des messages publicitaires. Quand je suis rentré à CJMS, vers vingt-deux heures, j'ai trouvé la station sens dessus dessous. Les bureaux étaient renversés, des disques et des cassettes jonchaient le sol, une partie du matériel avait été détruite. Quant à l'animateur, il avait un œil au beurre noir et le nez ensanglanté.

– C'est de ta faute! me crie-t-il, furieux.

– Comment c'est de ma faute? J'étais pas là.

– Justement, t'es sorti sans verrouiller derrière toi.

La porte de la station devait toujours être fermée à clé. En sortant, j'avais sans doute oublié de le faire. Et l'animateur venait de subir une raclée formidable, administrée par trois anciens détenus qui lui reprochaient ses prises de position extrémistes sur le thème «les détenus sont un poids pour la société».

Quoi qu'il en soit, il fut retenu que tout était de ma faute et le lendemain, je fus congédié.

Heureusement, mon école d'animateurs m'avait permis d'établir des contacts dans un grand nombre de stations de radio du Québec, puisque je m'efforçais d'y placer mes poulains. C'est par l'entremise de l'un d'eux que j'ai appris qu'un poste était libre à Granby, dans cette même station où j'avais failli travailler en quittant La Tuque. J'ai appelé le patron, M. Champagne, qui ne se souvenait pas du lapin que je lui avais posé, et qui m'a engagé.

J'ai donc repris le chemin de Granby, avec un enthousiasme mesuré. La station n'avait pas changé. Toujours aussi moche. Et le bureau du patron était encore dans la pièce qu'occupait l'animateur, de telle sorte que nous travaillions constamment sous son nez.

Je faisais l'émission du matin, de six à neuf heures, pour soixante dollars par semaine. La paie n'était pas royale, mais le créneau était bon et je commençais à faire ma marque, en me creusant les méninges pour inventer des choses.

J'enregistrais notamment des sortes de gags téléphoniques. J'arrivais le matin à la station vers cinq heures et j'appelais des notables ou des personnes en vue de Granby. Il était tôt, le téléphone sonnait longtemps, puis une voix ensommeillée répondait. Je demandais à parler à M. Machin; si on me faisait remarquer l'heure très matinale, je prétendais qu'il s'agissait d'une urgence. Quand l'appelé était en ligne, je l'entretenais avec le plus grand sérieux d'un détail insignifiant ou absurde. Mes victimes restaient perplexes, ou elles s'engageaient dans des raisonnements confus; le plus souvent elles finissaient par m'envoyer promener et me raccrochaient au nez. Mais cela donnait des échanges amusants que j'enregistrais et que je diffusais le matin au cours de mon émission. Petit à petit, cette chronique est devenue populaire, et chaque jour, les gens étaient curieux de savoir qui se ferait prendre au saut du lit.

Je me suis mis alors à appeler des artistes, des sportifs célèbres, et même des hommes politiques. Ainsi, le premier ministre de l'époque, M. Diefenbaker, à qui les Québécois reprochaient de mal parler le français, était en voyage dans la région et avait dormi à Granby. J'ai appelé son hôtel.

— Je voudrais parler à M. Diefenbaker.

— C'est de la part de qui, je vous prie?

Pour déranger le premier ministre à cinq heures le matin, il fallait que cela soit important.

— J'appelle d'Ottawa.

Long silence. Puis le premier ministre a répondu, encore à moitié endormi. Je l'ai fait parler un peu, et il essayait de s'exprimer en français. Soudain, il s'est rendu compte qu'il était enregistré, à cause du bip régulier de mon magnétophone. Il m'a fait une crise épouvantable.

— On ne dérange pas le chef du gouvernement à cinq heures le matin pour des riens!

Il avait sans doute raison. Mais j'avais réussi un coup d'éclat, j'avais piégé le premier ministre. L'incident fit du bruit, l'appel ayant été repris par les agences de presse.

\* \*
\*

Ces «réveille-matin» m'avaient valu une certaine popularité, au moins dans la région de Granby. Le club social de la ville, le club Richelieu, m'a demandé de donner une conférence devant ses membres. Il s'agissait de récolter des fonds pour une œuvre de bienfaisance. Personnellement, je ne demandais pas mieux, mais de quoi voulait-on que je parle? De mon travail à la radio? Qui cela intéresserait-il?

– Écoutez, dis-je au président du club, je veux bien faire une conférence, mais est-ce que je pourrais faire une blague?

– Quel genre de blague?

– Je ne sais pas, une espèce de supercherie, on tromperait les gens pour s'amuser. Par exemple, je pourrais m'habiller en religieux. On verra...

– Entendu, vous avez carte blanche.

C'était en février 1962. Depuis plusieurs mois déjà, l'attention du monde entier était tournée vers Cuba, après l'échec du débarquement de la baie des Cochons et à la veille de la «crise des missiles» opposant Khroutchev et Kennedy. J'avais lu dans un magazine le témoignage d'un opposant à Fidel Castro, emprisonné avec ses deux fils, et qui racontait les mauvais traitements qu'ils avaient subis. J'ai trouvé qu'il y avait là un point de départ intéressant...

Le jour de ma conférence, j'arrive donc en soutane: je suis le père Marcel Brami. Dans le grand hall, on me présente un à un les cent cinquante membres et invités du club qui viennent assister au banquet de bienfaisance.

– Mon père, voici M. Deslauriers.

– Bonjour, je suis le père Brami. Vous habitez Granby? Et que faites-vous dans la vie?

– Je suis commerçant.

– Ah, très bien. Vous êtes marié? Vous avez des enfants?

– Oui, ma femme Thérèse et moi avons deux enfants.

Je passe au suivant, M. Granville, directeur de banque, dont la fille unique s'appelle Marie. Et ainsi de suite. Je m'arrange pour faire parler un peu tout le monde. Puis on m'installe à la table d'honneur. Et pendant tout le repas, je mémorise les informations recueillies. Lui, là-bas, c'est M. Lafleur, avocat, passionné de pêche. À sa droite, M. Hermine, directeur d'école, veuf depuis l'an passé...

Après le dessert, le président du club Richelieu monte sur l'estrade où se dresse un pupitre.

«Mesdames et messieurs, nous avons l'honneur d'accueillir aujourd'hui un conférencier peu ordinaire, un jeune prêtre qui a déjà un passé fantastique. Vous pourrez constater que la valeur n'attend pas le nombre des années. En effet, ce jeune prêtre est un homme extrêmement brillant: il est diplômé en philosophie, docteur en théologie, il parle quatorze langues; et ce n'est pas tout, il est aussi pilote d'avion à réaction et ceinture noire de karaté... Mesdames et messieurs, je laisse la parole au révérend père Brami.»

Bien qu'un peu sceptiques à l'égard de ce curriculum extravagant, les gens n'en tendent pas moins le cou pour mieux apercevoir le jeune prodige. J'arrive au pupitre, j'ajuste le micro.

«Chers amis, je suis très heureux d'être ici avec vous...»

Et d'emblée je glisse dans mon introduction quelques plaisanteries grivoises, juste ce qu'il faut, mais que les gens ne s'attendent pas à entendre dans la bouche d'un homme d'Église. Mes auditeurs se regardent, un peu perplexes, puis se mettent à rire plus fort que ne le méritent mes histoires, trouvant qu'en effet je suis un religieux hors du commun.

« Mais passons aux choses sérieuses... Je suis ici pour vous entretenir de ce que j'ai vécu à Cuba. Auparavant, qu'il me soit permis de réaffirmer le plaisir que j'ai de me trouver en votre compagnie. C'est pour moi l'occasion de rencontrer des hommes de valeur, d'honnêtes chrétiens... Ainsi, j'ai pu échanger quelques mots avec M. Deslauriers, qui a un commerce dans la rue principale, avec sa femme Thérèse, et dont les deux charmants enfants vont à l'école de M. Hermine, dont je salue ici la présence, avec une pensée émue pour sa défunte femme. À sa gauche, se trouve M. Lafleur, qui pour une fois n'est pas parti à la pêche... À la table voisine... »

Continuant mon monologue, je cite ainsi certains membres du club. J'en nomme vingt, trente, cinquante... Je les nomme en ajoutant la profession, le nombre d'enfants... Les gens n'en reviennent pas. Ils ont à peine enregistré mon nom et voilà que moi, je parle de leur vie quotidienne comme si je les connaissais depuis toujours. Quelle mémoire! Les gens sont cloués sur place. Et quand je termine enfin, quand j'ai nommé plusieurs des cent cinquante participants, ils se lèvent tous comme un seul homme et applaudissent à tout rompre.

Mon personnage est posé. Soudain, il devient crédible, il prend du poids. Si ce jeune prêtre est capable de nommer ainsi toutes ces personnes, alors il peut tout aussi bien être docteur en théologie et pilote d'avion à réaction, parler quatorze langues et être ceinture noire de karaté. Désormais, je tiens mes auditeurs, ils sont immobiles, littéralement suspendus à mes lèvres.

J'enchaîne aussitôt avec le récit dramatique de mes aventures cubaines. Un silence absolu s'installe. Je raconte comment, débarqué clandestinement à Cuba, j'ai été arrêté par les castristes, considéré comme un espion, et jeté dans une geôle infecte où moisissaient des prisonniers cubains, adversaires du régime communiste.

«Nous étions vingt dans une cellule dépourvue de la plus élémentaire commodité, vingt à nous disputer une soupe maigre. Souvent, les gardes venaient chercher l'un de nous pour le soumettre à la torture. Dans cette cellule où je m'efforçais d'apporter un peu de réconfort à mes frères, il y avait un monsieur très digne, ancien propriétaire terrien, qui était là avec ses deux fils de dix-sept et douze ans. Le sort du plus jeune, Emmanuel, enfant égaré au milieu de la barbarie, était pour moi une source d'affliction particulière...»

Les gens sortent leur mouchoir, essuient une larme. Ils ont ri tout à l'heure, ils ont été béats d'admiration, les voilà en proie à l'émotion. Je continue mon pathétique récit:

«Un matin, nous avons été soumis à une simulation d'exécution. Nous avons été conduits dans une cour brûlée par le soleil, alignés contre un mur face à un peloton de soldats. Certains avaient des fusils munis de vraies balles, d'autres de balles à blanc. Une sorte de roulette russe... J'avais à mes côtés le père et ses deux fils. Nous avons fait face au peloton. Un cri terrible a retenti: *Fuego!* Dans le vacarme des détonations, le père et le fils aîné sont tombés, mortellement touchés, sous les yeux horrifiés de ce gamin de douze ans pour qui le monde s'écroulait...»

J'ai des trémolos dans la voix, je m'interromps, je m'écarte un moment par pudeur. Quand je me retourne vers la salle, les cent cinquante convives pleurent comme des Madeleine, on se mouche et on s'essuie les joues, les épaules sont secouées de sanglots. Les gens imaginent la scène d'horreur, c'est d'une tristesse épouvantable.

« Ce pauvre enfant qui a vu son père et son frère fusillés sous ses yeux n'avait désormais qu'une seule ressource au monde, c'était moi, un prêtre. Par la suite, j'ai tout fait pour le protéger, pour lui éviter le pire. Un jour, appelé à l'infirmerie au chevet d'un mourant, j'ai réussi à amener avec moi mon protégé, et à la faveur d'une inattention des gardiens, nous nous sommes échappés. Le port était tout proche ; un marin, Dieu le bénisse, nous a donné une barque et nous avons pu gagner les côtes de la Floride, au terme d'une traversée périlleuse.

« Aujourd'hui, le jeune Emmanuel est placé sous ma responsabilité. Je suis père au double sens du terme, ecclésiastique et familial. Mais vous n'êtes pas sans savoir qu'en prenant la robe, j'ai fait vœu de pauvreté. Je n'ai donc pas les moyens de donner à ce jeune homme l'éducation qu'il mérite et le confort qui lui permettra d'oublier les moments terribles qu'il a traversés, par la grâce de Notre-Seigneur. Je compte sur votre générosité pour nous aider. »

Je fais passer le chapeau d'une table à l'autre. Sous le coup de l'émotion, encore bouleversés par le récit qu'ils viennent d'entendre, les gens donnent des sommes astronomiques. Ceux qui n'ont pas assez d'argent liquide signent des chèques. Les dons affluent jusqu'à la table d'honneur. Nous les recueillons, le président et moi, puis je remonte sur l'estrade :

« Merci à tous, merci pour votre générosité. J'ai terminé, mais une dernière chose avant de partir. Après mon évasion, j'ai eu la chance d'aller à Rome, où j'ai rencontré le pape, qui m'a félicité pour ma conduite et qui m'a accordé sa bénédiction que j'aimerais vous transmettre. Si vous voulez bien vous mettre à genoux... »

Les chaises sont un peu serrées, les gens se poussent pour s'agenouiller. Puis je les bénis en marmonnant quel-

68

ques mots de latin. Certains s'apprêtent à se relever, je les retiens.

«S'il vous plaît, restez à genoux. Si vous le voulez bien, pendant quelques instants, vous allez revivre en pensée le drame que nous avons vécu dans les prisons de La Havane. Je vais réciter des invocations et vous répondrez après moi "Priez pour nous".»

Parmi les convives, il s'en trouve certainement qui pensent que j'exagère un peu, ou bien qui ont mal aux genoux, mais aucun n'ose ignorer ma demande.

– Saint Jérôme...

– Priez pour nous, répondent-ils pieusement.

– Sainte Thérèse...

– Priez pour nous.

Je continue à débiter une liste de saints et de saintes, liste qui ne doit rien au hasard: je suis en train d'énumérer tous les arrêts de la ligne d'autobus qui va des Laurentides vers Granby. Les gens s'en rendent compte peu à peu, étape après étape, mais dans le doute, ils continuent de me répondre en chœur.

– Saint-Sauveur, Saint-Paul-d'Abbotsford...

– Priez pour nous.

Et peu à peu, je me mets à nommer de faux saints:

– Saint-Émilion, Saint-Ture-de-Chasteté...

– Priez pour nous...

– Saint-Hubert-Barbecue...

Des têtes se relèvent ici et là: ça n'a plus de bon sens, voilà que je me mets à invoquer un restaurant! Le moment est venu pour moi de porter le coup de grâce:

«Terminus, vous êtes arrivés, tout le monde descend.»

Et là tous se redressent, un peu hébétés, comme au réveil d'un sommeil hypnotique.

Qu'est-ce qui se passe? Où est-ce qu'on est? semblent se dire certains.

La mine réjouie, le président du club s'empare du micro.

«Mesdames, messieurs, je vous dois une petite explication. Le révérend père Brami qui vient de vous parler est en fait l'animateur de radio bien connu Marcel Béliveau!»

Les gens se mettent à pousser des cris qui hésitent entre le rire et l'indignation. À ceux qui réclament leur argent, je réponds qu'ils l'ont donné en toute bonne foi, et qu'il ira à une œuvre de bienfaisance.

Cette conférence a eu un tel succès que plusieurs présidents d'autres clubs m'ont invité à prendre la parole devant leurs membres. Ainsi, de temps en temps, je me suis rendu dans une ville du Québec pour prononcer la même conférence. C'en était au point que les victimes d'un jour me suivaient ailleurs pour voir les gens se mettre à genoux et implorer Saint-Hubert-Barbecue.

De mon côté, en plus de gagner confortablement ma vie grâce à ces plaisanteries, je découvrais avec une certaine fascination à quel point il est facile de manœuvrer les gens, pour peu qu'on ait sur le dos le costume approprié. Cela allait me servir de nouveau plus tard...

# Chapitre 4

Je m'ennuyais de Montréal. Pourtant, en dépit de mes efforts, aucune station de radio de cette ville ne voulait m'engager; probablement à cause de ma réputation de farfelu. Avec l'argent tiré de mes conférences, j'ai alors changé mon fusil d'épaule et je me suis offert un restaurant, rue Bélanger. Je l'ai baptisé *Ami-Ami*, et je n'étais pas peu fier de ce nom qui jouait sur la destination privilégiée des Québécois en hiver (Miami), et l'atmosphère chaleureuse que je souhaitais dans mon établissement. En fait, celui-ci n'était pas exactement le rendez-vous des gourmets, mais plutôt un casse-croûte où les gens du quartier venaient avaler des œufs au bacon le matin, et se satisfaisaient du menu du jour à midi. Quant au soir, pour une obscure raison, *Ami-Ami* est rapidement devenu le quartier général d'une bande de motards buveurs de bière...

M'étant lancé dans l'aventure presque sans fonds de roulement, j'éprouvais les pires difficultés à joindre les deux bouts. Sans compter que je devais être partout à la fois: un jour, la serveuse me faisait faux bond et je devais assurer le service; le lendemain, c'était le cuisinier qui manquait à l'appel, et je me collais aux fourneaux, au grand dam de la clientèle. Le profit d'un jour servait à régler une facture, celui du lendemain, une autre. Souvent, je n'avais qu'une seule boisson à offrir, n'ayant pas de quoi me réapprovisionner.

Pour rendre la façade plus attrayante, j'avais jugé bon de commander une enseigne au néon. Au moment de l'installation, j'ai dit au gars :

— Je suis un peu à court de liquidités en ce moment, est-ce que je peux vous payer dans trente jours ?

Cela ne le réjouissait pas, bien sûr, mais il était bien obligé d'accepter. L'enseigne a été installée : un superbe néon rouge que je pouvais faire clignoter à volonté. Un mois plus tard, évidemment, je n'étais pas davantage en mesure de payer. Quand le gars s'est présenté, j'ai dû faire pleurer mon violon : je venais de m'installer, le restaurant démarrait lentement, mais je pourrais le payer bientôt. Bref, je gagnais du temps.

L'enseigne lumineuse étant en queue de ma liste de priorités, j'ai laissé traîner l'affaire encore plusieurs semaines, bien que le gars se soit mis à me harceler au téléphone. Je me défilais, je faisais répondre que je n'y étais pas. Puis il menaça de venir décrocher mon enseigne sur-le-champ.

Comme je continue de faire le mort, un matin il débarque au restaurant à l'improviste, dans l'espoir de me pincer. C'est ma mère qu'il trouve derrière le comptoir, la serveuse m'ayant une fois de plus laissé tomber.

— Il faut que je voie M. Béliveau. Où est-il ?

— Il va arriver d'une minute à l'autre. Vous n'avez qu'à vous asseoir et à l'attendre.

Le gars s'installe au comptoir. La maison lui offre généreusement un café.

En fait, j'étais de l'autre côté de la rue, à la boulangerie POM. Chaque matin, j'allais m'y approvisionner.

Je traverse la rue avec une brassée de pains coincée sous le menton et j'entre dans le restaurant. Aussitôt, ma mère me lance du regard des signaux d'alarme, en me désignant l'homme que je vois de dos, assis au comptoir.

Je ne suis pas long à comprendre que le loup est dans la bergerie.

— Bonjour m'dame, dis-je, la boulangerie POM... Combien de pains vous voulez aujourd'hui?

Je tiens mon bras droit assez haut pour que le type en question ne puisse pas voir mon visage qui disparaît derrière les pains.

— Aucun pour le moment.

— Vous êtes sûre, m'dame? Parce que demain c'est congé, je ne passerai pas.

— Non, non, nous avons ce qu'il nous faut.

Tout en surveillant le type du coin de l'œil, elle articule des mots silencieusement et me fait signe de prendre le large. Pour un peu, elle me ferait rire avec ses grimaces.

— Bon, tant pis... À mercredi, m'dame.

Et je ressors à reculons, ma brassée de pains me servant de paravent. Une fois dehors, je décide de me promener un peu dans le quartier, tout en maudissant cette situation qui m'oblige à des stratagèmes grotesques. Le type attend, mais après son troisième café, il n'y tient plus.

Il repart en claquant la porte si fort que son néon en clignote d'effroi. Je venais d'obtenir un petit sursis...


J'avais beau me mettre en quatre, je ne faisais qu'accumuler les dettes, et ma vie tournait au jeu de cache-cache avec les créanciers. À cette époque-là, j'habitais au troisième étage d'un petit immeuble, sur le même palier que ma mère. Elle occupait l'appartement de droite, moi celui de gauche. Un soir, je suis en train de manger chez elle quand on frappe à la porte.

— Te dérange pas, j'y vais.

J'ouvre. C'est un huissier. À l'exception de deux curieuses franges qui lui couvrent les oreilles, il est chauve comme un œuf.

— J'ai un avis de saisie à remettre à M. Béliveau qui habite en face, mais il ne répond pas.

— Normal, il n'est pas là, dis-je aussitôt.

— Vous le connaissez?

— Je pense bien... C'est mon frère.

— Votre frère? Marcel Béliveau?

— Oui, mais il est absent pour le moment.

— Est-ce que par hasard vous pouvez ouvrir sa porte?

— Oui, il me laisse toujours une clé. Une seconde.

Je fais mine d'aller chercher un trousseau et d'hésiter sur le choix de la clé, puis j'ouvre ma porte. L'huissier fait rapidement le tour de l'appartement, jauge le mobilier en connaisseur.

— Bon, il y a de quoi saisir. Quand reviendra-t-il?

— Oh, il devrait être là demain.

— Bien, prévenez-le que nous allons passer dans la matinée.

— Il s'agit d'une grosse somme? demandé-je en me grattant la tempe d'un air détaché.

Il me donne les détails de l'affaire, nous nous remercions mutuellement pour notre coopération.

Sa tête en boule de billard a à peine disparu dans l'escalier que je me crache dans les mains et que je me mets au boulot. Toute la nuit, j'ai joué les déménageurs, tirant, poussant et transportant dans l'appartement de ma mère tout ce que contenait le mien.

Le lendemain matin, je guette sereinement l'arrivée de l'huissier dans l'appartement maternel. Je l'entends sonner chez mon frère – c'est-à-dire chez moi. N'ayant pas de réponse, il se décide à frapper en face. Quand son crâne déplumé envahit tout l'œilleton, j'ouvre, l'air candide.

— Votre frère n'est pas rentré ?

— Ah non, je ne l'ai pas vu. Mais j'ai toujours la clé. Si vous voulez...

Il veut bien, oui. Je lui ouvre la porte de mon frère supposé, en grand, comme un jeune marié pousserait le battant de la suite nuptiale. Et là, mon huissier en reste bouche bée : l'appartement est plus nu que sa patinoire à poux. Pas une descente de lit, pas une poignée de casserole à saisir.

Moi-même j'en ai l'air tout retourné :

— Ben si je m'attendais à ça...

L'huissier arpente le salon et regarde de tous les côtés en se demandant s'il n'est pas victime d'une illusion d'optique.

— Mais comment ça se fait ? Hier tout était là...

— J'en sais rien. Probable que ma mère l'aura prévenu et qu'il aura tout déménagé.

— Ah, mais c'est embêtant ça. Très embêtant... Je peux téléphoner ?

— Euh... Bien sûr. Venez à la maison.

Je l'emmène chez ma mère et je lui montre l'appareil posé sur une encoignure dans le vestibule. L'huissier téléphone à son bureau pour faire son rapport. Tandis qu'il expose la situation, je le vois qui regarde autour de lui et qui fronce les sourcils, l'air suspicieux. Il doit avoir l'impression de voir double : deux réfrigérateurs dans la cuisine, deux cuisinières, deux mobiliers de salon...

* *
*

75

Dans un restaurant, forcément, il y a des habitués, avec qui on devient un peu copains. Il y avait en autres, un client d'une trentaine d'années, un Italien, qui venait manger plusieurs fois par semaine et avec qui je discutais de temps à autre, tout en restant sur mes gardes, car il n'avait franchement pas l'air d'un enfant de chœur. Un jour, il me demande de lui prêter ma voiture, une grosse américaine que j'avais ramenée de l'Ontario et à laquelle je m'étais attaché. Je ne peux pas faire autrement que de lui donner les clés et de répondre mollement au signe de la main qu'il m'adresse en partant.

Au bout de trois jours, mon copain italien n'est pas encore revenu. Une semaine passe, toujours rien. Impossible de le joindre nulle part...

Je finis par appeler la police. On me dit que la meilleure chose à faire, c'est de déclarer la voiture volée.

– Mais je ne veux pas accuser mon copain de vol...

– On ne peut pas lancer d'avis de recherche sans déclaration de vol. Pour le reste, on verra...

Je vais donc au poste déclarer le vol de ma voiture. Un mois plus tard, je suis toujours sans nouvelles de mon Italien. Je commence même à me faire une raison quand un dimanche matin, derrière mon comptoir à essuyer des verres, je vois passer une dépanneuse tirant une voiture. Je laisse échapper un juron de stupeur. C'est mon américaine! Je me précipite dans la rue, et je n'ai que le temps de la voir disparaître au coin. J'appelle aussitôt la police:

– Écoutez, je viens de voir ma voiture tirée par une dépanneuse; ça fait plus d'un mois que...

– Allez à la fourrière municipale et vous pourrez récupérer votre véhicule.

Je saute dans un taxi, je vais à la fourrière qui, comme il se doit, est à l'autre bout de la ville, et je retrouve avec attendrissement ma grosse américaine. Elle a souffert la pauvre. Les freins sont morts, si bien que je dois la faire remorquer jusqu'à un garage. Je débourse une petite fortune en réparations, mais je m'en retourne chez moi au volant de mon véhicule, en fredonnant un air joyeux.

Quelques jours plus tard, je suis au restaurant à surveiller le gril quand j'entends deux voitures de police qui s'arrêtent sec devant ma porte. Les gars font irruption et braquent leur revolver sur moi.

– Mains en l'air !

Vous imaginez l'effet sur la clientèle. De la façon la moins menaçante possible, je lève vers le plafond ma cuiller à égoutter. On me fouille, et on me bouscule un peu :

– Allez, on t'embarque.

– Pour quel motif ?

– La voiture devant, elle est volée.

– Mais non, elle n'est pas volée, c'est la mienne !

– Discute pas.

En effet, ça ne servirait à rien. Deux vieux chuchotent qu'ils m'ont toujours trouvé louche, certains en profitent pour se resservir sans payer, tandis que les autres baissent le nez dans leur tasse de café pour ne pas attirer l'attention des policiers. Je monte dans le panier à salade sous le regard éberlué de mes clients.

Au poste, j'explique la situation et on vérifie les papiers.

– C'est une erreur, excusez-nous.

– Vous excuser ? C'est fin, ça... Vous entrez dans mon restaurant comme si j'étais l'ennemi public numéro un et tout ce que vous trouvez à dire c'est excusez-nous !

– Ça ne se reproduira plus. Vous l'aviez déclarée volée...

– Oui, mais je l'ai récupérée à la fourrière il y a une semaine.

Je proteste encore un peu, pour la forme, puis l'incident est enterré, du moins je le crois...

Une semaine plus tard, je sors de mon cours de judo, rue Saint-Hubert, et je me dirige vers ma voiture en sifflotant quand trois véhicules de police surgis de nulle part me barrent le passage, comme si j'essayais de fuir.

– Mains en l'air!

Et ça recommence: on me fouille de la tête aux pieds. Autour, les badauds se régalent. J'ai l'air fin...

– Écoutez, on m'a déjà fait le coup la semaine dernière...

Rien à faire, j'atterris au poste. Nouvelles vérifications.

– Ah ben, excusez-nous...

– Vous excuser? C'est la deuxième fois, j'espère que ce sera la dernière.

Peu après, je roule avec deux copains vers le centre-ville où nous allons acheter des billets pour un spectacle. Je me gare et je descends; mes copains m'attendent dans la voiture.

Dix minutes plus tard, je reviens, et qu'est-ce que je vois de l'autre côté du boulevard? Un attroupement autour de ma voiture. Des gens crient:

– Les voleurs, faut les mettre en prison!

Mes copains ont les mains sur le capot, les jambes écartées. Tout autour, il y a une escouade de policiers. Je m'apprête à traverser la rue quand face à moi, de l'autre côté du trottoir, l'un d'eux me crie quelque chose, l'air menaçant.

Je reste pétrifié, les mains dans les poches. Le vrombissement des moteurs m'empêche d'entendre ce que me dit l'agent. Mais j'ai la très nette impression que s'il me venait brusquement l'envie de me gratter le nez, il me tirerait comme un lapin.

– Enlève les mains de tes poches!

Là, j'entends. Le bonhomme tient son revolver à deux mains, solidement campé sur ses jambes, comme dans les films. Je m'exécute, non sans rechigner.

– On se calme, t'es malade ou quoi?

– LES MAINS EN L'AIR! ET AMÈNE-TOI!

Je traverse la rue les bras au ciel, en esquivant les voitures comme un toréador.

Sous tous les cieux c'est la même chose, quand quelqu'un se fait arrêter par la police, les curieux ne doutent pas une seconde qu'il s'agisse d'un dangereux criminel. Je suis donc accueilli par les cris hargneux de la foule:

– Les voleurs, on en a plein le dos! Faudrait tous les enfermer!

Je rejoins mes compagnons d'infortune près du capot, dans une position humiliante. Et je me retrouve encore au poste de police! Cette fois – la troisième! – je n'ai pas voulu sortir de là avant que le problème soit résolu. Il s'agissait apparemment d'une erreur informatique, l'information n'ayant pas été transmise à l'ordinateur central... Nous avons été libérés dans l'heure, sauf un de mes deux copains qu'on a gardé parce qu'il n'avait pas payé ses contraventions...

\* \*
\*

J'ai fini par me défaire du restaurant. Entre les créanciers qui me couraient après et les motards qui venaient faire du grabuge le soir, j'en avais par-dessus la tête; ce n'était pas une vie. En tout cas pas celle que j'avais imaginée. Le néon rouge d'*Ami-Ami* s'est donc éteint définitivement.

Que faire à présent? Parce qu'il faut bien commencer quelque part, je passe au service du personnel de l'hôpital Notre-Dame. Le seul emploi qu'on peut m'offrir, c'est celui de garçon d'ascenseur. Moi, je ne suis pas exigeant. On m'interroge sur mes qualifications. Le directeur des ressources humaines, un monsieur gris et pointilleux, genre conservateur de musée, examine mon cas et me déclare trop qualifié pour le poste. Je lui explique que j'ai une famille à nourrir, que je suis sans emploi et qu'après tout un travail, c'est un travail.

Il me met alors entre les mains du responsable technique qui me décrit les lieux comme un chef d'état-major exposerait la situation de ses troupes.

— Nous avons neuf ascenseurs dans cet hôpital: quatre modernes, c'est-à-dire automatiques, et cinq plus anciens, équipés d'une grille. Les quatre premiers sont manœuvrés par des jeunes filles en gants blancs, les autres par des hommes d'un certain âge, pour la plupart des vétérans... Toujours intéressé?

— Bien sûr.

Et me voilà garçon d'ascenseur! On me remet le costume de l'emploi et je reçois les consignes du patron:

— Conduire un ascenseur, ce n'est pas la mer à boire, mais il faut ouvrir l'œil. Tu vois cette manette? Elle détermine la vitesse de l'appareil. Tu arrêtes en plaçant la manette dans le cran zéro. C'est en descente qu'il faut se montrer particulièrement vigilant. Tu dois ralentir à partir du premier étage. Si tu descends trop bas, l'ascenseur touche l'amortisseur et tout bloque. Les gens ne peuvent plus sortir, et il faut appeler un mécanicien pour réparer, et c'est l'hôpital qui paie. Compris?

Compris. Je prends mon service dès le lendemain. Pendant les premiers jours, j'examine la situation, je me familiarise avec le maniement des commandes. L'ascenseur dessert dix étages, du rez-de-chaussée jusqu'au toit. Les gens entrent, je leur souhaite la bienvenue, je referme la grille, j'appuie sur le sélecteur d'étage, un coup de manette avant et arrière toute, je rouvre la grille, au revoir m'sieurs dames. Pas de quoi se rouler par terre. Pour ce qui est du contact humain, les échanges sont plutôt brefs, et la promiscuité, parfois déplaisante.

Au bout d'une semaine, je réfléchis à mes fonctions, et je m'interroge: comment peut-on s'amuser en étant garçon d'ascenseur? Parce que si on ne travaille pas dans le plaisir, les heures paraissent longues.

Chaque étage de l'hôpital est consacré à une spécialité. Au premier, la maternité; au deuxième, les fractures; au troisième, la cardiologie, et ainsi de suite. Dans la cabine d'ascenseur, les gens attendent leur destination en battant la semelle ou en regardant défiler les chiffres lumineux au-dessus de la porte. Pour tromper l'ennui, je commence alors à improviser un petit monologue, comme le ferait un guide touristique, mais sur le mode comique: «Premier étage, les bébés...» et j'y vais de mon petit couplet. Les gens sont surpris, ils rient. Quelques-uns sortent, les autres continuent l'ascension, j'ai mon plein de plaisanteries pour chaque étage. Un vrai sketch de café-théâtre. Mes passagers semblent apprécier, d'autant plus qu'au retour, j'ai un texte différent à leur servir. Il arrive même qu'on me donne quelques pièces de monnaie, ce qui améliore l'ordinaire, vu la maigreur de mon salaire.

À la maison, je me mets à écrire mes monologues. Il faut que je me renouvelle, parce que certaines personnes reviennent plusieurs fois, et qu'il ne faut jamais lasser son public. Alors le soir, à ma table, je me creuse la tête en rongeant mon crayon. C'est devenu comme un second métier: je passe quasiment plus de temps sur mes textes que dans l'ascenseur.

Au bout de trois semaines, à l'heure des visites, on voit un phénomène étrange se produire dans le hall de l'hôpital Notre-Dame. Les gens y font la queue pour prendre mon ascenseur. Étonné par ce désordre, le patron tente de corriger la situation.

— Mesdames et messieurs, il y a quatre ascenseurs libres à votre droite...

En effet, les quatre garçons d'ascenseur attendent, sagement assis sur leur petit banc. Mais personne ne veut entrer dans leur cabine. Le patron essaie de diriger les visiteurs, mais ces derniers passent outre, préférant faire la queue devant mon ascenseur. Les gens qui sont venus une fois entraînent leurs amis, ceux qui ne sont jamais venus suivent le mouvement. Mon patron en devient rouge de colère et d'impuissance. Quand j'arrive au rez-de-chaussée et que j'ouvre la grille, il me demande:

— Mais qu'est-ce qu'il a de si particulier, ton ascenseur?

— Ben, j'en sais rien, lui dis-je, impassible.

— Mais alors pourquoi font-ils la queue?

— Aucune idée.

— C'est insensé... S'il vous plaît, mesdames et messieurs, d'autres ascenseurs sont à votre disposition à gauche.

Décidé à tirer l'affaire au clair, mon patron entre alors dans mon ascenseur. Mais en sa présence, je m'abstiens de faire mon numéro. Comme les gens semblent déçus par mon mutisme, j'annonce en guise d'explication:

— Nous allons au quatrième, et nous avons l'honneur de faire le voyage en compagnie de mon patron.

Les gens comprennent qu'il faudra repasser plus tard. Le patron, lui, est de plus en plus perplexe. Il a beau humer l'air de ma cabine, en inspecter les quatre coins en plissant les paupières, tester la souplesse de mes freinages en esquissant des génuflexions, il ne voit aucune différence avec les autres ascenseurs. À tout prendre, le minois des jeunes filles en gants blancs lui paraît même nettement plus avenant que ma tête d'imbécile heureux.

Il sort au quatrième étage, me lance un dernier regard soupçonneux, puis monte rapidement deux étages par l'escalier, me rattrape plus haut, un peu essoufflé, mais fier de sa ruse. Pourtant, il ne trouve rien d'anormal. Moi je ris sous cape en pensant à l'histoire du type qui cherche à savoir si la lumière du frigo reste allumée quand on ferme la porte.

Finalement, de guerre lasse, le patron me fait venir dans son bureau.

— Dis-moi ce qui se passe dans cet ascenseur.

— Qu'est-ce que vous voulez qui se passe dans cet ascenseur? Vous êtes venu avec moi, vous avez bien vu...

Changeant de stratégie, il se met à questionner les gens dans la queue. Évidemment, il ne tarde pas à découvrir le pot aux roses. Comme il n'a pas le sens de l'humour, il ne trouve pas ça amusant du tout. Il me convoque de nouveau dans son bureau, où il me dit que je dois cesser de faire le drôle, parce que c'est manquer de respect à l'égard des malades...

À mon avis, c'est au contraire leur rendre service, d'une certaine façon. Sans compter que de mon côté, j'ai transformé un boulot *a priori* peu valorisant en une vraie partie de plaisir. Le seul ennui, c'est que, tout à mon monologue, j'oublie parfois la manette, je passe tout droit et je bloque inévitablement l'ascenseur. Les femmes, les enfants, les gens âgés, tout le monde doit sortir en se hissant tant bien que mal sur une marche très haute. Moi, je trouve que ça met de l'animation. Mais là non plus, mon patron n'est pas de mon avis.

– Tu fais le bouffon, tu bloques l'ascenseur trop souvent. Tu es renvoyé.

* *
*

J'ai donc retrouvé le plancher des vaches. Puisque par une sorte de logique paresseuse qui nous fait souvent chercher un emploi dans le domaine que nous venons de quitter, je suis allé poser ma candidature dans un autre hôpital de la ville. L'immeuble ne comportant que trois étages, on n'avait pas besoin d'un garçon d'ascenseur. En revanche, on manquait d'un aide à la salle d'opération. Est-ce que j'étais intéressé? J'ai accepté tout de suite.

Mon travail consistait à aller chercher les patients dans leur chambre, pour les amener devant la salle d'opération. Je leur tenais compagnie, je leur mettais un petit bonnet sur la tête. Puis le médecin me demandait de les faire entrer. Je poussais la civière, je laissais le malade entre les mains du chirurgien, puis je le récupérais dans la salle de réveil pour le ramener à sa chambre, recousu et encore à moitié endormi. Le reste du temps, j'étais occupé à de menus travaux, par exemple passer la vadrouille dans les couloirs.

Rien de très folichon, mais je me consolais en me disant qu'il faut bien gagner sa vie. L'amusant de la chose, c'était que je portais une uniforme vert semblable à celui des chirurgiens. Avec un bonnet et un masque, l'illusion était presque parfaite. Quand les patients me voyaient arriver dans leur chambre, ils me prenaient souvent pour leur médecin. Je ne pouvais pas m'empêcher d'en profiter pour improviser quelques plaisanteries, de préférence sur les cas bénins. Par exemple, ce patient qui s'était blessé au pouce... Quand je suis entré dans sa chambre, il semblait très nerveux.

– Ah, docteur, c'est vous qui allez m'opérer?

– Oui, je viens vous chercher personnellement. Comme votre cas n'est pas grave, je peux vous faire passer avant les autres. Je n'ai pas le droit en principe, mais si ça vous arrange... Ce sera vite fait, et vous pourrez recevoir des visites plus tôt.

– Ah, oui, ce serait bien. Je vais vous payer.

– Il ne s'agit pas d'argent. Par contre, il va falloir que vous m'aidiez. Parce que si, au poste de garde, on s'aperçoit du manège, je vais avoir des problèmes. Alors, sur la civière, vous allez relever le drap au-dessus de votre tête en le tenant bien serré. Surtout, qu'ils ne voient pas votre figure, sinon ils vont savoir tout de suite que ce n'est pas votre tour.

Le bonhomme disparaît sous sa couverture et je l'emmène jusqu'au poste de garde. Là, les infirmières s'étonnent, elles se demandent quelle mouche a piqué ce malade. L'une d'elles, à qui je glisse le numéro de chambre, va chercher le dossier.

– Monsieur Trovaioli?

Elle tire à petits coups secs sur le drap, mais le type s'accroche de toute sa force. L'infirmière se penche et se met à lui parler d'une voix chantante, comme si elle s'adressait à un enfant apeuré qui se serait enfermé dans un placard.

– Mon-sieur Tro-va-io-li... Qu'est-ce qui ne va pas, ce matin?

Elle tire plus fort, l'autre résiste, moi je ris dans ma barbe. Finalement, les infirmières s'y mettent à deux, et arrachent la couverture. Trovaioli, le regard éperdu, a l'air d'un forçat évadé qu'on vient de rattraper. Comme il ne veut pas dénoncer le médecin qui s'est mouillé pour lui, il invente une histoire abracadabrante. Et on continue notre route, pendant que les infirmières vont réviser leur manuel, section troubles préopératoires.

Les patients n'étaient pas les seuls à se méprendre. À midi, lorsque j'avais fini de passer la vadrouille, j'allais manger à la cafétéria avec le personnel et les médecins. Un jour, j'entends un «Bonjour, docteur» enjoué. Je lève les yeux et je vois un type en complet-cravate, tout sourire.

– Je peux m'asseoir à votre table?

– Bien sûr.

Il m'explique qu'il représente je ne sais quelle compagnie de produits pharmaceutiques dont il me vante aussitôt l'efficacité.

– Que diriez-vous de prendre quelques échantillons, à titre gracieux...

– Pourquoi pas?

Ravi, le représentant court me chercher une valise d'échantillons. Pendant sa courte absence, un copain médecin me glisse de la table voisine:

– Prends tout ce qu'il te donne, et puis tu me le refiles. Je suis à court...

Le gars revient, me remet avec sérieux une mallette. Je le remercie et dès qu'il a le dos tourné je laisse le tout à mon complice.

Quand le représentant m'a vu prendre mon seau et ma vadrouille et m'en aller en traînant les pieds, je crois qu'il n'en a pas cru ses yeux...


À part quelques petits riens qui agrémentaient mon existence, je ne m'amusais pas beaucoup dans cet hôpital. Dire que j'aurais pu être à la radio, et qu'au lieu de ça, j'étais là à frotter le plancher et à «conduire» des pousse-pousse!

Un jour, je suis justement en train de faire semblant de nettoyer quand je tombe sur une petite annonce dans un journal. On demande un représentant pour une compagnie de produits vétérinaires. Je décroche le téléphone le plus proche et je compose le numéro. M. Ormond, très gentil, me dit que malheureusement j'arrive trop tard, qu'il a déjà vu tous ses candidats et qu'il est sur le point de repartir pour Hamilton.

— Il n'est pas trop tard, puisque vous ne m'avez pas vu, dis-je avec aplomb.

Devant ma détermination, M. Ormond accepte de me rencontrer, mais dans l'heure qui suit. J'abandonne aussi-tôt seau et vadrouille dans le corridor et je cours vers les vestiaires.

— Votre plancher n'est pas fini! me crie la responsable qui ne me porte pas dans son cœur depuis qu'elle me soupçonne d'être l'ignoble individu qui s'acharne à couvrir de kleenex les portraits de sœur Thérèse qui ornent le mur de toutes les chambres.

— Je ne le finis pas et je ne le finirai jamais! J'ai trouvé un autre emploi!

Je me change à toute vitesse puis je me précipite vers l'hôtel où est descendu M. Ormond. Là, il m'explique qu'il s'agit de rencontrer les vétérinaires dans tout l'est du Canada, au Québec, mais aussi au Nouveau-Brunswick, en Nouvelle-Écosse, dans les provinces maritimes, pour vendre les produits de ses divers associés et fournisseurs. De mon côté, je fais tout pour le convaincre que je suis son homme.

— Vous êtes tenace, me dit-il.

— Justement, si j'ai la même ténacité avec les clients, dans six mois, vous serez numéro un sur le marché.

Mon comportement semble le séduire. Mais le lundi suivant, il m'envoie un télégramme disant qu'il avait déjà donné sa parole à un autre candidat... Je me retrouve donc le bec dans l'eau.

Je travaille alors pendant un certain temps chez un concessionnaire Ford, histoire de conduire une voiture neuve sans avoir à la payer, puis à la Société du gaz naturel, section des plaintes, où je n'ai pas tenu long-temps.

Et voilà que M. Ormond me rappelle.

– Je vous offre l'emploi de représentant auprès des vétérinaires.

Je suis heureux comme un pape. Me voilà sillonnant tout l'est du Canada en voiture, d'hôtel en hôtel, je joue au golf avec les vétérinaires, qui m'apprennent des tas de choses. Je me débrouille plutôt bien, et je fais une bonne année. Jusqu'au jour où M. Ormond m'annonce que son plus gros fournisseur le lâche et qu'il se trouve dans l'obligation de me licencier. Il se dit très peiné, et je crois que c'est sincère.

– Il est installé où ce fournisseur? demandé-je.

– À Toronto.

Je lui remets les clés de la voiture, nous nous serrons la main, et je file directement à l'aéroport, destination Toronto. Là, je force les portes pour rencontrer le patron de la société qui vient de nous faire faux bond. Je lui explique que j'ai bâti toute une clientèle dans l'est du pays, qu'il ne peut pas tout laisser tomber au moment de récolter les fruits de mes efforts... Pendant une demi-heure, je prêche pour ma paroisse... Et quand je pars de Toronto, me voilà représentant officiel de la firme, et je suis au volant d'une voiture neuve remplie de médica-ments.

J'ai pu continuer mes pérégrinations pendant quel-ques mois encore, jusqu'à ce que l'entreprise de mon nouvel employeur soit rachetée par un groupe américain de Des Moines. Là, on m'a demandé d'aller dans l'Iowa pour des stages et des séminaires. Comme ça ne m'intéressait pas, j'ai préféré ramener la voiture à Toronto et rendre mon tablier.

À Toronto, fort de mes expériences en milieu hospitalier, je me suis fait engager au Toronto Western Hospital, un établissement important et très réputé. J'étais en charge de la stérilisation, c'est-à-dire que je ramassais les seringues et tous les instruments chirurgicaux que je plaçais dans l'appareil qui allait les stériliser.

Le matin, je me promenais dans les couloirs avec mon chariot. Au septième étage, tout au fond, j'apercevais chaque jour dans une chambre une femme qui était dans le plâtre de la tête aux pieds. Je n'avais jamais rien vu de semblable. La pauvre était soutenue par tout un système de câbles et de poulies, de telle sorte que son corps ne touchait absolument pas le lit et restait suspendu à trente centimètres du matelas. Immobilité complète. Grâce à un arrangement de miroirs elle pouvait malgré tout voir ce qui se passait à droite et à gauche.

Chaque jour, je me rapprochais de sa chambre. Puis, n'y tenant plus, je suis entré lui dire bonjour. J'ai alors découvert une très belle jeune fille d'une vingtaine d'années. Les jours suivants, abandonnant un moment mon chariot dans le couloir j'allais bavarder avec elle. Un jour, elle me raconte son accident de parachute et me dit qu'elle en a pour plusieurs mois.

Le lendemain, je m'inquiète des inconvénients de sa position. Elle me confie alors spontanément que le désir la travaille, mais qu'enveloppée comme elle est, elle ne peut même pas se faire plaisir elle-même. De fil en aiguille, elle me laisse entendre que je lui rendrais service si j'acceptais de...

Je suis gêné, et en même temps très excité par l'érotisme insolite de l'affaire. Même dans mes fantasmes les plus fous, je n'avais pas rêvé d'une situation aussi extravagante.

Sur sa recommandation, je pousse donc la porte, puis je reviens à son chevet. Je glisse ma main entre ses jambes, dans ce triangle qui bat, encore et encore, sous la carapace de plâtre.

Bientôt, les poulies se mettent à grincer. La fille se balance légèrement, en lévitation. Puis elle commence à pousser de petits cris. Craignant l'arrivée d'un médecin ou d'une infirmière, je la bâillonne de ma main libre. Cela tangue de plus en plus, et je crois qu'elle va tout arracher. Les câbles grincent, les poulies s'affolent, les plâtres risquent de se rompre, les miroirs dansent la gigue. Quand elle atteint enfin l'extase en me mordant cruellement la main, un miroir se détache et va se briser en mille morceaux sur le sol.

\* \*
\*

Peu de temps après cette séance d'érotisme acrobatique, j'ai enfin décroché un autre emploi à la radio ! Et qui plus est, à Montréal.

À vrai dire, il ne s'agissait encore que d'un emploi à temps partiel. On m'a engagé comme remplaçant à la station CKVL, dont le propriétaire était M. Jack Tietolman, figure légendaire de la radio québécoise. Installée à Verdun, sa station était à ce moment-là, et est encore je crois, la plus puissante radio FM du monde. En effet, M. Tietolman a été l'un des premiers à délaisser les ondes courtes traditionnelles pour la modulation de fréquence, assurant une meilleure écoute. Les pouvoirs publics de l'époque n'étaient pas encore très au fait de la chose, si bien que CKVL a obtenu la permission d'utiliser une puissance colossale, soit quelque trois cent cinquante mille watts, alors qu'il est aujourd'hui impossible d'en obtenir le tiers... La plus grande station FM du monde! Le problème, c'est que personne n'avait la FM à la maison. M. Tietolman était le seul à pouvoir en bénéficier, et il écoutait de la musique classique à tue-tête dans son bureau...

Je travaille là depuis un mois à peine quand M. Tietolman me fait venir dans son bureau. Il m'explique que CKVL a passé un contrat avec Atlantic City, dans le New Jersey, pour assurer auprès des Québécois la promotion de cette station balnéaire américaine. À l'époque, avant même l'installation des casinos, le New Jersey s'efforçait d'attirer les touristes sur ses plages. CKVL avait donc dépêché sur place un animateur qui envoyait régulièrement des reportages publicitaires vantant les charmes d'Atlantic City et des alentours.

– Les responsables d'Atlantic City ne sont pas satisfaits du gars qu'on leur a envoyé. Pourriez-vous aller là-bas pendant une quinzaine de jours, peut-être plus, le temps d'arranger les choses?

– Moi, je veux bien. Mais le travail consiste en quoi exactement?

– C'est simple, tous les jours vous appelez la station, et vous dites que le soleil brille et que la mer est belle...

Je me suis donc envolé pour Atlantic City. À l'aéroport, une limousine blanche m'attendait pour me conduire aussitôt chez le président du comité de la ville. C'était un homme d'une cinquantaine d'années qui s'appelait Mall, mais que les gens surnommaient *Small* à cause de sa taille: il mesurait presque deux mètres. Ce géant se déplaçait avec des gestes lents mais précis, comme s'il se mouvait dans une densité d'air différente de la nôtre. Nous nous sommes tout de suite bien entendus.

Il faut dire que j'aurais eu mauvaise grâce de me plaindre. On m'avait réservé une chambre somptueuse dans un hôtel luxueux, et tous mes frais étaient payés par la ville. On s'occupe de vous, m'avait dit Small à mon arrivée. Dans ma suite princière, je m'amusais à tester la rapidité des garçons d'étage en commandant toutes sortes de choses à la réception. Le soir, j'allais manger sous les lustres de la grande salle de bal, je dégustais les meilleurs plats en rythmant doucement avec ma fourchette les valses que jouait derrière moi un orchestre de dix violons. En sortant de table, je n'avais qu'à signer l'addition, ce que je faisais de bon gré.

En somme, c'était la vie de millionnaire. Une fois effectués mon reportage quotidien à CKVL et quelques activités promotionnelles, j'avais du temps libre et j'en profitais. Coup de veine supplémentaire, j'étais tombé en plein concours de Miss America. L'hôtel grouillait de filles sublimes. En tant qu'invité d'honneur, on m'a demandé d'être le prince consort de Miss New Jersey, ce que j'ai vite accepté. Je me suis donc retrouvé dans le défilé final, en queue-de-pie et chapeau claque, perdu au milieu des plumes, des paillettes et de toutes ces jambes fuselées. Sur mon petit nuage, je mordais à belles dents dans ce faste qu'on mettait à portée de ma main.

Au terme de mon séjour, le géant Small se déclare très satisfait de mon travail, il trouve que les choses bougent. Il est vrai que je me suis beaucoup dépensé... Pressentant une aubaine, je lui demande :

— Vous consacrez une petite fortune à votre promotion, mais qui vous représente au Québec ?

— Personne. On achète du temps publicitaire à CKVL, c'est tout.

92

– Il vous faudrait quelqu'un comme moi pour coordonner votre publicité.

Et je lui expose tout un plan que j'ai imaginé. Small me trouve plein de bonnes idées et d'énergie.

– Entendu. L'an prochain, vous aurez le contrat.

Il écrivit une belle lettre à M. Tietolman, mon patron de CKVL, pour lui vanter mon excellent travail... et pour lui annoncer qu'il retirera le contrat à CKVL pour me le confier. Par conséquent, mon patron deviendrait l'un de mes clients. Moi, je sautais au plafond. Ce contrat représentait à mes yeux une somme faramineuse: deux cent mille dollars par an! Je ne connaissais Small que depuis deux semaines, et voilà qu'il m'accordait sa confiance pour une mission d'importance.

J'ai passé l'année suivante à faire de la promotion dans les journaux et les radios du Québec. Et au mois de juin, je suis retourné à Atlantic City où je me sentais roi et maître.

Le comité de la ville avait organisé une semaine canadienne dont le clou était un immense banquet de deux mille invités, qui se tenait au palais des congrès. Je n'avais jamais rien vu d'aussi grandiose: des tables à perte de vue, sous la voûte d'une salle immense remplie de la rumeur des conversations et des bruits de couverts. Le ministre canadien du Tourisme devait être présent. Je l'ignorais, étant arrivé seulement la veille, mais la presse était prévenue et de nombreux journalistes étaient là pour couvrir l'événement.

Accueilli comme un roi, un peu éberlué par l'énorme mise en scène à l'américaine, je me laisse conduire jusqu'à mon siège à la grande table d'honneur.

C'est le gouverneur de l'État du New Jersey en personne qui monte le premier à la tribune pour souhaiter la bienvenue à tous les invités. Il y va de son petit discours, il remercie les représentants canadiens, et tout à coup j'entends mon nom. Sous un tonnerre d'applaudissements, le gouverneur laisse ensuite la parole au maire d'Atlantic City que j'écoute distraitement, et qui, à la fin de sa tirade, annonce:

«Nous comptons parmi nos invités de marque M. Béliveau, dont l'activité n'est pas étrangère au succès de cette opération. Je vais le prier de nous adresser quelques mots.»

Je suis muet de surprise. Je n'ai rien préparé, bien sûr, et en plus je dois parler en anglais. Je me lève en maudissant intérieurement le maire, et j'atteins la tribune. Aussitôt, trois ou quatre caméras de télévision fondent sur moi, les perches de micro se tendent, les flashes crépitent. J'improvise, pendant qu'un peloton de journalistes note avec zèle. Puis, à court de banalités sur la bonne santé des relations canado-américaines, je me mets à raconter quelques blagues pour meubler. Finalement, je ne m'en sors pas trop mal. J'ai droit moi aussi à une salve d'applaudissements: depuis la tribune, je vois les tables frétiller comme des mille-pattes renversés sur le dos.

À titre d'invité d'honneur, je reçois un insigne de policier de la ville qu'on me remet avec cérémonie, la plaque officielle, dans un bel étui de cuir, et sur laquelle on a fait graver les mots suivants: *Marcel Béliveau, Special Detective J32, Atlantic City, New Jersey.*

– Voilà, c'est comme si vous aviez les clés de la ville, m'explique le maire. Vous pouvez montrer ça partout où vous irez.

Je me confonds en remerciements et je promets de faire bon usage de cet insigne – qui me sera effectivement d'une grande utilité, surtout en France, comme on le verra plus loin.

Le lendemain matin, en ouvrant les journaux et la télévision, j'ai un choc en voyant partout ma tête d'imbécile heureux, accompagnée de cette légende: *Le ministre canadien du Tourisme en visite à Atlantic City...*

J'ai mené cette vie de pacha pendant trois ans environ, jusqu'à l'Exposition universelle de 1967, une grande année pour Montréal, et pour moi en particulier.

Je détenais le contrat de publicité au Québec de la ville d'Atlantic City et de l'ensemble du New Jersey. Je gagnais beaucoup d'argent sans me tuer à la tâche. Je me rendais à Atlantic City au mois de mai pour régler tous les problèmes avec le comité de la ville, puis je revenais à Montréal où, en une semaine, j'établissais le programme des messages à diffuser dans la presse. D'Atlantic City on m'envoyait un gros chèque, je payais tous les publicitaires et les fournisseurs, et j'empochais le reste. En un peu plus d'un mois, mon année était faite. Il ne me restait plus qu'à louer un chalet ou une maison à Miami et à me la couler douce.

Mais tout passe, tout lasse... Après l'année record de l'Exposition universelle de 1967 à Montréal, possesseur d'un joli petit magot, je me suis dit que j'allais m'exiler pendant quelques mois. C'est plus fort que moi, il faut que je bouge, je ne supporte pas la routine. Quitte à anéantir ce que j'ai eu du mal à construire... Il paraît que ça tient de mon signe astrologique, le Scorpion.

Quoi qu'il en soit, à l'été 1968, j'avais envie de changer d'air, de voir du pays. Entrant dans la première agence de voyages venue, j'ai pris un billet d'avion pour Los Angeles. Mais à l'aéroport, encore un coup du destin, je suis tombé sur une promotion pour un vol à destination de Paris. Du coup, j'ai changé mon billet, et une heure plus tard, je m'envolais pour la France.

# Chapitre 5

J'arrivais en France la tête pleine d'images tout droit sorties des films de Fernandel et des chansons de Charles Trenet. Autant dire que j'ai été déçu par l'attitude de mon premier douanier français, aimable comme une porte de prison. Je me suis même fait traiter de mal embouché parce que j'avais osé lui faire répéter une question deux fois, ayant du mal à comprendre son drôle d'accent.

En sortant de l'aéroport, on m'a dirigé vers la navette «pour les Invalides», un nom qui ne me paraissait pas de très bon augure. Le chauffeur m'a regardé d'un air étrange quand je lui ai demandé si son autobus transportait aussi les gens en bonne santé... Arrivé sur l'esplanade des Invalides, je suis resté un moment planté entre mes deux valises. De quel côté aller? Je ne connaissais absolument personne à Paris; je n'avais pas une adresse, pas un numéro de téléphone.

Je hèle un taxi, il ne s'arrête pas. Bizarre... Mais un peu plus loin, je vois une rangée de taxis en attente au bord d'un trottoir. Je m'apprête à monter dans le premier quand trois voix hargneuses me rappellent à l'ordre:

– Hé! vous, faut faire la queue comme tout le monde... Non, mais, des fois... Où ça se croit...

Qu'on m'excuse, je ne savais pas. J'attends mon tour et je monte enfin dans une voiture.

– Bonjour, monsieur! dis-je d'une voix joviale.

Pas de réponse. Je répète trois fois «Bonjour» sur des tons différents. Rien à faire, mutisme total. J'ai à peine posé le pied en France, que déjà je me fais traiter de tous les noms, ou que les gens refusent de me saluer. Ça commence bien...

– Où on va? maugrée le chauffeur, prouvant qu'il est quand même doué de parole.

– À vrai dire, j'en sais rien... Amenez-moi en ville.

Les mains se soulèvent du volant, et y retombent pesamment.

– Mais monsieur, vous y êtes en ville!

– Alors au centre-ville, risqué-je à tout hasard.

Les mains se soulèvent un cran plus haut, et frappent presque le volant au retour.

– Mais vous y êtes, au centre-ville!

– Bon, ben... Roulez, n'importe où, on verra bien.

Poussant un soupir exaspéré le chauffeur m'amène le long des quais, prend une rue à gauche, une autre à droite... Je n'ai pas assez d'yeux pour tout voir, et je questionne:

– Oh, c'est quoi ce monument?

– J'sais pas.

– Et là, cet édifice?

– J'en sais rien.

– Si je comprends bien, vous ne voulez pas me parler?

– Non.

Il suffisait de le dire... Nous continuons donc en silence. J'aperçois une plaque sur laquelle je lis Rue Caumartin. Puis nous voilà en plein embouteillage. Cinq minutes passent, puis dix, puis vingt. Le taximètre tourne.

Autour de moi, je vois plusieurs enseignes d'hôtels. Ici ou ailleurs, quelle différence?

– Je suis arrivé, dis-je au chauffeur.

– Vous êtes arrivé où?

– N'importe où, nulle part; je descends ici.

Il me regarde dans le rétroviseur, persuadé d'avoir affaire à un échappé de l'asile. Je le paie, et mes deux valises à bout de bras, j'entre dans le premier hôtel venu, rue Caumartin. Pas besoin de demander les tarifs; j'ai un bon paquet de dollars en poche, et je pars du principe que ça durera ce que ça durera, trois semaines ou trois mois.

Je loue une chambre dans cet hôtel sans ascenseur, au quatrième. C'est le plein été, il fait une chaleur écrasante et je me couche en laissant la fenêtre ouverte. Le matin, je suis réveillé par des clameurs dans la rue. Je me penche à la fenêtre, je vois deux Français qui s'engueulent, et semblent prêts à se battre. Je trouve ça pittoresque.

Je m'habille en vitesse, je descends, je déambule dans ma rue, le nez en l'air, les poumons gonflés, tout ébahi d'être à Paris. Un homme m'arrête pour me demander du feu.

– Vous êtes Québécois? fait-il en entendant mon accent.

– Oui.

– Vous aimez la musique?

– Oui.

– Venez donc prendre un verre.

Nous entrons dans un café, le Édouard-VII. Le gars commande deux bières pression en habitué de la maison, puis il se présente: René Duchaussoy, guitariste personnel d'Yves Montand.

– Vraiment?

Il ajoute que nous sommes à deux pas de l'Olympia où Montand est alors à l'affiche. Un gars s'approche de la table, salue Duchaussoy, lui prend une cigarette et s'installe à notre table. Il s'appelle Roland Berger, il s'est occupé de la carrière de Dalida, de Christophe, de Polnareff... Je n'en reviens pas, je suis à Paris depuis à peine douze heures, et déjà je me trouve en plein showbiz. Nous nous mettons à parler de musique, ils s'intéressent à ce qui se passe au Québec.

— En ce moment, dit Roland Berger, je m'occupe de Christian Régis, le type qui est assis là-bas. Une future vedette en France...

Je regarde le gars en question. Il est plutôt trapu, grassouillet, les cheveux blonds teints à la va-vite. J'esquisse une moue sceptique.

— Ça vous plairait d'assister au spectacle de Montand? me propose Duchaussoy.

— C'est pas de refus.

— Alors venez ce soir, vous passerez par l'entrée des artistes, là, juste à côté, dans la rue Caumartin.

Le soir, je suis au rendez-vous, et Duchaussoy lui-même me fait entrer.

— Aimeriez-vous rencontrer Montand?

— Et comment!

Il me fait entrer dans sa loge. M. Montand est là qui se prépare à entrer en scène. Je suis intimidé.

— Monsieur Montand, je ne voudrais pas vous déranger...

— Non, non, asseyez-vous.

Nous parlons du Québec, de la chanson... Et le courant passe.

– Je suis à l'Olympia pendant tout le mois, me dit-il, si vous voulez revenir, amener quelqu'un, vous avez une loge à vous ici...

C'est ainsi que, tous les soirs, je suis allé écouter Yves Montand. Après le spectacle, nous allions prendre un verre, le chanteur, son guitariste et moi. Je les écoutais, j'apprenais la France à travers eux, partagé entre deux sentiments : j'étais émerveillé de cette rencontre inespérée, que pourtant je considérais comme une chose presque normale, puisque ces gens habitaient Paris et que je m'y trouvais, à Paris...

Dans la journée, je passais le plus clair de mon temps à faire la navette entre mon hôtel et le café Édouard-VII, n'osant pas encore m'aventurer plus loin. Mais, déjà, je ne passais pas inaperçu. J'étais ce «drôle de ricain qui parle français». Il est vrai que j'étais habillé à la mode américaine de la fin des années soixante : souliers de course aux pieds, jeans pattes d'éléphant, et cols roulés ou chemises aux couleurs éclatantes, jaunes ou orange pour la plupart. Je devais passer pour un hurluberlu ou un martien.

Au café, je me suis lié d'amitié avec Christian Régis, celui qu'on m'avait présenté comme une future vedette. De son vrai nom Christian Tortora, il était monté de Bordeaux à Paris pour tenter sa chance dans la chanson. À vrai dire, sa carrière musicale n'allait guère dépasser les limites du Édouard-VII... Mais nous allions faire, dans la vie, un bout de chemin ensemble.

Un jour, le serveur m'apporte un petit mot. «Marion et ses amis se posent beaucoup de questions à votre sujet.»

– C'est qui, ce Marion?

– Ce n'est pas un garçon, c'est une fille. Elle est assise là-bas.

– Dites-lui que je vais aller la voir.

Grâce à cette jeune femme, j'ai fait la connaissance d'un groupe de comédiens et de chanteurs qui espéraient faire carrière. Il y avait là des gens aussi divers que Gérard Depardieu, Patrick Préjean, Franck Fernandel – le fils de celui qui m'avait fait rêver d'une France où les cigales chantent à longueur d'année. Et bien d'autres encore, qui n'ont jamais connu la gloire. Le Édouard-VII était leur quartier général ; la proximité de l'Olympia leur mettait du baume au cœur.

La plupart de ces artistes étaient fauchés, alors que moi, j'avais des dollars plein les poches. Comme je n'arrivais pas à les convertir mentalement en francs, je ne me rendais pas compte de leur valeur. Et je payais des tournées et des repas à tour de bras ! Un jour, je donnais à une fille en pleurs l'argent de son loyer pour lui éviter l'expulsion ; un autre, c'était une virée au King Club... Je dépensais largement. Pas étonnant qu'on se pose des questions à mon sujet. Je me faisais des copains par la force des choses, en flambant mon avoir. J'étais là pour ça, après tout. Je n'avais pas trente ans et je comptais bien brûler la chandelle par les deux bouts.


J'ai vécu ainsi en menant grand train pendant quelques mois. Je ne me souciais de rien... jusqu'au jour où les sous sont venus à manquer. Mon magot avait fondu comme du beurre dans la poêle.

Il m'a d'abord fallu songer à quitter l'hôtel. Apprenant que je cherchais à me loger, un vague copain du Édouard-VII, qui me prenait pour un richissime Canadien, est venu vers moi :

– Je t'ai trouvé un appartement à Neuilly !

Il avait prononcé ces mots avec satisfaction, comme s'il me faisait une énorme faveur. Moi, je croyais naïvement que c'était ici comme au Québec : les gens déménagent, ils vont, ils viennent; je n'avais aucune notion de ce que c'était que la crise du logement. J'ignorais qu'à Paris les appartements sont rares, et que piston et bouche à oreille sont les meilleurs moyens d'y accéder.

– Tu te rends compte, ajoute ce copain, tu seras à Neuilly !

– Et puis après ?

Pour moi, Neuilly, Kremlin-Bicêtre ou Issy-les-Moulineaux, c'est du pareil au même, pour autant que je trouve à me loger.

– Tu seras à côté du bois de Boulogne, c'est pas donné à tout le monde...

Alors autant que ce soit pour moi... Je me déclare intéressé, le copain m'emmène à Neuilly, où je fais la connaissance du propriétaire, M. Bourdalou, un brave homme un peu timide qui habite dans le même immeuble. Nous visitons l'appartement à louer, un deux pièces et demi avec foyer. Je n'ai plus un sou vaillant, mais l'essentiel, c'est que je sois le seul à le savoir.

– C'est pas mal ici, dis-je, l'air au-dessus de mes affaires. C'est combien ?

En chemin, mon copain m'avait glissé en confidence que l'appartement n'est pas déclaré et que le loyer sera moins élevé; on me demande tout de même l'équivalent de huit cents dollars par mois, une somme considérable à l'époque, une vraie fortune quand on est fauché.

– Vous êtes dans quel domaine ? s'informe discrètement le propriétaire.

– C'est un journaliste canadien, répond fièrement mon copain. Il travaille pour une grande chaîne de télévision, là-bas.

C'est en effet ce que je lui ai fait croire. M. Bourdalou est épaté par ce «là-bas» qui évoque pour lui une sorte de paradis :

– Ah, la télévision, c'est très bien. Écoutez, vous êtes ici chez vous.

Puisqu'on m'invite, je m'installe sans verser de caution. Je ne me fais pas trop de souci, persuadé que je vais rapidement trouver un emploi, même temporaire, me permettant de payer mon loyer. Mais il faudrait peut-être que je m'en occupe...

Dans *France-Soir*, je tombe sur la petite annonce suivante : «Concessionnaire de voitures sport cherche représentant.» Tout à fait mon rayon. Je vais donc poser ma candidature. Je rencontre des gens de Matra, qui désirent former une équipe «de choc» pour doubler leur chiffre d'affaires et conquérir le monde, ou quelque chose du genre. Moi qui ai travaillé pendant quelque temps chez un concessionnaire Ford au Québec – or Matra utilise des moteurs Ford –, je leur parle méthode américaine, art de la vente et service à la clientèle. Ma vision d'outre-Atlantique les impressionne. Ils veulent absolument m'engager, mais comme je suis étranger les formalités seront longues et compliquées à établir. Pour le moment, je dois me contenter d'une simple lettre d'entente.

Pour l'instant, je n'ai aucune rentrée d'argent. Heureusement, j'ai rencontré une fille qui travaille plus ou moins régulièrement, et qui garantit notre minimum vital. Je ne sors plus, je mange moins, j'économise sur tout... mais j'habite dans un bel appartement à Neuilly.

Au bout d'un mois, comme je n'ai toujours pas payé le loyer, le propriétaire vient frapper à ma porte :

– Vous savez, pour l'appartement, je ne vous ai rien demandé à votre arrivée, mais il faudrait que... de temps en temps...

– Ah oui, c'est vrai...

– Écoutez, on va tirer un trait sur le mois écoulé et vous me payez maintenant le prochain mois.

– Mieux que cela, lui dis-je, je vais vous payer les trois prochains mois.

– C'est bien gentil à vous, je n'en espérais pas tant.

Je lui remets donc un chèque tiré sur la Banque Royale du Canada. M. Bourdalou le reçoit comme s'il s'agissait d'un ordre de paiement signé par le gouverneur de la Banque de France, et se confond en remerciements. Ainsi, pendant deux mois, nous sommes en excellents termes; mon propriétaire se donne même la peine de m'apporter du bois pour le foyer.

Mais arrive le jour où le fameux chèque lui revient. M. Bourdalou monte deux étages, tout ému:

– Ah, monsieur Béliveau, il y a sûrement une erreur, regardez, votre chèque est revenu.

Il s'excuse presque de me déranger pour une raison pareille. Car à ses yeux, cela ne fait pas l'ombre d'un doute, c'est un malentendu.

– En effet, lui dis-je, c'est incompréhensible. Le plus simple, c'est que je vous fasse un autre chèque.

– Ah oui, merci, très bien...

Je signe un deuxième chèque pour la même somme et M. Bourdalou redescend pleinement rassuré.

Six semaines plus tard, il revient frapper à ma porte, cette fois un peu plus fort. Il s'enhardit même jusqu'à montrer une légère impatience:

– Là, il y a un problème, le deuxième m'est revenu aussi. Comment ça se fait?

– Je ne comprends pas... Je ne sais pas quoi vous dire.

Je n'avais pas l'intention d'escroquer mon propriétaire, mais j'étais pris à la gorge, je touchais le fond. Il y avait toujours chez Matra cet emploi qui m'attendait, j'avais la lettre d'entente en poche, mais les formalités administratives ne sont toujours pas réglées. Que pouvais-je faire d'autre que de continuer à jouer au chat et à la souris ?

— Voilà ce que je vous propose, dis-je à mon propriétaire avec l'accent de la plus parfaite probité. Vous avez le téléphone chez vous ? Nous allons appeler le directeur de la banque et résoudre le problème sur-le-champ. Je vous paierai la communication, cela va de soi...

Nous descendons chez lui. Il m'indique où se trouve le téléphone, puis s'assied à côté de sa femme, dans son fauteuil Louis XV.

Je compose un numéro au Canada.

— La Banque Royale ? dis-je, dès que mon frère décroche. Bonjour, monsieur. Veuillez me passer le directeur, je vous prie.

Devant moi, les époux Bourdalou sont tout émoustillés par la fermeté de mon ton. Je suis debout, je fais celui qui s'impatiente. Surtout, j'ignore mon frère qui s'époumone à l'autre bout du fil :

— Allô ? C'est toi, Marcel ? Mais qu'est-ce qui t'arrive ?

— Oui, vous avez bien compris, je veux parler au directeur.

— Tu as pris un coup sur la tête, ou quoi ?

Puis, je fais semblant de m'adresser enfin au directeur de la Banque Royale du Canada.

— Monsieur le directeur, ici Marcel Béliveau, je suis à Paris, et j'ai un petit désagrément. J'ai remis un chèque à M. Bourdalou...

L'intéressé sursaute en entendant son nom.

— ... mais le chèque est revenu. Même chose pour un deuxième chèque. Pourriez-vous me dire ce qui se passe ? Oui, j'attends... Ah oui, je comprends... Oui, oui... Mais vous conviendrez que cela me met dans une position très désagréable...

Je continue ma mise en scène au téléphone; M. Bourdalou est toujours assis devant moi, il écoute religieusement: pensez donc, je suis en train de parler à un directeur de banque...

– Je souhaite que cela ne se reproduise plus à l'avenir, sinon je me verrai dans l'obligation de faire affaire avec un autre établissement... Vous me garantissez qu'il n'y aura plus de problème? Vous êtes sûr? Alors je lui remets un autre chèque? Oui, bon... Je suis heureux de l'entendre. Ce pauvre monsieur, vous imaginez, cela fait bientôt quatre mois qu'il n'a pas touché mon loyer parce que chez vous, dans vos papiers... Non, je comprends, je comprends, mais il faut que ce soit réglé... Vous me l'assurez? Bien, je vous remercie beaucoup...

Subitement, je tends le combiné à bout de bras vers mon propriétaire:

– Vous voulez lui parler?

Je lui aurais tendu une grenade dégoupillée que M. Bourdalou n'aurait pas paru plus terrorisé.

– Non, non, ça va... se défile-t-il en agitant les mains en éventail.

– Merci encore, monsieur le directeur, et au revoir.

Je raccroche. Dans son fauteuil, le propriétaire pousse un soupir, comme s'il avait retenu son souffle pendant toute la conversation.

– Ah, je savais bien... Je savais bien que c'était une erreur...

Pauvre M. Bourdalou!

Deux mois plus tard, le bonhomme revient à la charge en montant l'escalier quatre à quatre. Cette fois, il est furieux:

– Alors là, non, ça ne marche plus, me fait-il en brandissant le troisième chèque refusé, la comédie a assez duré...

– Monsieur Bourdalou, lui dis-je gravement, asseyez-vous.

Il s'assoit, craignant le pire.

– Monsieur, je n'ai pas un sou.

Il est catastrophé. Je viens de lui confirmer un affreux soupçon. Mais il tente de se ressaisir, il a prévu le coup :

– Vous savez qu'en France il y a une loi contre les chèques sans provision... Si je dépose votre chèque au commissariat, on vient vous arrêter sur-le-champ.

– Eh bien, faites-le... Mais dans ce cas n'oubliez pas de leur dire que votre appartement n'est pas déclaré.

Il blêmit.

– Comment le savez-vous ? chuchote-t-il comme un conspirateur démasqué.

– Pas de panique. C'est vrai, je n'ai pas un sou, mais je ne suis pas un escroc. Il se trouve que je traverse une très mauvaise passe. J'ai une offre d'emploi en bonne et due forme, mais on n'en finit pas avec les formalités. Dès que je travaille, je vous rembourse.

– Oui, mais d'ici là, qu'est-ce qu'on fait ?

– Je vide les lieux et vous trouvez un autre locataire.

J'ai ramassé mes affaires et nous nous sommes séparés ainsi, M. Bourdalou et moi, tous les deux un peu attristés par ce déboire.

*  *
*

Tant que la situation ne se débloquait pas du côté de Matra, il fallait bien que je gagne de quoi vivre. En épluchant de nouveau *France-Soir*, j'ai relevé une petite annonce où l'on demandait «Monsieur parlant bien l'anglais pour conversation avec homme d'affaires.» Suivait un numéro de téléphone. J'appelle aussitôt d'une cabine téléphonique, en prenant mon meilleur accent new-yorkais:

– *Hello, my name is John Belmont, I am from New York, and I am looking for a job.*

Embarrassée, la secrétaire bafouille:

– *Yes...* Monsieur... *Sir? But* parlez français?

– *No, I don't speak French.*

– *One instant...*

Bref silence, puis elle revient:

– D'accord, venez... Euh, *come...*

– *When?*

– *When?* Ah... quand? Tout de suite.

– *You mean now?*

– *Yes...* Oui, *now*, maintenant.

– *What's the address, please?*

J'apprends alors qu'il s'agit de la maison Fabergé. À l'adresse indiquée, dans le XVI$^e$ arrondissement, je trouve une vingtaine de personnes alignées sur deux banquettes, hommes et femmes, Blancs et Noirs. La plupart sont des Français, ou des étrangers de langue française... comme moi d'ailleurs, sauf que j'ai décidé de le cacher. Très affable, du genre américain décontracté, je me présente directement à la réceptionniste:

– *Hello! Oh, you're a good looking girl! Can I smoke?*

La fille jurerait que c'est Gary Grant qui vient d'entrer. Tout juste si je ne pose pas une fesse sur son bureau.

– *I am John Belmont, I just called you.*

– Oui, oui... monsieur Belmont. Moment. Vous pas bouger, moi parler patron.

Sous le coup de l'émotion ou d'une faiblesse lexicale, elle me parle comme un Indien. Elle revient bientôt avec le patron.

– C'est le monsieur américain qui a appelé tout à l'heure, explique la secrétaire, il ne parle pas un mot de français, ce sera parfait pour vous.

Le patron m'examine. J'arbore le regard clair et franc d'un cow-boy des hautes plaines.

– Il est bien habillé, continue la secrétaire, à qui j'ai décidément tapé dans l'œil. Et puis il est sympathique, enjoué, enfin moi je le trouve pas mal du tout.

Je fais le gars qui ne comprend pas.

– Très bien, Cécile, dit le patron. Vous renvoyez les autres.

Et il disparaît dans son bureau. La secrétaire se tape dans les mains, la récréation est terminée.

– Mesdames et messieurs, la place est prise.

Rumeur de mécontentement... Tous partent en me fusillant du regard. J'attends un peu, puis on me fait entrer dans le bureau du patron de Fabergé. Celui-ci pousse un pan du mur, faisant apparaître un bar mobile à l'américaine.

– Qu'est-ce que vous prenez? Un bourbon?

À ma grande surprise, il s'est exprimé en anglais, presque sans accent. Du coup, moi qui ne bois pas d'alcool, je décide de faire une exception. Je risque d'en avoir besoin. En effet, au fil de la conversation qui s'engage, je me rends compte que ce monsieur parle anglais beaucoup mieux que moi. Mais je ne laisse rien voir de mon embarras. Heureusement pour moi, étant Nord-Américain, je n'ai pas d'accent français quand je m'exprime en anglais.

Un Américain pourrait saisir la différence, mais mon nouveau patron n'y voit que du feu. Il me dit dans la langue de Shakespeare :

– Ce que je veux avant tout, c'est quelqu'un pour converser. Les patrons de Fabergé sont américains, et lorsqu'ils viennent à Paris, je veux être parfaitement à l'aise.

Je le complimente sur son anglais. Mais sans trop insister, puisque après tout, j'ai besoin de ce travail.

– Le mardi et le jeudi, vous venez ici, poursuit-il, nous mangeons ensemble, nous discutons et, de temps en temps nous pourrions aller au cinéma.

Le salaire était généreux pour l'époque : soixante francs l'heure. Sans compter que je devais être inondé de produits Fabergé : parfum, eau de cologne, produits pour le bain ; je recevais tout à la caisse.

Le mardi et le jeudi, je rencontrais donc mon PDG, nous conversions, et peu à peu je constatai qu'il n'avait pas du tout besoin de moi. Je n'avais pas grand chose à lui apprendre ; c'était lui, au contraire, qui utilisait des mots que j'avais oubliés. Mais il était content de pratiquer, et il ne semblait s'apercevoir de rien.

Nous allions parfois au cinéma. Lorsque certains passages lui échappaient, il se tournait vers moi pour me demander des explications. Malheureusement, s'il n'avait pas compris, moi encore moins. Alors j'inventais des répliques, je me fiais au déroulement logique du film. Parfois, je sentais mon bonhomme qui s'enfonçait, un peu perplexe, dans son fauteuil...

Ma seule peur, c'était d'être présenté un jour aux grands manitous américains. Car la supercherie serait rapidement éventée. Je me rassurais en me disant que je pourrais toujours m'expliquer, qu'on n'allait pas me passer par les armes pour si peu. Après tout, je n'escroquais personne, nous bavardions en anglais, j'apprenais à mon patron certaines choses, il m'en apprenait d'autres. Je trouvais que l'échange était correct. Je ne me sentais toutefois pas très à l'aise dans mon rôle.

Un jour, il me prend au dépourvu:

— Je suis allé hier dans un cocktail et j'ai entendu une expression que je ne connais pas: *Down the hatch...* Qu'est-ce que cela signifie?

Je n'en ai pas la moindre idée. Je m'en sors comme je peux:

— Écoutez, c'est de l'argot, du *slang* américain, c'est un peu vulgaire... Vous, vous êtes PDG, vous avez de la classe, ce n'est pas un langage pour vous.

— Peut-être, mais qu'est-ce que ça veut dire?

Voilà la vraie question, en effet. Je patauge encore un peu, je tourne autour du pot, essayant de savoir dans quel contexte cette fichue expression a été utilisée:

— Pendant le cocktail, mon interlocuteur a levé son verre et il m'a dit *Down the hatch.*

L'élève vient de fournir la réponse à son professeur. Je traduis aussitôt l'expression par «cul sec» ou encore «derrière la cravate», ce qui l'amuse. Mais il m'a donné des sueurs froides.

Après coup, je me suis demandé s'il n'avait pas eu la puce à l'oreille et s'il ne m'avait pas tendu un piège. Aussi, quand on m'annonça une visite surprise des patrons américains, ai-je tourné les talons. Adieu Fabergé...

*  *<br>*

Après Neuilly, j'avais choisi d'habiter à l'hôtel. D'un hôtel à l'autre, devrais-je dire, puisque j'en changeais presque tous les jours, en déménageant à la sauvette. Souvent, pour couvrir ma fuite, j'abandonnais derrière moi un pantalon ou un veston laissé en garantie, ce qui fait que ma garde-robe diminuait à vue d'œil.

N'avoir pas de domicile fixe ne facilitait pas mes relations avec les gens de Matra. Ils tenaient toujours à m'engager, ils m'envoyaient des messages, mais ils n'arrivaient pas à me joindre. J'étais obligé de les rappeler et d'inventer je ne sais quelle fable. Je commençais à me demander si je verrais le bout du tunnel.

J'avais fini par échouer dans un petit hôtel du XIXᵉ arrondissement, tenu par une brave dame. Quand elle m'avait demandé ma profession, j'avais répondu : journaliste canadien, puisque ça faisait bonne impression.

Je suis resté presque deux mois sans payer. Toute brave dame qu'elle était, la patronnc cn cst quand même venue un jour à s'impatienter :

— Bon, est-ce que ça s'arrange pour vous ?

— C'est-à-dire... Je cherche du travail en France. J'ai pris contact avec des journaux, au *Monde*, à *Figaro*, à *Paris Match;* il n'y a rien de définitif, mais ça s'annonce plutôt bien.

— Vous avez l'air d'un jeune homme dynamique et dégourdi, vous allez trouver rapidement...

Elle me supportait. De mon côté, j'employais des ruses de Sioux pour l'éviter. Mais lorsqu'elle me tombait dessus, ça chauffait :

— Vous êtes ici depuis deux mois, voici votre note. Quand allez-vous me régler, à la fin ?

— Écoutez, je fais des efforts, je suis sûr que ça va finir par porter fruit.

Je sortais de l'hôtel et je l'appelais du café d'en face.

— Bonjour madame, disais-je en déguisant ma voix, est-ce que M. Béliveau est là ? Ici le journal *Le Monde*, nous aurions un reportage intéressant à lui confier, il faudrait que je puisse le joindre tout de suite.

– Oh là là ! Quel dommage, lui qui attendait votre appel ; il vient juste de sortir. Mon Dieu, qu'il n'est pas chanceux ! Je lui fais le message...

– Vous savez, s'il n'est pas rentré avant cinq heures, il sera trop tard.

Je rentrais à l'hôtel à six heures. La patronne m'accueillait en levant les bras au ciel :

– Monsieur Béliveau, vous n'êtes pas chanceux !

– Hein ? Quoi ? Comment ça ?

– Il y a le journal *Le Monde* qui vous engageait. Ils avaient du travail pour vous. Et vous n'étiez pas là ! La malchance est après vous.

– Mais je n'ai qu'à rappeler, ils n'ont pas laissé...

– Non, passé cinq heures, ils m'ont dit que ça ne valait plus la peine.

Je simulais l'anéantissement.

– Ah, monsieur Béliveau, me réconfortait-elle. La prochaine fois...

– Oui, vous avez raison, il ne faut pas perdre espoir. Je vais continuer à chercher.

Et je pouvais tenir deux semaines de plus. Au bout des quinze jours, je répétais la combine, cette fois c'était la rédaction de *Paris Match*.

– Ah, monsieur Béliveau, où étiez-vous donc passé ? Vous ne savez pas qui a appelé tout à l'heure ?

– Non. Qui ? Quoi ?

– *Paris Match.*

– Non ? *Paris Match* ?

– Si ! *Paris Match* !

– Et qu'est-ce que...

– Trop tard...

Et les bras nous en tombaient. J'avais gagné encore trois semaines...

* *<br>*

Depuis qu'il avait dû dire adieu à ses rêves de palmarès, mon copain Tortora, alias Christian Régis, n'était guère en meilleure posture que moi. Dans la journée, nous nous retrouvions parfois au café Édouard-VII, où nous nous faisions payer un café et un œuf dur, en quêtant des cigarettes à droite et à gauche. Tortora, qui fréquentait le monde du showbiz, avait découvert quelque part dans le XVIIIe arrondissement une boîte d'homosexuels qui s'appelait le Playback et dont la décoration était composée de fruits frais accrochés aux murs : il y avait des bananes, des ananas, des mangues, des fruits de la passion... Alors le soir, à minuit, nous nous présentions au Playback, nous dansions un slow, bien enlacés – il fallait faire comme si... – moi la lèvre sensuelle, lui le regard langoureux, et tranquillement nous nous faufilions parmi les couples, tortillant du fessier jusqu'à être près du mur. Là, nous décrochions discrètement une banane, quelques raisins, que nous fourrions dans nos poches sans perdre le rythme. Puis nous disparaissions dans les toilettes pour avaler notre banane et nos grappes de raisin. Nous revenions sur la piste de danse, nous repartions à la cueillette, et nous renouvelions l'opération jusqu'à plus soif, disons jusqu'à plus faim... Le côté délicat de l'affaire, c'était de refuser les invitations à danser dès que nous allions nous asseoir. Mais deux ou trois fois par semaine, grâce aux garnitures du Playback, nous avions notre pitance assurée.

Un beau jour, ma sœur est venue me rejoindre à Paris. Me croyant riche comme Crésus, elle était arrivée sans argent. À cette époque, j'étais encore avec la fille qui avait

115

partagé l'appartement de Neuilly. J'avais donc deux femmes sur les bras, et pas un sou.

Nous restions parfois plusieurs jours sans manger. Et au bout de ces jours de diète, nous étions tous à bout de nerfs, comme des tigres en cage. Ma sœur chialait et me traitait de tous les noms.

— T'avais qu'à venir avec de l'argent! Si ça ne fait pas ton affaire, tu prends ton billet et tu retournes au Québec.

Mon amie française avait aussi des griefs à présenter:

— Marcel, moi je fais tout ce que je peux. Fais ta part!

Toute la journée, je n'entendais plus que les jérémiades des filles et les gargouillements de mon estomac.

— Vous voulez bien manger? leur demandé-je un jour. Parfait, on va se payer un gueuleton.

— Et comment tu vas faire? On n'a pas un sou...

Nous enfilons nos manteaux, et hop! tous les trois à la brasserie Dupont, à la Bastille.

— Ici, ça me semble parfait, non?

Les filles salivent rien qu'à regarder à travers la vitre. Nous entrons chez Dupont, nous nous installons confortablement et nous mangeons. Ou plutôt nous nous empiffrons.

Une fois repue, ma copine française s'inquiète:

— Comment on va sortir d'ici?

— Ça, c'est mon affaire. Vous avez terminé, allez, ouste! Rendez-vous à l'hôtel; je m'arrange avec le reste.

Moi, je reste attablé encore une vingtaine de minutes, les pouces sous les bretelles. Puis le garçon vient me demander si j'ai bien mangé.

— Très bien. Vous avez des cigarettes?

— Oui, des gitanes.

– Je vais en prendre deux paquets. Vous avez des cigares? Je prendrais bien aussi des cigares.

Il m'apporte tout ça.

– L'addition, s'il vous plaît.

On me l'apporte sur un petit plateau d'argent.

– Écoutez garçon, j'ai un problème: je suis cassé comme un clou.

– Pardon?

– Je suis fauché...

Le gars me jette un drôle de regard et l'espace d'un moment, j'ai l'impression que nous allons éclater de rire tous les deux. Il s'imagine que je lui fais une blague, parce que je suis bien habillé, poli, et que je n'ai pas l'air d'un mendiant. Puis il est forcé de constater que je suis tout ce qu'il y a de plus sérieux.

– Vous savez, l'addition est assez élevée, il faut régler...

– Je comprends, mais je vous dis que je n'ai pas d'argent.

– Un instant.

Il va chercher le patron, qui ne tarde pas à arriver:

– Alors comme ça, monsieur ne peut pas régler son addition?

– Je n'ai pas d'argent sur moi.

– Vous avez oublié votre porte-monnaie?

– Oui, c'est ça, j'ai oublié. Mais je vais revenir vous payer plus tard.

Au poignet, j'ai une montre Timex, électrique, sans bouton, qui n'existe pas encore à Paris.

– Je vais vous laisser ma montre en gage.

Je la lui tends, il l'examine; il n'en a jamais vu de pareille.

– Elle vaut cher?

– Trois fois votre repas.

En fait, je l'ai payée cinq dollars à l'aéroport de Montréal.

– Je vous laisse ma Timex et je reviens.

Le patron soupèse un moment la montre, puis accepte. Il me donne même une poignée de main. Je me dis: j'ai mangé et bu comme un moine, j'ai des cigarettes et des cigares plein les poches, la vie est belle; pour le reste on verra bien.

Hélas! Au moment où je sors du restaurant, qui vois-je de l'autre côté de la rue? Ma sœur et ma copine qui m'attendent, droites comme des piquets, se rongeant les sangs. Elles vont tout ficher par terre! De la main, discrètement, je leur fais signe de prendre le large. Mais le patron, pas fou, découvre le manège. Il sait que j'ai mangé avec les deux filles, il les a vues sortir tout à l'heure. En les reconnaissant sur le trottoir d'en face, il pense forcément à une entourloupe. Mais il a quand même ma montre en gage, alors...

Pendant ce temps, les trois sans-souci reprennent tranquillement la direction de leur hôtel, vers la gare d'Austerlitz. Ma copine et ma sœur marchent à une centaine de mètres devant moi. Je commence à mieux respirer, j'allume même un cigare. Que c'est beau Paris le soir, quand on a le ventre plein!

Je suis au milieu du pont d'Austerlitz quand, tout à coup, j'entends des voitures de police qui arrivent de droite et de gauche. Derrière, je vois mon restaurateur qui fond sur moi, suivi par une flopée de képis, en criant «Au voleur! Au voleur!» Je ne prends même pas la peine de hâter le pas. Le patron arrive à ma hauteur, m'attrape par le bras:

– Arnaqueur!

Ça part tout seul, je lui envoie mon poing à la figure. Les policiers me tombent dessus à bras raccourcis, on m'arrête, on me jette dans le panier à salade avec ma sœur et ma copine, et on nous emmène tous les trois au commissariat du IV^e arrondissement.

– Grivèlerie ! nous dit-on.

Je ne sais même pas ce que ça veut dire. On m'enferme à part dans une espèce de grande cage. J'y fume tranquillement mes gitanes quand arrivent une vingtaine de prostituées. Nous bavardons, je distribue mes cigarettes, elles m'offrent des oranges. Quinze minutes plus tard, quelqu'un vient les chercher. Ces dames s'en vont, me voilà seul.

Puis un policier vient m'agacer pour tuer le temps. Il n'est pas très grand, mais il est agressif. Je le reconnais, il m'a déjà bousculé tout à l'heure en me faisant monter dans le fourgon.

– Alors monsieur le Canadien, dès qu'on sort de sa forêt, on se croit tout permis ?

– Écoute bien, toi, tu ne connais pas mon histoire...

Le ton monte, nous finissons par nous engueuler à travers le grillage.

– Si tu n'es pas heureux, lui dis-je, entre ici et on va se parler.

– D'accord, puisque tu insistes, on va aller au violon.

Je ne sais pas de quoi il parle. Il appelle un collègue et tous deux me conduisent dans une pièce capitonnée du sol au plafond.

– Alors, tu veux toujours ?

– Laisse ton arme et tes machins à l'entrée, et on va s'expliquer.

Il ferme la porte derrière lui. Et comme je fais pas mal de judo et de boxe, je lui donne toute une raclée. À un point tel que je dois sortir moi-même du violon pour aller prévenir l'autre flic :

— Dites donc, votre copain, faudrait peut-être s'occuper de lui parce qu'il a l'air mal en point.

On me transfère alors au commissariat central. Et je passe la nuit dans une cellule de rien du tout, avec une porte à judas. À sept heures, j'entends un type derrière la porte.

— Non mais qui c'est, ce voyou ? Y s'croit chez les sauvages ?

Il ouvre mon petit judas et jette un œil sur l'énergumène.

— Alors, c'est toi qui...

Je lui lance, furieusement :

— Salaud de flic !

Mais la porte reste close. Une vingtaine de minutes plus tard, j'entends une voix grave qui dit «Bonjour» et tout le monde répond en chœur «Bonjour, patron». Puis plus rien pendant une heure environ. Là, on tire les verrous et ma porte s'ouvre :

— Le patron veut te voir.

Au point où j'en suis, je ne me fais plus de souci. Je suis en pays étranger, j'ai mangé pour survivre, on me collerait six mois de prison que ça me serait égal.

J'entre dans le bureau du commissaire. C'est un homme grand avec une moustache qui cache des incisives un peu longues. Il a l'air plutôt gentil. En me voyant sur le pas de la porte, il me dit :

— Mais vous n'êtes pas un voyou !

— Non, je ne suis pas un voyou.

— Entrez, asseyez-vous, fait-il en me désignant un fauteuil.

Je m'assois. Il m'offre une cigarette.

– Vous êtes Québécois?

– Oui.

– Racontez-moi votre histoire...

Je lui raconte notre équipée chez Dupont, je lui explique que j'ai agi poussé par la dernière extrémité, mais que j'ai laissé ma montre en gage, que j'attends un emploi chez Matra... Je ne suis pas un escroc, mais arrive un moment où on n'a plus le choix. Le commissaire m'écoute en lissant ses moustaches.

– Vous avez tout à fait raison, me dit-il soudain. À votre place, j'aurais fait exactement la même chose que vous. Quatre jours l'estomac vide, c'est intenable. Vous dites que vous avez laissé votre montre en gage et qu'ils vous ont arrêté? Ce n'est pas ainsi qu'on traite les étrangers.

Je le trouve bien sympathique, ce commissaire.

– À combien s'élève l'addition? me demande-t-il.

Je lui indique le montant, j'explique que j'ai l'intention de payer dès que je serai de nouveau en fonds, mais que pour le moment je me contente de survivre.

Écoutez, je vais vous dire ce qu'on va faire. Je vais payer votre addition...

– Ah, mais comment? protesté-je. Non, vous n'y pensez pas...

– Mais si, j'insiste, pas d'histoires, n'en parlons plus...

Nous échangeons des politesses pendant cinq minutes. Après quoi, il finit par trancher: c'est lui qui régale. Il commence à compter tout l'argent qu'il a en poche, mais il manque cinquante francs. Il appelle: «Brigadier!» Le brigadier arrive, je reconnais le gars que j'ai traité de salaud à travers le judas de ma cellule.

– Brigadier, vous avez cinquante francs?

121

– Oui, patron.

Il sort de sa poche un billet qu'il tend au commissaire.

– Brigadier, vous avez idée de la façon dont on traite les étrangers, les touristes, dans ce pays ? Avez-vous idée ?

– Mais patron, il m'a traité de salopard !

– C'est bien fait pour vous ! Et appelez-moi le patron de Dupont qu'il rapporte la montre. Il ne peut quand même pas avoir les deux, la garantie et l'argent !

Sur le fond, il a raison ; mais il ignore que ma montre vaut à peine cinq dollars.

– J'appelle l'ambassade du Canada, et je règle vos problèmes.

– Non, non, je vous en prie, n'en faites rien, dis-je, un rien affolé.

Après l'affaire de l'appartement de Neuilly, le propriétaire s'est plaint à plusieurs reprises auprès de l'ambassade du Canada, qui ne veut plus entendre parler de moi.

– Monsieur, vous êtes libre.

– C'est bien gentil, mais moi j'habite loin, comment je rentre ?

Le commissaire se tourne vers le policier.

– Brigadier, donnez encore dix francs à monsieur pour son taxi.

Et on m'a relâché. Je n'ai jamais oublié la gentillesse et la compréhension de ce commissaire de police. En me raccompagnant à la porte, ce philosophe a jouté :

– Monsieur, on est honnête dans la limite de ses moyens.

*  *
*

122

Peu de temps après – cela devait arriver –, je reçois une lettre disant que je ne peux pas rester en France sans permis de séjour ni de travail. Je téléphone, et j'apprends que j'ai jusqu'au surlendemain seize heures pour obtenir au moins un récépissé. Le lendemain, en fin de matinée, je vais donc faire la queue à la préfecture:

– Bonjour, monsieur. Je voudrais un permis de séjour...

– Vous avez un permis de travail?

– Non, mais j'ai une promesse d'engagement.

– Il vous faut un permis de travail pour avoir le permis de séjour. Normal: à quoi bon vous autoriser à séjourner si vous n'avez pas le droit de travailler?

Je fais mine de me rendre à sa logique. Il m'indique je ne sais quel ministère. Je n'ai qu'une pièce de un franc en poche – une fortune que je garde précicusement pour retourner à mon hôtel en métro. Je marche donc quelques kilomètres, je trouve enfin l'édifice en question, je fais de nouveau la queue.

– Bonjour, monsieur. Un permis de travail, s'il vous plaît.

– Vous avez votre permis de séjour?

– Non, je viens de le demander, on m'a dit de venir d'abord ici.

– Non, c'est l'inverse. Normal: à quoi vous sert une autorisation de travail si vous n'avez pas le droit de séjourner en France?

Je sens que je ne suis pas sorti du bois. Effectivement, j'ai dû faire quatre fois l'aller-retour, toujours à pied, avant de comprendre qu'on me faisait tourner en rond. À quinze heures trente, j'explose:

– Écoutez, j'ai jusqu'à seize heures aujourd'hui pour régler mon problème. Il me faut un récépissé, de travail ou de séjour, ça m'est égal, mais il me faut un récépissé.

– Vous avez une photo?

– Non.

– Il y a en bas une machine dans laquelle vous mettez une pièce de un franc; vous revenez avec les photos et je vous fais un récépissé.

Une pièce de un franc? Bon, il faut ce qu'il faut. Je descends l'escalier quatre à quatre. Le photomaton est pris d'assaut par une famille d'immigrants. J'essaie de leur expliquer en français, en anglais, en signes, que le temps presse, qu'il est quinze heures quarante:

– Clic, clac, moi photo, *picture*.

Finalement, ils acceptent de me laisser passer avant eux. Un coup de peigne et je glisse mon franc dans la fente. Flash, flash, flash, flash... Je sors et j'attends mes photos... qui ne sont jamais sorties. Tous ceux qui étaient passés avant moi, comme après moi, petits ou grands, ont retiré leurs photos en quatre exemplaires. Et les miennes, rien! J'ai beau taper sur la machine, toujours rien. Je remonte alors et je supplie une secrétaire:

– Prêtez-moi un franc, faites n'importe quoi.

– J'ai un ami qui est photographe, dans la rue voisine; je vous donne un petit mot.

– Est-ce que j'ai le temps?

– Oui, oui, si vous courez...

Je cours chez le photographe, je lui remets le mot de recommandation, j'explique que je paierai plus tard. Je reviens avec mes photos, exténué mais triomphant:

– Je les ai!

– Trop tard. Il est seize heures quinze, il n'y a plus personne.

– Mais alors qu'est-ce que je fais ?

Le gars derrière le guichet me répond, moqueur :

– Au point où vous en êtes, il n'y a plus que le ministre du Travail qui pourrait quelque chose pour vous.

– Où est-ce qu'il est ?

– Au Ministère, pardi !

Je repars à pied. Il est dix-sept heures quand j'entre dans l'immense bâtiment. Là, je me heurte au barrage de deux membres de la garde républicaine.

– Halte ! m'ordonne l'un d'eux sous ses grosses moustaches. On ne passe pas.

Je ne suis pas de taille à forcer le passage. Mais je peux essayer au bluff. Je sors de ma poche un étui de cuir que j'ouvre et que j'exhibe aux gardiens qui regardent l'objet d'un air impressionné : il s'agit bien sûr de mon insigne de policier américain reçu à Atlantic City.

Le gardien esquisse une sorte de salut.

– Laisse passer, dit-il à son collègue. C'est Eliott Ness en personne...

Je grimpe à l'assaut des bureaux. J'en fais le tour en ouvrant les portes une à une :

– Est-ce que le ministre est là ?

– Quatrième étage.

Je grimpe au quatrième. Les bureaux son vides. Finalement, au bout du couloir, je vois un homme qui sort, les bras chargés de dossiers.

– Bonjour, il faut que je voie le ministre.

– C'est moi. Mais je ne peux pas vous recevoir ; je pars, j'ai des rendez-vous.

– Il faut que je vous voie maintenant. Sinon, je suis expulsé de France. Vous avez bien cinq minutes, le monde ne va pas s'arrêter.

Avec l'énergie du désespoir, je trouve les arguments qu'il faut.

– Bon, je prends cinq minutes, dit le ministre.

On s'assoit dans son bureau. Je lui explique mes aller-retour, les photos qui ne sortent pas ; demain je serai expulsé, alors que tout ce dont j'ai besoin, c'est une signature...

– Il n'y a qu'une personne qui peut vous aider, c'est le premier ministre, M. Debré.

– Où est-il ?

– Du calme, on ne déboule pas comme ça chez le premier ministre. Vous êtes Québécois, allez à la délégation du Québec ; arrangez-vous avec eux, faites des démarches, dites-leur qu'ils m'appellent.

Finalement, je reste une demi-heure dans son bureau. Il devient plus sympathique, nous discutons. Je lui explique que je suis à sec, que la machine à photos a avalé mon dernier franc.

Il me sort un billet de vingt francs.

– Vous croyez que c'est assez ? dis-je naïvement.

Il m'en donne un autre.

– Merci beaucoup.

Le lendemain matin, je vais à la délégation du Québec, je tombe sur un M. Deschamps qui me dit très gentiment :

– On a déjà beaucoup de problèmes, et votre cas n'est pas simple.

– Écoutez, il faut que ça se règle, et aujourd'hui même !

Je suis prêt à tout arracher. Ma détermination vient à bout de ses réticences.

– Joindre M. Debré ? Mais comment ?

– Appelez le ministre du Travail.

– Vous connaissez le ministre?

– Oui, je l'ai vu hier, il m'a dit de m'adresser à vous. Tenez, j'ai un mot de sa part; il m'a même prêté de l'argent.

Le délégué du Québec n'en revenait pas. Il a appelé le ministre du Travail qui lui a confirmé que M. Debré allait signer les papiers. Mais il me fallait une qualification professionnelle. Alors on a triché, on m'a fait ingénieur en mécanique. Et j'ai reçu tous mes papiers en règle, signés par le premier ministre.

Muni de ces documents, je me suis aussitôt rendu chez Matra.

– Me voilà, c'est moi, Marcel Béliveau, ingénieur en mécanique...

# Chapitre 6

Parachuté ingénieur en mécanique chez Matra, je n'étais pas pour autant sorti d'embarras, en tout cas pas du jour au lendemain. J'habitais rue Ordener, dans le XVIII<sup>e</sup> arrondissement, un petit hôtel minable tenu par un gars toujours entre deux vins, et le matin, j'allais à pied jusqu'à l'avenue de la Grande-Armée, où se trouvait Matra. Une bonne trotte... Par la suite, on m'a octroyé des tickets de métro, il paraît que c'était la loi. Mais ça ne nourrit pas son homme et je devais continuer à me serrer la ceinture. Le matin, avant de quitter la rue Ordener, j'avais au moins la possibilité de prendre un petit déjeuner à l'hôtel. Et le soir, en rentrant, j'avais pris l'habitude d'en commander un autre. L'hôtelier me croyait mûr pour l'asile.

Chez Matra, certains devaient penser la même chose en me voyant débarquer avec mes costumes américains aux couleurs voyantes. Dès la première semaine, je me suis un peu disputé à ce sujet avec mon supérieur immédiat, un type amer et grincheux. J'étais arrivé en retard de trente secondes pour une réunion d'information, mon veston jeté sur l'épaule – une veste à martingale et franges, en velours peau de pêche orangé.

– Vous vous croyez dans un western? Ici, il faut porter le costume. Et puis vous êtes en retard.

– C'est parce que vous avez une montre de patron.

Moi qui pensais détendre l'atmosphère, je me fais fusiller du regard. À la réunion, le patron en question distribue les tâches. Arrive mon tour:

– Béliveau, vous prenez l'escabeau et vous changez les ampoules.

– Désolé, je ne suis ni électricien ni acrobate.

Il se lève en furie.

– C'est moi le patron, cessez de rouspéter.

Plus tard, il me fait venir dans son bureau :

– On va vous confier les essais.

– Bon. De quoi s'agit-il ?

– Le client vient à la salle d'exposition sur rendez-vous, vous prenez la voiture, vous l'emmenez faire un tour, et vous essayez de la lui vendre. Surtout vous ne le laissez jamais conduire. Nous ne voulons pas d'accidents, chez-nous.

Je trouvais la méthode un peu rigide. Les gens se présentaient à la salle d'exposition, une hôtesse les accueillait, tous deux convenaient d'une date pour un essai dans quinze jours ou trois semaines, à neuf heures trente précises. Et ce qui m'étonnait, c'est que les gens étaient au rendez-vous ! Au Canada, l'acheteur entrait chez le concessionnaire : combien par mois pour cette Mustang ? Parfait, je la prends.

Mais bon... si c'était leur méthode, je voulais bien... L'hôtesse, une fille sublime qui s'appelait Patricia, me présentait donc le client : M. Dubois, médecin à Vichy. Et nous partions pour un essai au volant de la Matra. Les premières fois, je ne me montrai pas très bavard, maniant mal le jargon de la mécanique. C'était à un point tel que si un client trouvait que la voiture « avait un trou en troisième », je me mettais à regarder avec inquiétude autour de mon siège pour vérifier que la carrosserie n'était pas percée !

Après deux ou trois balades, j'ai vite compris que je ne vendrais jamais une voiture de cette façon. C'était trop protocolaire, les gens arrivaient guindés et repartaient de même, en disant qu'ils allaient réfléchir. J'ai donc décidé de passer outre aux consignes pour travailler à ma manière. Je faisais monter le client, et cinq cents mètres plus loin, je m'arrêtais, je lui proposais de prendre le volant. Vraiment? Je peux? Mais comment! Faites donc. Nous filions direction Versailles, nous nous arrêtions dans une auberge, et autour d'un verre de bière, nous parlions du Canada, de la France, de toutes sortes de choses, mais pas de voiture. Le client oubliait le temps, moi je prenais une demi-heure de plus pour mes essais. Nous revenions au bureau, après avoir passé un moment agréable.

– Quelles sont les couleurs Matra?

– Les couleurs de la France, monsieur: bleu, blanc, rouge.

– Alors je prendrai une voiture blanche.

Et je me suis mis à vendre des voitures comme des petits pains: après un essai sur deux, ou presque. Et pendant ce temps mes collègues continuaient de rentrer sans commande. Le patron me trouvait chanceux:

– Béliveau, quel est votre truc?

– La méthode québécoise, monsieur...

*  *
*

Avec ses combinaisons moulantes et ses robes extravagantes, notre hôtesse Patricia faisait tourner bien des têtes. Je me serais volontiers mis sur les rangs, mais je n'osais pas; il y avait trop de prétendants, et c'était un peu comme pour les voitures Matra, il fallait prendre rendez-vous. Mais elle était toujours charmante avec moi, me proposant même d'occuper son appartement... chaque fois qu'elle s'absentait.

Un matin, je suis à la salle d'exposition, Patricia vient d'arriver, le téléphone sonne et c'est moi qui réponds. Un homme qui me demande si je parle anglais.

– Je suis producteur à la Twentieth Century Fox, m'apprend-il. Mon nom est Daryl Zanuck...

À vrai dire, je n'étais pas très cinéphile et ce nom ne me disait rien.

– Oui, monsieur Zanuck. Vous voulez une voiture ?

– Non, non, il ne s'agit pas de cela. Il y a une jeune fille qui vient d'entrer chez vous, je l'ai suivie dans la rue ; elle est splendide, je voudrais l'emmener à Hollywood.

– Écoutez, c'est avec elle qu'il faut voir...

– Je suis au café d'en face, pourriez-vous lui dire de venir m'y rejoindre ?

Je transmets le message à Patricia. Je lui dis qu'un producteur veut lui faire des propositions, honnêtes ou pas. J'espère qu'elle va l'envoyer promener. Au lieu de ça, elle se repoudre le nez, elle prend son sac à main, et elle traverse l'avenue en direction du café.

Je ne l'ai jamais revue. Mais je n'ai jamais vu non plus son visage sur un écran de cinéma...

$$* \quad *$$
$$*$$

À la fin de mon premier mois, comme je vendais en moyenne une voiture et demie par jour, j'ai touché une paie assez impressionnante. Finie la vache enragée ! Je suis rentré à mon hôtel en gambadant : j'avais des sous, trois jours de congé devant moi, j'allais enfin pouvoir m'en mettre plein la panse et profiter de la vie.

En arrivant rue Ordener, j'agite mon chèque sous l'œil sinistre de mon hôtelier.

– Ça fait quatre mois que vous me talonnez. Combien est-ce que je vous dois?

Il sort son livre de comptes, peine un moment sur son addition et me présente la note.

– Voici mon chèque de paie, lui dis-je, vous vous payez et vous me donnez la différence.

Il flaire le morceau de papier que je lui tends, et ses yeux avinés font la mise au point sur les cinq chiffres au haut à droite.

– Ah, mais c'est une grosse somme!... Attendez, ce ne sera pas long.

Il disparaît dans la cuisine. Je reste debout au comptoir, à l'attendre. Au bout de dix minutes, je commence à me demander ce qu'il trafique, mon Thénardier. J'appuie sur la sonnette, pas de réponse. Je passe de l'autre côté du comptoir, j'entre dans la cuisine. Personne. Je me dis qu'il est peut-être allé à la banque. Comme je regagne la réception, je vois deux flics qui arrivent.

– Monsieur, vous êtes en état d'arrestation.

– Et pourquoi?

– Suivez-nous au commissariat, on va vous expliquer.

On m'emmène au commissariat où on m'interroge.

– Vous travaillez chez Matra?

– Oui, voici mes papiers.

– Expliquez-nous comment vous êtes en possession d'un chèque de Matra d'une si grosse somme?

– Cela représente mon salaire, plus mes commissions du mois.

– Le siège social de Matra est à Vélizy. Comment se fait-il que le chèque soit tiré sur une banque de Chalon-sur-Saône?

133

– Aucune idée. Et quelle importance ?

– C'est louche, c'est tout. Bon, il faut joindre vos patrons de Matra, sinon on vous garde.

Joindre mes patrons ? Je connaissais à peine leurs noms, je ne savais pas où ils habitaient. Les policiers y ont mis plusieurs heures mais, ils ont enfin pu joindre l'un des gros bonnets de Matra, à sa maison de campagne. J'imaginais la tête qu'il a dû faire en entendant la question des policiers :

– Pouvez-vous nous confirmer que le dénommé Marcel Béliveau, qui se trouve actuellement en prison, travaille pour vous ?

Finalement, ma bonne foi reconnue, les policiers ont accepté de me relâcher. Je suis vite rentré dire deux mots à mon hôtelier, mais le mal était fait. Ma fin de semaine était à l'eau, et surtout, j'avais attiré l'attention en haut lieu et le doute avait dû s'insinuer dans l'esprit des patrons. Pourtant, la chance allait me sourire...


Un samedi soir, je suis seul avenue de la Grande-Armée où l'on m'a laissé le soin de fermer la boutique, à la veille du long week-end de l'Ascension. Il est dix-neuf heures quarante-cinq quand le téléphone sonne.

– Bonsoir, me dit un homme au bout du fil, j'appelle parce que j'ai un problème avec ma Matra. Je suis à Nîmes...

Ma géographie française étant très imprécise, il annoncerait Garches-les-Gonesses ou Tombouctou que ça me ferait à peu près le même effet.

– Quel genre de problème ? demandé-je, serviable.

– J'ai pris un caillou, le pare-brise a éclaté. Je sais qu'il est tard, que c'est le congé de l'Ascension, mais j'appelle à tout hasard. Qu'est-ce que vous me conseillez ?

J'étais encore tout feu tout flamme, Québécois dans l'âme, n'oubliant pas que j'avais été engagé grâce à ma tirade sur le service dû au client-roi.

— Monsieur, vous avez bien fait de nous téléphoner, vous avez une voiture Matra, vous êtes ici chez Matra, on va s'occuper de vous.

Il n'en revient pas :

— Est-ce que j'appelle bien en France ?

— Oui, pourquoi ?

— Il est vingt heures, on est samedi, demain et lundi, c'est congé...

Il semblait tout étonné de trouver une oreille compatissante. Comme si son coup de fil n'avait été qu'une bouteille jetée à la mer.

— Donnez-moi un numéro où je puisse vous joindre dans la demi-heure, je vous rappelle et je règle votre problème.

— Je veux bien que vous me rappeliez, mais que vous régliez mon problème, ça me surprendrait...

Je note le numéro de son hôtel, je sors ma carte de France pour situer Nîmes. Aïe, ce n'est pas la porte à côté ! Je consulte la liste de nos concessionnaires, je repère le plus proche de Nîmes en mesurant à vue de nez. J'appelle. Pas de réponse. Qu'à cela ne tienne, j'en appelle un deuxième. On me répond enfin de la résidence du concessionnaire.

— Ici Marcel Béliveau, ingénieur au siège social de Matra, à Vélizy.

Interloqué, le gars se demande ce qui lui vaut l'honneur...

— Voilà. Un de nos clients a un problème, et je compte sur vous pour le régler.

Il m'interrompt aussitôt.

– Mais c'est fermé, il est vingt heures; puis j'ai des gens à dîner.

– C'est un problème de rien du tout: il me faudrait un pare-brise.

– J'en ai pas en stock, moi, monsieur! Des Matra, j'en vends pas tous les jours!

– Vous en avez au moins une en démonstration, non?

– Euh... Oui. Où voulez-vous en venir?

– Vous allez démonter le pare-brise et le porter au client.

Alors là, il s'emporte et me traite de tous les noms.

– Où est-ce qu'il est votre client?

– À deux pas de chez vous, dis-je avec aplomb. À Nîmes.

– Deux pas de chez nous? Ça va pas la tête? C'est à deux cents kilomètres, le temps de démonter le pare-brise, d'y aller, de le poser, de revenir, j'suis pas couché avant quatre heures.

– Oui, mais c'est un client Matra. Il faut assurer le service après vente. Et à l'avenir, ajouté-je, un peu arrogant, ce sera la règle d'or de la maison.

Comme il continue à rouspéter, je me résouds à employer la grosse artillerie.

– Écoutez, si vous ne faites pas ce que je vous demande, mardi matin à la première heure vous n'avez plus la concession Matra, puisque vous n'êtes pas capable d'en assumer les responsabilités.

Silence. Le gars est coincé. En maugréant, il note les coordonnées du client en panne, que je rappelle aussitôt à Nîmes:

– Dans la soirée, quelqu'un va venir vous installer un pare-brise et vous pourrez profiter tranquillement de votre fin de semaine. Si vous avez le moindre problème, vous me rappelez.

— Oui, mais ce sera fermé.

— Je vous donne mon numéro personnel. Demain, dans la nuit si vous voulez, vous me rappelez. Chez Matra, c'est le client avant tout.

Pour un peu je me mettrais au garde-à-vous. Et le client, il n'en revient pas.

— Je n'ai jamais vu un service semblable en France, c'est incroyable. Je peux vous demander votre nom?

Je le lui donne, nous nous saluons, et l'affaire en reste là.

Le mardi suivant, je me présente au bureau, et mon supérieur qui ne m'aime pas beaucoup, m'accueille en aboyant:

— Béliveau, qu'est-ce que vous avez encore fait?

— Moi? Rien. Pourquoi?

— Vous êtes convoqué au siège social à Vélizy, me dit-il avec une certaine satisfaction. J'espère bien qu'on va vous remettre à votre place.

Vaguement inquiet, je me rends à Vélizy. Le grand patron m'attend. On me fait entrer dans un vaste bureau tout blanc. Il y a là quatre messieurs en costumes trois-pièces. À voir les courbettes que font trois d'entre eux au quatrième, je n'ai aucun mal à deviner lequel est le grand patron. Il s'adresse d'ailleurs à moi:

— Racontez-moi ce qui s'est passé samedi.

— Qu'est-ce qui s'est passé samedi? dis-je en écho.

— Vous avez eu un client qui a eu une histoire de pare-brise éclaté?

— Ah, oui, c'est exact. Pourquoi, il y a un problème? Je n'ai pas suivi l'affaire jusqu'à son terme, mais on m'a assuré que tout était correct.

Il me demande de lui raconter l'aventure en détails, l'appel au concessionnaire, et tout... Quand j'ai fini, le patron se tourne vers ses subalternes.

– Vous voyez ce que ce monsieur a fait?

Et les autres d'opiner piteusement, les yeux sur la pointe de leurs chaussures.

– Eh bien, voilà ce que j'attends de tous mes employés! Mon cher Béliveau, vous savez qui était ce client?

– Non, il m'a donné son nom, mais je ne l'ai pas noté...

– Eh bien, ce client, c'était moi.

Pendant qu'abasourdi, je m'efforce de digérer ma surprise, le patron fait la morale à ses adjoints, qui n'en mènent pas large:

– Messieurs, voici l'exemple à suivre. Béliveau, quel est votre poste chez nous?

– Je suis vendeur; à vrai dire, j'ai l'impression de perdre mon temps.

– On va s'occuper de vous.

Le lendemain, j'étais promu inspecteur pour la France et toute l'Europe. Et surtout, je me voyais confier une voiture de fonction, une Matra 530 d'un rouge flamboyant. En trois mois, avec un drôle de coup de chance, j'avais pris du galon...

\* \*
\*

Mon nouveau travail consistait à faire la tournée des concessionnaires, histoire de motiver les troupes et de rencontrer les acheteurs potentiels. L'un de mes voyages devait me conduire à Nancy où j'avais rendez-vous avec un client. Mais comme je ne comprenais rien aux routes françaises – sortir de Paris était déjà une épreuve – et que je m'embarrassais rarement de cartes, je suis arrivé aux abords de Nancy avec deux heures de retard. Il est midi et quelque, une grosse auberge sur le bord de la route me tend les bras, je me dis: tant qu'à être en retard, autant que ce soit le ventre plein. Je gare ma voiture, j'entre dans l'auberge et je m'approche du comptoir. Un homme d'une quarantaine d'années, rougeaud, s'approche et entame la conversation.

– Vous êtes de quelle région? me demande-t-il de but en blanc.

– Moi? Eh bien... Je suis de Bordeaux.

– Ah bon, moi je suis de Charolles. Et pour vous, ça se passe comment?

– Pas mal du tout, dis-je, sans trop savoir de quoi il parle.

– Venez donc vous asseoir à côté de moi à la table.

– Volontiers.

De toute évidence, il y a méprise, mais je ne sais pas encore quelle en est la nature. C'est plus fort que moi, il faut que je voie où cela va me mener. Le gars me conduit dans une grande salle bruyante où se tient un banquet d'une centaine de personnes. Je suis tombé en plein congrès d'éleveurs de bovins. Ce brave Charolais a dû me trouver un air de famille...

Je me laisse faire. Au moins, je vais m'offrir un repas sans payer. Je prends place à la grande table en fer à cheval et je mange copieusement en discutant bétail avec le Charolais. Au café, un homme prend la parole pour exposer un problème concernant tout particulièrement les éleveurs de vaches laitières. Quand ces ruminants broutent de l'herbe, il leur arrive d'avaler un clou, ou un bout de ferraille quelconque, qui va déchirer les estomacs. Le lait se trouve alors teinté de sang. À en croire l'orateur, la seule solution, draconienne, est d'abattre l'animal.

Je me penche vers mon voisin charolais.

– Moi, j'ai un truc tout simple: mes vaches, je leur donne des pastilles aimantées.

– Qu'est-ce que c'est que ça? demande-t-il en me regardant comme si je lui avais dit que je leur joue de la clarinette pour les endormir.

– C'est un tube de plastique, avec une sorte de lance-pierre en caoutchouc à un bout. On met le tube dans la gueule de la vache, la pastille aimantée dans la fronde, et on envoie ça dans l'estomac de la vache.

Mon confrère charolais s'enthousiasme aussitôt. Le voilà qui se lève pour interrompre l'orateur.

– Arrêtez vos fadaises, ce monsieur-là a une bien meilleure solution.

Toutes les têtes se tournent vers moi.

– Ah oui, qu'est-ce que c'est?

– Hé bien, c'est-à-dire...

– Venez donc à l'avant, insiste mon Charolais. Que tout le monde entende.

Je me retrouve à l'avant et je me lance dans une conférence sur les pastilles aimantées pour vaches. Au début, tous les éleveurs rigolent, ils trouvent mon procédé complètement farfelu. Mais, rassemblant mes souvenirs de représentant en produits vétérinaires, je leur décris le fonctionnement de cette pastille qui va se loger au fond du deuxième estomac de la vache, et qui retient le clou ou le morceau de métal, l'empêchant alors de déchirer la paroi de l'estomac. Il n'y a plus de sang dans le lait, on n'a plus besoin de tuer la vache. Et cet aimant reste *ad vitam æternam* dans sa panse. Pour terminer, je fournis même le nom de la compagnie anglaise qui fabrique ces pastilles.

Les éleveurs en sont restés bouche bée. Je peux même dire que je me suis taillé un succès bœuf. Au moment de nous séparer, nous nous sommes donné l'accolade, en nous promettant de nous retrouver au prochain congrès. Tout le monde était enchanté, eux avaient appris quelque chose, moi j'avais bien mangé et je m'étais fait des amis. Quand je suis monté dans ma voiture de sport rouge, ils m'ont regardé démarrer comme si j'avais été un extraterrestre dans sa soucoupe volante.

\*  \*
\*

Il faut dire qu'à l'époque, la Matra 530, c'était une voiture que peu de gens pouvaient se payer. Moteur central arrière, trois sièges baquets à l'avant, ligne futuriste... Je ne passais pas inaperçu. J'allais de village en village en France, et quand j'arrivais sur la place, de véritables attroupements se formaient autour de mon auto. Alors j'exhibais mon insigne de policier américain, que je trimballais sur moi depuis Atlantic City.

— Je suis ici pour une enquête, annonçais-je, énigmatique.

Les gens avaient l'air de me prendre pour James Bond. Je réservais une chambre, l'adjoint au maire m'invitait pour un gueuleton. Et j'avais tout ce que je demandais, uniquement parce que je possédais une voiture rutilante et un insigne de policier.

Un jour, sur la route de Strasbourg, j'aperçois une fille qui fait de l'auto-stop. Il pleut; je décide de m'arrêter, charitable. La fille est dodue comme un bonhomme Michelin. Elle fourre sa guitare à l'arrière et monte dans la voiture. On essaie de parler; elle est Suisse, elle parle allemand, moi pas un mot, et un peu d'anglais. Elle occupe presque les deux sièges, mais elle est plutôt jolie de visage. Par bribes, en cherchant ses mots, elle me raconte qu'elle est en train de boucler un long périple:

141

– J'ai passé deux ans en Scandinavie, je retourne chez mes parents, à Bâle, où je suis institutrice. Je suis un peu fatiguée, ça fait trois jours que je n'ai pas mangé.

Moi qui sais ce que c'est que la faim, je lui dis :

– À midi, je vous garantis que vous allez bien manger.

Nous arrêtons dans un restaurant, et ma passagère mange comme une gloutonne. Puis elle se lève et disparaît dans les toilettes. Lorsque je la vois revenir cinq minutes plus tard, je dois me frotter les yeux : c'est une belle fille, grande et svelte.

– Comment avez-vous réussi cette métamorphose? lui demandé-je.

– En fait, je n'ai pas de valises, alors je me promène avec tous mes vêtements sur moi...

Je l'ai finalement déposée sur la grande place de Strasbourg où elle comptait faire des sous en jouant de la guitare, avant de continuer son chemin vers Bâle.

Deux jours plus tard, mes affaires réglées dans la capitale alsacienne, je m'apprête à reprendre la route de Paris quand, à un arrêt, je vois ma jeune Suisse à la silhouette variable qui fait de nouveau du stop. Elle reconnaît ma voiture, je m'arrête.

– Alors, vous n'êtes pas rendue plus loin que ça?

– Non, je n'ai pas gagné beaucoup d'argent le premier jour, alors je suis restée, j'ai couché dehors. Je vais essayer de me rendre à Bâle avant la nuit.

– C'est loin d'ici?

– Cent cinquante kilomètres...

– Montez, on va faire un bout.

Et nous roulons jusqu'à la frontière suisse.

– C'est encore loin?

– Juste à côté.

– Bon, je vous dépose chez vous.

Nous arrivons devant un petit pavillon de banlieue. La mère pousse des cris de joie en reconnaissant sa fille; le père, qui doit frôler les soixante-dix ans, accourt en oubliant de remettre son dentier. Dix-huit mois qu'ils ne l'ont pas vue, leur petite Maria. C'est l'euphorie, les grandes embrassades germaniques.

On me fête aussi, on me dit des tas de choses que je fais semblant de comprendre. Puis on appelle le frère qui habite la maison voisine, et les amis viennent saluer le retour de l'enfant prodigue; on boit un coup de schnaps. Moi je reste dans mon coin, je ne comprends rien de ce qui se dit. Même Tony Curtis, à la télé, parle en allemand. Heureusement, j'ai déjà vu le film et j'arrive à suivre. Les parents m'apostrophent de temps en temps comme si je lisais Gœthe dans le texte, je me contente de hocher la tête et ça les fait rigoler.

Vers minuit, c'est l'heure du coucher. Le père me fait des signes: «Vous dormir ici.» Je ne dis pas non, puisque je ne sais pas le dire dans sa langue. Nous montons un escalier, le vieux ouvre une porte et me dit: «Coucher là.» Et il me souhaite bonne nuit. Enfin, c'est ce qu'il me semble. Deux minutes plus tard, la fille entre et me dit en anglais:

– C'était ma chambre avant mon départ.

– Ah oui? Et où tu couches cette nuit?

– Ici.

– Mais... ton père vient de me dire que je peux coucher ici...

– Oui, avec moi. C'est pour te remercier de m'avoir ramenée.

Alors là! J'avais entendu dire que ce genre d'hospitalité se pratiquait dans quelques peuplades primitives, au fin fond de l'Océanie ou chez les Inuit, mais venant d'un vieux bonhomme de Suisse allemande, je dois dire que ça m'en a bouché un coin. Mais bon, je n'ai pas eu à trop me forcer. Une fois débarrassée de toutes ses pelures d'oignons, elle était plutôt bien faite, ma Gretchen.

Le lendemain matin, comme je m'apprêtais à partir, le vieux monsieur m'a fait cadeau d'un jambon fumé, d'une planche en bois et d'un petit couteau suisse. J'ai regagné ma voiture, ma charcuterie sous le bras. Quand je me suis retourné, le père et la mère étaient sur le perron, la fille au balcon, tout sourire. J'ai fait au revoir en agitant plusieurs fois ma planchette à jambon.

*   *
*

La plupart du temps, comme je ne connaissais personne en France dite profonde, je couchais à l'hôtel, d'une ville à l'autre. Sans attaches, sans famille, j'étais un itinérant, et cette vie me convenait à merveille. C'était toujours nouveau, toujours intéressant. Je rencontrais des gens, je visitais le pays de l'est à l'ouest, du nord au sud. Pendant les fins de semaine, j'allais souvent voir mon copain Tortora, qui était redescendu à Bordeaux, où il s'était reconverti dans la démolition. Je faisais Paris-Bordeaux d'une traite dans mon bolide.

Un soir, j'arrive à minuit, et la femme de Tortora me dit:

– Je ne sais pas où est Christian, il devait être là à vingt heures...

Nous attendons. Une heure plus tard, arrive un taxi.

– Vous êtes monsieur Béliveau? J'ai un message pour vous de la part de M. Tortora. Il a eu un problème avec sa voiture, il est du côté de Nice. Il vous attend devant l'église, à Saint-Paul-de-Vence.

J'arrive de Paris, mais je reprends le volant et je passe la nuit sur la route pour voler au secours de mon copain. Je le trouve couché sur un banc devant l'église.

– Ma voiture est en panne, je n'ai pas pu aller voir mon père à Nice comme c'était prévu. Si on y allait dans ta voiture...

Il fait beau, c'est le début de juillet. Il monte et nous partons pour Nice. Chez son père, nous festoyons en famille. Je découvrais la Côte d'Azur, et je trouvais ça formidable ; ça bougeait de tous les côtés. Et si on prenait une journée ou deux de congé de plus ? Je dis à Tortora :

– Tu appelles Matra à Paris, tu leur montes un bateau, tu leur dis que je suis malade, histoire de s'amuser un peu.

Pendant quinze jours, nous avons écumé toutes les boîtes de la côte et nous avons fait la fête.

Le problème, c'est que Tortora n'avait pas appelé Paris. Chez Matra, sans nouvelles de moi, on a signalé ma disparition et la police nationale française m'a recherché sur tout le territoire. Pas très activement semble-t-il, puisque je suis rentré à Paris sans anicroche, après deux semaines d'absence.

– Où étiez-vous ? me demande aussitôt mon patron.

– J'étais malade. On vous a prévenu, non ?

– Je vais vous punir pour cette escapade, soyez-en sûr ! hurle-t-il. Je vais vous passer le goût des virées en voiture.

– Me punir ? Vous vous croyez à l'école ?

– Asseyez-vous au secrétariat, fulmine-t-il, je vous appellerai.

Il s'enferme dans son bureau, sorte de cage en verre séparée du secrétariat où s'agitent une dizaine de dactylos qui ont suivi la scène avec intérêt, sentant que ça allait barder. Je m'assois en attendant de recevoir ma sanction.

– Béliveau!

Je ne bouge pas.

– Béliveau, grouillez-vous!

Je me lève d'un bond et je balance un coup de pied dans la porte de verre qui s'écroule d'un bloc, comme de la glace pilée.

Le cliquetis des machines à écrire cesse brusquement.

Et je pars en enjambant les débris de la porte. Je suis furieux.

Rentré à mon hôtel, j'ai pris mes cliques et mes claques et j'ai sauté dans le premier train pour Bordeaux. Exit l'ingénieur en mécanique, je venais de mettre fin à sa carrière prometteuse...

*   *
*

Le 20 juillet 1969, j'ai atterri chez Tortora. Je me souviens de la date parce que le jour même, Neil Armstrong posait le pied sur la Lune. Nous jouions aux cartes tout en suivant l'événement à la télévision. La discussion portait sur les Russes et les Américains, et comme toujours entre nous quand nous abordions ce sujet, elle s'est envenimée. Tortora était très prorusse, son père était un communiste militant. Chaque fois que la conversation revenait sur le tapis, moi, par esprit de contradiction, je prenais le parti des Américains. On pouvait se chicaner ainsi pendant des heures.

Ce soir-là, Tortora était d'une mauvaise foi à faire frémir. Il maintenait que les images étaient truquées, que les Américains n'étaient pas vraiment sur la Lune, que tout était reconstitué en studio, que c'était une propagande grossière pour prouver la supériorité capitaliste, mais que les Russes seraient les premiers à arriver vraiment là-haut. Sa partialité a eu raison de ma patience. J'ai fini par lui jeter mes cartes à la figure et j'ai cessé tout net de lui parler. Le lendemain, Tortora est parti travailler sans m'adresser la parole. Dans la journée, j'ai fait ma valise, et sans lui dire au revoir, je suis remonté à Paris où j'ai pris le premier avion pour Montréal, que j'avais quitté dix-huit mois auparavant. Mes aventures parisiennes s'arrêtaient là, au moins pour l'instant.

Je suis resté un bon moment sans entendre parler de mon copain Tortora. Mais cette séparation idiote me chicotait: quand on a dansé des slows langoureux au Playback, on n'y peut rien, ça crée des liens. Deux ans plus tard, Tortora a débarqué au Québec où il a fait une belle carrière comme journaliste sportif. Mais cela est une autre histoire...

# Chapitre 7

1970. Me voilà donc de retour au Québec. Je viens d'avoir trente ans, je suis sans emploi, et comme d'habitude tout est à recommencer de zéro. Je ne m'inquiète pas trop, j'en ai vu d'autres. Encore que la réadaptation ne soit pas évidente, car des changements multiples se sont produits pendant les dix-huit mois que j'ai passés en France. Notamment l'apparition massive de la drogue. Tous mes anciens copains sont «stone» et me proposent des «joints». J'ai l'impression d'en avoir manqué des bouts. Les changements sont aussi politiques: en 1970, la Loi des mesures de guerre est en vigueur à Montréal, l'armée est donc dans les rues...

Au bout de quelques mois, sans raison précise, je dirige mes pas vers Granby, la ville où je m'étais fait connaître au début des années soixante par mes canulars radiophoniques matinaux.

Là, je rencontre un homme qui possède un hôtel de quelque quatre-vingt-dix chambres, comprenant plusieurs bars et une discothèque. Ce monsieur, qui se souvient de moi en tant qu'animateur de radio, cherche un gérant pour sa discothèque. Je suis parfaitement novice en la matière et, ne buvant pas, je connais à peine les différentes marques de bière; mais la nouveauté du défi m'intéresse, et je décide de le relever.

– Passe la semaine à l'hôtel, me dit le patron, regarde comment ça fonctionne, et si tu es d'accord, tu as l'emploi.

Je m'installe donc à l'hôtel pour huit jours, incognito. Je ne suis pas long à constater que les bars et la discothèque sont presque déserts: on y voit moins de clients que de barmaids, de serveuses et de barmans. J'ai tout le monde à l'œil, je fais le tri entre les employés qui se montrent serviables et ceux qui m'envoient promener. À la fin de la semaine, le propriétaire de l'hôtel réunit tout le personnel pour présenter le nouveau gérant. Eh oui, c'est moi! Toi, tu ne travailles plus ici, toi je te garde; bref, je fais le ménage.

Puis je discute avec le patron:

– Ta discothèque est vide, il n'y a pas un chat. Mais si tu veux suivre mes conseils, je te garantis que dans trois mois, elle sera remplie à craquer.

– Je ne demande pas mieux, mais comment comptes-tu t'y prendre?

Il se trouve que la ville de Granby est réputée dans toute la province et partout au Canada pour la beauté de son zoo. Mon idée, c'est d'exploiter cette image de marque, d'établir un lien entre la discothèque et le jardin zoologique... Je vais donc voir le directeur du zoo:

– Accepteriez-vous de me prêter des lions, des panthères et des serpents?

– Pardon?

– Je veux dire des animaux empaillés. Vous en avez certainement qui se morfondent dans vos placards; moi je pourrais leur faire reprendre du service, tout en assurant indirectement la promotion de la ville et du zoo.

Le gars s'intéresse à l'idée, pas mécontent de vider ses armoires. Il me prête des cougars, des léopards, des perroquets d'Amazonie... À la tête de toute cette ménagerie, j'expose mon projet au patron:

– On va transformer la discothèque en jungle.

Nous avons même fait entrer dans l'hôtel de vrais arbres que nous avons replantés. On se serait cru dans une forêt tropicale. J'ai fait faire une installation électrique aussi sensible que sophistiquée: quand nous posions le pied à certains endroits, un spot s'allumait, un tigre de Tasmanie semblait surgir des ténèbres, toutes griffes dehors; ou bien c'était un cobra prêt à mordre, ou encore un hibou qui nous regardait avec dédain.

J'ai également soigné les éclairages sur la piste de danse, modernisé la sonorisation – on était en pleine époque disco – et j'ai baptisé le tout la Zoothèque, évidemment.

Le succès ne s'est pas fait attendre. Au bout d'un mois, les gens venaient de partout pour s'entasser dans ce lieu qui n'avait pas d'équivalent. On faisait la queue dans la rue, et du jeudi au dimanche, ça ne désemplissait pas.

On a tenu deux ans ainsi, jusqu'à ce que l'attrait de la nouveauté se soit estompé. Ensuite, le patron m'a confié d'autres bars, que je m'appliquais à faire tourner le mieux possible. Dans tous mes emplois, ma motivation et mon plaisir étaient les mêmes: trouver le truc pour faire que ça marche. Mais à vrai dire, je supportais mal le fait de traîner dans ces atmosphères enfumées de vingt et une heures à trois heures, et je n'ai jamais eu tellement d'attirance pour les gens qui boivent. Au fond, je n'aimais pas ces noctambules. En outre, une fois que j'avais réussi, une fois qu'une affaire fonctionnait, elle cessait de m'intéresser...

\*  \*
\*

Ces histoires d'animaux de la jungle ont sans doute fini par me monter à la tête. Un matin, au saut du lit, j'ai une illumination fulgurante: je vais faire construire un éléphant de vingt-cinq étages à l'entrée de Granby! Un gigantesque édifice en forme d'éléphant!

L'idée trotte quelque temps dans mon esprit. Mon raisonnement était le suivant: le zoo de Granby draine bon an mal an un million de personnes venues de tout le Québec; en entrant dans la ville, elles verraient mon éléphant. Les gens sont avec des enfants, ils s'arrêtent, cela va de soi. Ce genre d'attraction simpliste attire plus que les activités éducatives. N'est-ce pas au fond le principe des parcs d'amusement de Walt Disney? Avec mon éléphant géant, j'étais sûr de faire un malheur. Et je me suis mis à rêver...

Un jour, n'y tenant plus, je vais voir un architecte pour lui soumettre mon idée. Il me regarde avec des yeux presque exorbités:

— Vous voulez rire ou quoi?

Sans me laisser démonter, je lui explique mon idée: un million de visiteurs par an qui verront l'éléphant depuis l'autoroute, ils vont faire une halte, c'est sûr. Dans une patte, il y aura un McDonald's; dans une autre, des crèmes glacées; du popcorn dans la troisième. Sur le terrain alentour, on verra un petit chemin de fer, des voitures-coccinelles, des poubelles-kangourous, des bancs-crocodiles, que sais-je encore... Bref, je réussis à intéresser mon architecte, qui se met à l'œuvre pour tracer les plans d'un éléphant de vingt-cinq étages de haut.

Muni de ces plans, je me présente ensuite devant la chambre de commerce de Granby. Je réussis à ameuter la presse, qui va se faire l'écho de ce projet ambitieux. Dans les journaux, on publie des croquis, le débat est lancé. Un éléphant géant à Granby? Aussitôt, je reçois des lettres venant de toute la province, et même des États-Unis: des entrepreneurs de toutes sortes se mettent sur les rangs pour obtenir des concessions ou proposer leurs services...

Les débuts sont plutôt encourageants, je suis persuadé d'avoir tapé dans le mille. Mais évidemment, la mise à exécution représente une somme vertigineuse, à la mesure du projet. J'ai bien réussi à rassembler un peu de fonds, à obtenir des promesses de participation, mais la majorité des banquiers ne sont pas disposés à courir un risque jugé énorme. Au fond, ils trouvent mon idée complètement folle, voire ridicule.

Malgré tout, j'insiste. Les défenses de l'éléphant, d'une longueur approchant les douze mètres à elles seules, devaient être illuminées pas des néons en spirales. Dans la gueule ouverte, on aménagerait un point d'observation où une centaine de personnes pourraient regarder... nulle part, à vrai dire. La trompe laisserait échapper un formidable jet d'eau qui, en retombant, ferait tourner un immense ballon en couleurs, posé sur un bassin artificiel. L'abdomen de l'éléphant serait consacré quant à lui à des activités éducatives. Enfin, les gens monteraient sur le dos de l'éléphant et de là, une nacelle les redescendrait à terre. À mon avis, c'était immanquable, j'allais faire un million d'entrées par année. Plus tous les produits connexes, éléphants en peluche, en porte-clés et tout le bazar. Chaque fois que j'avais l'occasion d'exposer mon projet en détail, les officiels et les financiers étaient tentés d'y croire, trouvant que finalement ça n'était pas dénué de bon sens. Mais de là à investir l'argent nécessaire, il y avait un grand pas. Et je passais mon temps à me démener comme un beau diable pour rassembler les fonds nécessaires.

Il fallait compter aussi avec le choix du terrain. Après avoir longtemps étudié la question, je fus convaincu qu'il n'y avait qu'un seul emplacement convenable. Malheureusement, le terrain convoité n'était pas à vendre. Je suis allé voir le propriétaire, un monsieur de quatre-vingt-huit ans qui élevait des chevaux. Il me reçut un matin, à six heures, seul moment où l'octogénaire daignait accorder un peu de temps à des visiteurs.

– J'aimerais acheter votre terrain, lui dis-je.

J'ai déroulé mes plans sur sa table, en fixant les coins à l'aide du sucrier et du pot de lait, puis j'ai tenté de convaincre mon bonhomme. Il m'a écouté en silence, avec attention, avant de se prononcer:

– Jeune homme, c'est une excellente idée... Mais mon terrain n'est pas à vendre.

Par la suite, je suis plusieurs fois revenu à la charge, toujours à six heures, mais le vieux n'a pas changé d'idée.

Il en fallait plus pour me décourager. Tout d'abord, j'avais besoin de temps, pour me consacrer pleinement à mon éléphant. J'ai alors annoncé au patron de l'hôtel que j'en avais assez de la gestion de ses bars et que j'avais envie de reprendre ma liberté. Il s'est montré un peu chagriné, mais il n'y avait rien qu'il puisse faire pour me retenir. Nous sommes convenus cependant que je continuerais à travailler pour lui pendant les fins de semaine. Plusieurs mois se sont passés ainsi, au cours desquels je trimais dur pour faire avancer l'entreprise. Partout où j'allais, je traînais mes plans dans ma serviette, j'essayais de convaincre les gens de l'intérêt de ce projet, sans toutefois aboutir à rien de concret.

Un samedi, mon patron m'appelle pour me demander de remplacer le réceptionniste de son hôtel, qui est malade. J'accepte.

Le dimanche matin, je suis donc à mon poste derrière le comptoir de la réception quand je vois descendre dans l'escalier un homme qui doit faire un mètre quatre-vingt-cinq de haut et presque autant de large: un vrai mastodonte. Il porte une veste sale et toute fripée, un pantalon dans lequel je pourrais me tailler trois costumes. Ses rares cheveux sont broussailleux, de même que ses sourcils fournis qui se lèvent et se rabaissent chaque fois qu'il pousse un soupir. Le colosse se laisse tomber dans l'un des fauteuils de la réception, qui résiste au choc tant bien que mal. Descendent ensuite quatre filles superbes, en corsage léger, toutes juchées sur leurs talons hauts. Elles papillonnent autour du mastodonte, elles l'embrassent sur les joues ou sur son double menton, s'égosillent un moment en anglais, puis tout le monde s'assoit. J'observe la scène du coin de l'œil, me demandant ce qu'attend cette étrange troupe.

Puis le gros homme se lève péniblement, en s'aidant de ses bras, et se déplace jusqu'à mon comptoir. Il me demande un ou deux renseignements sur le coin, et nous causons de choses et d'autres. Il parle très fort, d'une voix rocailleuse, laissant voir des dents petites et jaunes comme des grains de maïs. Il lui en manque une sur le devant, et je guette sa langue qui vient buter régulièrement contre cette brèche.

— Tu travailles ici tout le temps?

— Non, aujourd'hui je remplace le réceptionniste.

— Et c'est ça ton ambition dans la vie? Réception-niste?

J'ai envie de lui demander de quoi il se mêle, le gros.

— Non, je fais ça juste pour dépanner. Mon ambition, en tout cas pour le moment, c'est de bâtir un éléphant.

— Bâtir un éléphant? Ah oui? Explique-moi ça...

Comme je n'ai rien d'autre à faire, je me mets à lui parler de mon projet. Le bonhomme m'écoute en remuant les sourcils de haut en bas. Il me pose des questions pertinentes. Pour qu'il se rende mieux compte, je finis par lui sortir mes plans, que j'ai toujours sous la main. Il trouve ça formidable, me confirme que les Américains raffolent de ce genre de parc d'amusement...

– Vous êtes Américain ? lui demandé-je.

– Oui, de New York. Mon nom, c'est Schwartz. Et ton projet, ça m'intéresse beaucoup.

C'est bien gentil de sa part, mais ça me fait une belle jambe. Je me demande soudain pourquoi je suis en train de parler de mon projet à ce personnage. Je l'interroge :

– Qu'est-ce que vous faites dans le coin ?

– Je viens d'acheter un lac près d'ici, avec des villas que je vais louer à des Américains qui viendront y passer des week-ends.

– Vous avez acheté un lac ?

– Hé ben, oui. Un investissement, comme qui dirait.

– Et toutes les jeunes filles qui sont là ?

– Elles travaillent pour moi. Et il y en a trois autres qui ne sont pas encore descendues.

– Trois autres ? Et elles sont toutes avec vous ?

– Oui. Mais pour en revenir à ton éléphant, ça m'intéresse, cette histoire-là. Écoute, il faut que j'aille voir un lac, le lac Enchanté. C'est pas loin d'ici ; je vais revenir. D'ailleurs, si tu veux bien, je vais prendre une copie de ton plan...

Je lui en donne une, j'en ai tout un stock. Les trois beautés qui manquaient à l'appel retrouvent alors leurs camarades, ça rigole, ça se congratule, puis tout ce beau monde prend la porte, me laissant un peu perplexe.

Plus tard, à la fin de l'après-midi, je somnole à la réception quand j'entends klaxonner devant l'hôtel. Quelqu'un n'en finit pas de klaxonner. Je quitte mon comptoir, je sors sur le pas de la porte et qu'est-ce que je vois ? Mon Schwartz et ses sept filles dans une grosse Chevrolet vieille d'au moins dix ans, toute rongée par la rouille, maculée de boue et de poussière. Les filles sont quatre sur la banquette arrière, trois devant, plus Schwartz. Il ne

156

conduit pas, sans doute incapable de se glisser sous le volant. Mais il a réussi à passer un bras énorme par la fenêtre.

— *Hi* Maarcell! me lance-t-il.

— Oui, oui, bonjour.

— *I am going back to New York!*

— Vous retournez à New York en voiture? Mais vous êtes drôlement tassés...

— T'en fais pas pour nous, Maarcell. Je vais penser à ton éléphant, et je vais t'en donner des nouvelles.

— Oui, c'est ça...

La Chevrolet démarre dans un grincement de courroies à l'agonie, l'Américain garde un moment le bras levé en signe d'adieu. Moi, je reste là, à les regarder s'éloigner. Je secoue la tête: sacré personnage, mais complètement fêlé, le bonhomme Schwartz...

Un mois plus tard, je me trouve par hasard à l'hôtel et je reçois un coup de fil des États-Unis.

— Maarcell? C'est moi, Schwartz! J'ai parlé de ton éléphant, on est emballé ici. On va le faire. Est-ce que tu peux être à New York demain matin?

Demain? C'est un peu précipité...

— Oui, dis-je quand même. Où est-ce que je dois vous retrouver?

Il me donne une adresse à Broadway.

— Je t'y attends demain à neuf heures.

— Oui, oui, entendu...

Je raccroche, à la fois excité et sceptique. En quoi Schwartz pourrait-il m'être utile? D'un autre côté, s'il s'est offert un lac dans la région, il ne doit pas être sur la paille. Puisqu'il me demande de venir, qu'est-ce que je

157

risque? Et puis c'est que j'y tiens, moi, à mon éléphant géant, je ne veux pas laisser passer la moindre chance. Le lendemain, j'arrive donc à l'aéroport à l'aurore, pour être sûr de trouver une place dans le premier avion.

À sept heures, dans mon costume noir un peu étriqué, j'arpente Broadway. Avec ma cravate et ma serviette qui contient les plans, je dois ressembler un peu à un comptable. J'ai déjà eu l'occasion de venir à New York, mais c'est la première fois que je vois Broadway aussi tranquille. À cette heure encore matinale, l'avenue est presque déserte, à l'exception de quelques taxis jaunes. Je marche, les yeux sur les numéros de rue, en tenant précieusement le papier sur lequel j'ai inscrit l'adresse de Schwartz. Hy Schwartz. Tu parles d'un nom... J'arrive enfin à l'adresse en question.

Au neuvième étage, m'a-t-il dit. Je prends l'ascenseur, qui empeste le rat mort, et qui s'élève en faisant un bruit de vieille machine à coudre. Le long des corridors, les appliques sont si espacées et l'éclairage, si faible qu'il s'agit forcément d'une manœuvre visant à masquer la crasse des murs et l'état du tapis rouge élimé. Je tâtonne jusqu'à l'appartement de Schwartz.

Cette fois, j'y suis... Porte 970. Aucun bruit. Je veux appuyer sur la sonnette, mais elle pend tristement au bout de deux fils dénudés. N'ayant aucune envie de recevoir une décharge électrique, je préfère frapper. Instantanément, un chien se met à aboyer rageusement et à sauter contre la porte qui s'ouvre, ou plutôt s'entrouvre, puisqu'elle est retenue par une chaîne. J'aperçois un gars qui est complètement nu et qui n'a pas l'air de s'en soucier, maigre, la peau grise, la poitrine enfoncée.

– C'est pour quoi ? Qu'est-ce que tu veux ?

– J'ai rendez-vous avec M. Schwartz.

158

Je me sens un peu mal à l'aise avec ma veste et ma cravate, face à ce type en costume d'Adam. Il me regarde de ses yeux éteints, les joues creuses, les cheveux dressés sur la tête comme Elsa Lanchester dans *La fiancée de Frankenstein.*

— Va attendre au restaurant en bas, on va s'occuper de toi.

Le chien a tout juste le temps de retirer ses crocs, et la porte claque. Je redescends, un peu désorienté, et je vais attendre dans le casse-croûte au rez-de-chaussée de l'immeuble.

Une heure plus tard, le zombie vient me chercher.

— Si tu veux me suivre, M. Schwartz va te recevoir.

Je remonte avec lui mais, peu rassuré, je ralentis constamment le pas dans les couloirs pour ne pas m'exposer à un coup en traître.

Il fait très sombre et je devine à peine un petit vestibule de rien du tout. Dans les coins et le long des murs, j'aperçois des monceaux d'assiettes sales.

— Tu veux t'asseoir? me demande le zombie. Ce sera pas long.

Il pousse vers moi une chaise dont le vinyle complètement déchiré laisse s'échapper la mousse. J'attrape le dossier, il est tout poisseux.

Je pose quand même ma serviette sur la chaise et j'attends. Je n'entends pas le moindre bruit. Le zombie s'est volatilisé, le chien aussi. Je reste planté là sans bouger.

Soudain, voilà Schwartz qui s'amène.

— *Hi* Maarcell! s'écrie-t-il, la mine joviale.

— Ah, monsieur Schwartz; oui, oui, c'est bien moi...

Pour un peu je l'embrasserais. Enfin, façon de parler parce qu'il n'est pas beau à voir. Il est en sandales, il porte un pantalon qu'on croirait sorti d'une poubelle, en partie caché par une bedaine qui lui pend presque jusqu'aux genoux. Il a des seins tombants et ovales comme deux ballons de football américain. Le cheveu en bataille, il tient à la main une bouteille de Fabergé – qui au passage évoque des souvenirs d'une période antérieure.

– Je suis prêt.

Je lui fais remarquer qu'il n'a pas de chemise, ni quoi que ce soit sur le dos.

– Tu as raison, je reviens tout de suite.

Et il disparaît dans le passage puis réapparaît presque aussitôt, encore d'excellente humeur. Il a enfilé un petit maillot. Il ouvre sa bouche, hilare ; et toujours cette dent de devant qui manque.

– Je suis prêt, répète-t-il de sa grosse voix rauque.

– Vous êtes sûr ? dis-je, étonné.

– Maintenant, on va casser la croûte, décrète Schwartz.

– Mais j'ai déjà mangé !

L'ascenseur nous dépose dans le hall, puis nous descendons tranquillement dans Broadway. Avec nos différences d'accoutrement et de gabarit, nous formons un drôle de couple, genre Laurel et Hardy, ou mieux, Peter Lorre et Sidney Greenstreet.

– Tu vois cette boutique de liqueurs ? me demande mon compagnon.

– Je la vois, oui.

– C'est à moi ! Tu vois de l'autre côté, le magasin qui vend des appareils photo ?

– Je le vois, oui.

– C'est à moi !

Et il continue à me montrer des tas de commerces. C'est à moi, clame-t-il chaque fois, ponctuant cette affirmation d'un claquement de paume sur sa poitrine. Il a des gestes brusques et je me tiens à une distance respectable, de peur de prendre un coup dans la poitrine.

Nous déambulons toujours dans la rue, quand je vois un type qui s'arrête à quelques pas de nous. Il porte une veste à gros carreaux et surtout une drôle de moumoute posée de travers. Schwartz et lui se regardent dans le blanc des yeux, mais ils n'échangent pas une parole.

– Un instant, me dit Schwartz.

Il plonge la main et l'avant-bras dans la poche de son pantalon, il en ressort un rouleau de billets de cent dollars, en retire trois et les tend au gars au postiche. Celui-ci ne dit rien, même pas merci, et ils se séparent comme s'ils étaient de parfaits inconnus. Espérant obtenir un élément d'explication, je hasarde :

– Vous donnez de l'argent comme ça aux passants...

Schwartz se contente de me flanquer une grande tape sur l'épaule :

– Ah Maarcell, quand les crapauds croassent, le beau temps approche...

Il éclate d'un rire énorme et me redonne une claque :

– De toute façon, la vie est belle; pas vrai, Maarcell?

J'ai l'impression d'être tombé dans un film où l'on a oublié de me remettre mes répliques.

– Au fait, tu sais qu'on a rendez-vous à dix heures et demie, m'annonce soudain Schwartz.

– Ah oui? Et avec qui?

– Avec mon avocat. Le plus grand avocat de New York! C'est lui qui va bâtir ton éléphant. Y'en a pas deux comme lui.

Troisième avenue... Autant que je sache, c'est un quartier tout ce qu'il y a de plus chic. Je ne peux m'empêcher d'examiner Schwartz de la tête aux pieds.

– Mais vous êtes en maillot de corps et en sandales...

– Oh, t'en fais donc pas pour ça, tout le monde me connaît, je suis roi et maître à New York.

Il hèle un taxi dans Broadway, nous montons et Schwartz se cale sur le siège.

Vers dix heures moins le quart, nous voilà devant le building où se trouve le cabinet de Jerry Gayle.

– Il vaut mieux être un peu en avance parce que mon copain, c'est le plus grand avocat de New York.


Le hall d'entrée est grandiose, tout en marbre et dorures. Ignorant le portier en grande livrée, nous nous engouffrons dans un ascenseur. Les portes s'ouvrent sur une salle d'accueil qui respire l'opulence, avec ses murs tapissés et ses tableaux de maîtres. Sans se préoccuper du décor, Schwartz se précipite vers la réception.

– *Yeah, I'm Schwartz...* Nous avons rendez-vous, Maarcell et moi, avec M. Jerry Gayle.

La jeune fille observe un moment l'intrus avec ce mélange d'effroi et de fascination qu'ont les enfants en voyant un hippopotame de près pour la première fois de leur vie, puis elle nous invite à aller nous asseoir. Nous nous installons dans des fauteuils de designer, Schwartz prend ses aises, il n'a pas l'air de s'apercevoir qu'il détonne dans le décor. À côté de lui je me sens guindé dans mon complet-cravate, ma petite serviette sur les genoux.

Nous attendons le grand avocat pendant près d'une heure... Tout à coup, la porte de l'ascenseur s'ouvre et un homme fait son apparition à grandes enjambées, suivi par quatre ou cinq secrétaires qui trottinent derrière lui en griffonnant sur leurs blocs-notes. L'avocat – car c'est lui, à n'en pas douter – a belle allure : il n'est pas très grand, mais plutôt beau, genre play-boy aux tempes grisonnantes, élégant dans son costume bleu nuit et sa cravate sombre. Il passe devant nous comme une flèche, sans même adresser un regard à Schwartz.

– Dites donc, il ne vous a pas salué...

– C'est un gars très occupé, t'inquiète pas de ça.

Nous poireautons encore une bonne demi-heure. Je somnole presque sur ma chaise quand la réceptionniste nous appelle :

– M. Gayle va vous recevoir.

Elle nous conduit jusqu'au bureau de son patron. C'est une pièce immense, avec baie vitrée donnant sur les gratte-ciel de Manhattan. Toutes les secrétaires sont au garde-à-vous, en demi-cercle. J'entre timidement, et au fond de la salle, derrière son grand bureau en palissandre, je vois l'avocat qui m'ouvre les bras.

– Salut, Marcel, comment vas-tu ? Approche, assieds-toi.

Lui qui tout à l'heure est passé sans me jeter un coup d'œil, voilà qu'il me salue comme si on était des amis de longue date.

Sur le bureau, je reconnais aussitôt mon plan. Nous nous asseyons tous les trois. Schwartz est soudain sage comme une image, et Gayle l'ignore totalement. Le bouledogue a trouvé son maître.

– Très bonne idée, Marcel, s'exclame l'avocat. *Terrific. I like it, I take it* !

Mais je proteste :

– Hé là, minute ; c'est encore mon projet.

– Tout va s'arranger, ne t'inquiète pas.

Il me demande de plus amples informations sur la façon dont j'envisage les attractions, l'organisation des

163

différents étages. Je lui explique que tout cela avance, que j'ai en effet réussi à intéresser McDonald's, Esso, qui sont prêts à signer des baux de trente ans; mais la réalisation de l'ensemble n'en nécessite pas moins plusieurs millions de dollars.

— Aucun problème, m'assure Gayle. Écoute bien ce que je vais te dire: nous allons le bâtir ton éléphant. Les gens vont accourir du monde entier pour le voir, et nous allons ramasser une fortune.

Je rayonne de bonheur, je n'en crois pas mes oreilles. Cela fait presque un an que je me bats pour ce projet, et voilà que je touche au but, mon éléphant va voir le jour grâce à la magie américaine.

— Tu as bien dormi? s'enquit Gayle. Le vol était bien? Combien ça t'a coûté? Schwartz, tu le rembourses.

Le colosse plonge docilement la main dans sa poche et se soulage de quelques billets verts.

— Maintenant, Schwartz, tu l'emmènes déjeuner dans le meilleur restaurant du monde. Tu vas voir, Marcel, ils servent une soupe de tortue fantastique.

Je suis un peu interloqué. Il me semble qu'il reste encore pas mal de points à examiner. En tout cas, je veux en savoir plus:

— C'est bien beau, tout ça, dis-je, mais comment on s'organise? Qu'est-ce qui se passe maintenant?

— Tu as raison, Marcel, me dit Gayle. On va régler ça devant toi.

Il se tourne alors vers les filles, inspire un bon coup, puis désigne la première d'un claquement de doigts:

— Cindy, tu vas appeler Fred Gillys dans le Colorado. Toi — autre claquement de doigts — tu joins Freedman à Philadelphie; toi tu appelles Keller à Los Angeles. Il nous faut quelqu'un pour la construction, un autre pour les machines...

Peu après, les filles reviennent faire rapport. Freedman est à Hawaï, on cherche le numéro de son hôtel, mais Gillys est déjà en ligne, Keller également. Gayle enfonce quelques touches, dont celle du haut-parleur, tout le monde peut se parler et s'entendre, c'est une conférence au sommet.

– Oui, Fred. On est en train de bâtir au Québec, à Granby; tu ne connais pas, mais ça n'a pas d'importance. Une affaire extraordinaire, on va avoir des touristes du monde entier qui vont venir voir un éléphant de trois cents pieds de haut. J'aimerais que tu t'occupes du parc d'attraction adjacent.

Fred fait «Oui, oui», depuis son Colorado. Un autre va gérer l'exploitation du site. Un troisième n'est pas là, on le rappellera. Gayle jongle avec les appels et coordonne la répartition des tâches. Je le regarde faire, médusé, terrassé par ces millions évoqués devant moi. Cette fois, l'affaire est bel et bien lancée.

– Tu vois, ce qui fait notre force, nous les Américains, c'est l'efficacité, dit Gayle en se calant dans son fauteuil. Quand on veut quelque chose, on le fait.

Je m'efforce de ne pas perdre de vue la réalité.

– Oui, dis-je, mais concrètement, qu'est-ce que je fais, moi? Vous me dites que c'est réglé, mais demain, moi...

– Tu vas voir le propriétaire du terrain, et tu achètes.

– J'achète le terrain, d'accord... mais je n'ai pas d'argent.

– Pas besoin d'argent, je suis là.

– Oui, mais le propriétaire, qu'est-ce que je lui dis? Que vous êtes là? Il ne vous connaît pas. Comment on fonctionne?

– Voilà ce que tu vas faire, Marcel. Tu retournes à Montréal... Nous sommes au mois de mai...

Il feuillette rapidement son agenda:

– Le 3 septembre précisément, tu vas appeler le président de la Banque de Montréal.

– Ah oui? Et comment je m'y prends pour arriver jusqu'à lui?

Pour moi, appeler le président de la Banque de Montréal, c'était comme solliciter un dîner en tête-à-tête auprès de la reine d'Angleterre.

– Tu lui dis que tu appelles de la part de Jerry Gayle et que tu veux un rendez-vous avec lui. Tu lui demandes alors vingt millions de dollars; il va m'appeler, et on va pouvoir commencer la construction de ton éléphant.

– Bon, formidable. Et c'est tout?

– C'est tout.

Et en effet, je sens bien que c'est terminé. Le plus grand avocat de New York a maintenant d'autres chats à fouetter. Autant il s'est montré chaleureux jusqu'à l'exubérance à mon arrivée, autant il s'est enthousiasmé pendant notre entretien, autant maintenant il est froid et impassible. Il me serre la main de façon très protocolaire, me signifiant que le temps qui m'était accordé est écoulé:

– Monsieur Béliveau, très heureux. Au revoir et au plaisir.


Encore un peu assommé, je redescends avec Schwartz. Celui-ci n'est pas homme à oublier une invitation dans le meilleur restaurant du monde.

– Maintenant, on va manger, dit-il en faisant signe à un taxi.

Je suis le mouvement. Nous sommes arrêtés à l'entrée du restaurant par un maître d'hôtel outré. L'arrivée dans ce lieu huppé de mon compagnon en maillot de corps, toute bedaine dehors, a quelque chose d'aussi incongru qu'une tache de boue dans la vitrine d'un joaillier.

— Monsieur, déclare le maître d'hôtel d'un air pincé, vous ne pouvez pas entrer dans cette tenue.

Mais l'intéressé ne semble pas conscient de l'inconvenance de son accoutrement.

— Je suis Hy Schwartz, annonce-t-il, l'air prétentieux.

Peu impressionné, le maître d'hôtel alerte deux portiers prêts à nous jeter à la rue avec la plus grande discrétion.

— Je suis un client de Jerry Gayle, lâche enfin mon compagnon. C'est lui qui m'envoie ici.

— M. Gayle? Un instant.

Aussitôt, les secours s'organisent. On lui procure une chemise, un veston et une cravate. Ce n'est pas du sur mesure, et Schwartz peut à peine se boutonner. Quant aux manches de la veste, elles lui remontent presque jusqu'aux coudes.

— Je veux manger la meilleure soupe de tortue du monde, déclare Schwartz d'une voix de stentor qui fait sursauter la clientèle.


Je suis incapable de dire si la soupe était bonne. Je n'ai prêté aucune attention à ce que j'ai mangé. Mon esprit était resté dans le bureau de Gayle, ou bien il était déjà à Granby, au sommet de l'éléphant géant.

Le repas fini, Schwartz m'a dit:

— Bon, tu peux retourner au Québec maintenant.

Je suis monté dans un taxi, Schwartz m'a salué en donnant une grande claque dans la portière, je l'ai laissé planté là comme la tour de Babel et j'ai repris le chemin de l'aéroport.

J'étais de retour à Granby le soir même, un peu dé-paysé, comme quand on sort d'une salle de cinéma après un film haletant. Par la suite, je me suis demandé si j'avais vraiment vécu cette journée à New York, ou si je l'avais seulement rêvée.

Car je n'ai plus jamais entendu parler de quoi que ce soit...

Le 3 septembre, j'ai pourtant essayé d'appeler le pré-sident de la Banque de Montréal. Je n'ai même pas pu franchir la deuxième secrétaire.

— J'appelle de la part de M. Gayle, insistai-je sur le ton de la confidence, comme un agent secret lance un mot de passe.

— M. Gayle? Comment épelez-vous? Oui, c'est noté. C'est ça, oui, on vous rappelle...

On ne l'a pas fait. J'ai multiplié les démarches, sans succès. J'ai rappelé à New York. Impossible de joindre Schwartz. J'ai essayé chez l'avocat, j'ai laissé mon nom, pas de nouvelles. J'ai même mené mon enquête aux envi-rons de Granby, où Schwartz disait avoir acheté un lac. Je suis allé tourner autour du lac Enchanté. Personne n'avait entendu parler de mon gros ours. Pourtant il pouvait diffi-cilement passer inaperçu. Mais c'était comme si rien de tout cela n'avait jamais existé.

Il s'est produit quelque chose de mystérieux que je n'arrive pas à m'expliquer. S'il s'agissait d'une mise en scène, pourquoi tout ce mal, pour rien? Je n'ai jamais eu le fin mot de l'affaire.

Et mes rêves d'éléphant géant se sont effondrés là, ou presque.

J'ai tourné en rond à Granby pendant un mois ou deux sans parvenir à me sortir cette histoire de la tête. Finalement, j'ai préféré plier bagages. Je me suis trouvé un emploi à Montréal, dans un hôtel-restaurant minable, avec cabaret et danseuses nues... En deux mois de réorganisation, j'avais renfloué les caisses de la partie restaurant et du coup, le propriétaire, plein aux as, m'avait plutôt en estime. Mais l'endroit était trop malfamé à mon goût et je n'attendais qu'une occasion de quitter le navire. Je n'ai pas eu longtemps à attendre puisque, une nuit, l'hôtel a passé au feu. J'en étais presque soulagé. Quelques jours après l'incendie, le patron m'a fait venir dans son bureau:

— Marcel, tu as fait du bon boulot chez moi, tu sais que j'ai d'autres hôtels, j'en ai un en Floride, j'en ai d'autres à Montréal. Dis-moi lequel tu préfères et je t'en confie la gérance.

— Non, moi, les hôtels, j'en ai assez. L'alcool, les danseuses, les gars soûls, les bagarres... Ça ne m'intéresse plus.

— Et qu'est-ce qui t'intéresse?

— Je voudrais bâtir un éléphant.

— Hein?

— Oui, ça fait un an et demi que je travaille à ce projet, mais là, je suis au point mort...

— Je te préviens tout de suite, ne me demande pas d'argent, je n'investis plus dans rien. J'attends juste de toucher l'assurance.

— Mais je ne vous demande rien! Vous voulez savoir ce que je veux faire, je vous réponds.

Piqué par la curiosité, il ne résiste pas à me poser des questions. Alors j'ouvre ma serviette, je lui sors mes plans tout en couleur. Il se penche là-dessus, il examine...

— Mais c'est drôlement intéressant, ton affaire! Pourquoi tu ne le réalises pas ton projet?

— Parce qu'il me faut des fonds. Tout d'abord, je ne peux pas le mettre n'importe où mon éléphant. Et il n'y a qu'un seul terrain qui lui convienne. C'est là et nulle part ailleurs.

— Et combien il vaut ce terrain?

— Cent cinquante mille dollars. Il appartient à un vieux monsieur qui a maintenant presque quatre-vingt-dix ans.

— Cent cinquante mille, tu dis?

Il appelle sa secrétaire par l'interphone.

— Noëlla, venez ici. Émettez un chèque de cent cinquante mille dollars pour M. Béliveau. Marcel, tu prends le chèque, tu files tout de suite à Granby et tu achètes le terrain.

— Vous m'aviez dit que vous ne vouliez pas investir...

— Oui, mais quand on a une bonne idée, il faut la pousser jusqu'au bout...


Mon gros chèque en poche, je me précipite à Granby, et je vais directement chez le propriétaire du terrain. C'est sa gouvernante qui m'ouvre la porte.

— Il n'est pas ici aujourd'hui, me dit-elle. Il est à Montréal, il devait s'occuper de chevaux. Revenez le voir demain matin. À cinq heures et demie...

Le lendemain à l'aurore, je reviens sur les lieux. Je pousse la porte moustiquaire, je trouve le vieux assis à sa table, en train de manger lentement une banane. Il ne lève même pas les yeux vers moi.

— Tu peux entrer.

Depuis le temps que je viens le talonner pour son terrain, nous commençons à nous connaître. Mais aujourd'hui, c'est différent, j'ai des raisons d'espérer: pour

170

une fois, j'apporte du concret, j'ai le chèque signé dans une enveloppe.

– Entre, assieds-toi.

Il ne me regarde toujours pas, il continue de manger sa banane.

– Tu viens pour le terrain...

– Oui.

– C'est trop tard.

– Comment trop tard?

– Je l'ai vendu hier.

– Quoi? Hier? Mais hier j'avais le chèque, je suis venu ici.

– J'étais à Montréal, et j'ai vendu le terrain.

– Combien?

– Cent trente-cinq mille.

– J'ai un chèque de cent cinquante mille. Vous avez signé les contrats?

– Non, mais j'ai donné ma parole. C'est mieux qu'un contrat.

– Mais je vous en donne quinze mille de plus!

– Tu remets le chèque dans ta poche, il n'y a plus rien à faire, c'est terminé.

J'ai rapporté le chèque à mon ancien patron et j'ai tiré le rideau sur mon grand projet, qui est allé dormir au paradis des éléphants. Longtemps, j'ai même refusé d'en parler.

# Chapitre 8

Mon éléphant enterré, l'hôtel-restaurant réduit en cendres, vers quoi allais-je me tourner maintenant? Il fallait que je trouve un moyen de gagner ma vie... si possible de façon distrayante.

Et pourquoi pas l'hypnose? Contrairement à ce qu'on peut penser, l'idée n'était pas totalement saugrenue. J'avais en effet un don qui ne demandait qu'à être exploité. Ou plutôt de simples capacités, car l'hypnose est une technique qui s'apprend et avec laquelle je m'étais familiarisé dès l'âge de douze ou treize ans. J'avais eu sous la main un vieux bouquin du début du siècle que j'avais étudié en long et en large. À l'école, je m'étais mis à essayer des trucs faciles, par exemple obliger un camarade à garder les mains collées sur la table. En fait, je ne faisais que suivre un livre de recettes, sans comprendre pourquoi cela fonctionnait, ou ne fonctionnait pas. Je m'amusais à hypnotiser des élèves dans la classe, et mon professeur s'arrachait les cheveux devant leurs comportements inexplicables. Il faut dire qu'à l'époque, l'hypnose était considérée comme une activité presque démoniaque. Les curés la rejetaient catégoriquement, sans doute parce qu'il y avait là quelque chose qui échappait à leur emprise. Ce tabou n'avait fait que renforcer ma passion et, à force de lecture et de pratique, j'étais devenu assez habile. J'étais capable, dans de bonnes conditions, d'endormir une personne d'un claquement de doigts.

Lorsque je travaillais à la discothèque de Granby, je réalisais à l'occasion des démonstrations d'hypnose pour distraire la clientèle, en prenant pour cobayes le barman ou les serveuses. Je me souviens en particulier d'un barman qui s'appelait Yvan et qui était incroyablement réceptif. En effet, un claquement de doigts suffisait à le plonger dans un sommeil profond, au point que ça en était inquiétant: il devenait blanc comme un drap, et son pouls ralentissait.

Yvan servait donc au bar de la discothèque pendant que sa femme travaillait au vestiaire. À trois heures, quand nous fermions, Yvan aimait bien traîner: plutôt que de rentrer chez lui, il prenait un verre, jouait aux cartes avec d'autres employés, et restait dehors jusqu'au matin, au grand désespoir de sa femme. Un jour, celle-ci me dit, plus ou moins sur le ton de la plaisanterie:

– Toi qui fais de l'hypnose, tu ne pourrais pas programmer Yvan pour qu'il revienne à la maison dès qu'il a fini, à trois heures?

Toujours pour plaisanter, je décide de tenter l'expérience. Un soir, à la fermeture, je mets mon barman sous hypnose et je lui suggère:

– Yvan, je vais compter jusqu'à trois, à trois tu vas te réveiller et tu n'auras qu'une idée en tête, rentrer chez toi au plus vite. Un, deux, trois, réveille-toi.

Yvan bat des paupières, puis se lève en secouant la tête:

– Bon, ben, les gars, vous allez m'excuser, je vais me coucher...

Les autres employés avaient suivi l'affaire:

– Allez, Yvan, reste donc, on va prendre une bière, on va jaser, jouer aux cartes...

– Non, non, pas ce soir, je m'en vais chez moi. Il faut que je rentre à la maison.

Tout le monde s'y met, on essaie de le retenir par tous les moyens, mais il n'en démord pas, il veut rentrer. Son frère vient le chercher en voiture et ils partent tous les deux. Apparemment, l'expérience est concluante...

Manque de chance, à cinq kilomètres de là, la voiture glisse sur une plaque de verglas et fait plusieurs tonneaux. Le frère est blessé au bras, mais Yvan s'en sort indemne, pas une égratignure. L'ambulance arrive sur les lieux, et au moment où les infirmiers veulent conduire les accidentés à l'hôpital, Yvan se rebiffe, refuse de monter dans le véhicule.

– Non, non, laissez-moi ! crie-t-il. Où est-ce que vous m'emmenez ? Je dois rentrer chez moi.

C'est un gars assez robuste, et d'un tempérament plutôt violent. Il se débat comme un forcené, à tel point que les secouristes sont obligés de se mettre à plusieurs pour l'attacher à la civière.

– Non ! continue-t-il de beugler. Je veux m'en aller chez moi !

Comme il n'arrête pas de hurler, les infirmiers pensent qu'il est un peu dérangé, ou qu'il a pris un coup sur la tête dans l'accident. Ils le transfèrent dans une clinique de Sherbrooke, en ambulance, solidement ficelé.

Je n'ai appris ce développement inattendu que le lendemain, lorsque la femme d'Yvan m'a téléphoné.

– Marcel, c'est la catastrophe. Les médecins pensent qu'Yvan est devenu fou, il répète à longueur de temps «Je veux rentrer à la maison.» Ils lui ont donné des calmants, mais ils ne veulent pas le relâcher. Tu veux bien appeler l'hôpital de Sherbrooke ?

J'appelle aussitôt à l'hôpital et je demande à parler au médecin qui s'occupe de mon barman.

175

— Bonjour, docteur, vous avez depuis cette nuit un patient dénommé Yvan. On me dit qu'il répète constamment «Je veux rentrer chez moi»?

— Oui, on n'a jamais vu un cas semblable, il est très agité; on a été obligé de lui passer la camisole de force, il attaque tout le monde. Il est dans une pièce entièrement capitonnée, sinon il se fracasserait la tête contre les murs.

Pas trop fier de mon coup, je lui explique la petite séance d'hypnose à laquelle nous nous sommes livrés. Peu familier de ce domaine, le médecin refuse tout d'abord de me croire.

— Il est impossible que l'hypnose ait un tel pouvoir.

— Docteur, relâchez votre patient; vous verrez, il va rentrer chez lui le plus tranquillement du monde, et ce sera terminé.

— C'est insensé... mais je veux bien essayer.

Les infirmiers ont ramené Yvan chez lui en ambulance. Une fois détaché, il a ouvert son portail et, doux comme un agneau, il est allé jusqu'au perron où l'attendait sa femme.

\*　　\*

\*

À mon retour au Québec en 1970, avant mon départ pour Granby, j'ai travaillé quelques mois au journal *Montréal Matin*, où j'étais chargé de la publicité. Il y avait là un commissionnaire du nom de Michel, qui s'acquittait des tâches les plus diverses, comme poster le courrier ou aller chercher les archives dont nous avions besoin. Je m'amusais à le mettre sous hypnose et je le faisais travailler uniquement à mon service. Quand les autres voulaient lui confier une mission, il répondait invariablement:

— Je ne peux pas, je travaille pour Marcel.

Ce n'était pas très gentil, je veux bien l'admettre. Mais j'essayais aussi de lui inculquer des valeurs positives. Je l'endormais et je lui disais :

— Quand tu vas te réveiller, tu auras davantage confiance en toi, tu vas essayer de t'améliorer, de lutter contre ta timidité...

En fait, cela était plus dangereux que mes pitreries ; c'était une erreur. Car l'aide réelle mais passagère que lui apportait l'hypnose est devenue une béquille pour lui, presque une drogue. Cela lui faisait du bien, alors il s'est mis à me coller aux fesses, jusqu'à venir régulièrement me relancer chez moi. Il arrivait à l'improviste, souvent très nerveux, et me demandait de le reconditionner par hypnose. Cette dépendance me paraissait néfaste, sans compter que cela ne faisait pas toujours mon affaire. Un jour, il débarque ainsi, et je tente de l'éconduire...

— Écoute, Michel, tu tombes mal aujourd'hui ; j'allais sortir, j'en ai pour une heure ou deux...

— J'ai absolument besoin de te parler.

— Je n'ai pas le temps, je te dis. Bon, assieds-toi là. Je vais ouvrir la radio et tant que tu entendras de la musique, tu dormiras tranquillement jusqu'à mon retour.

Deux heures plus tard, je le trouve paisiblement endormi. Je ferme la radio, Michel se réveille, on discute un moment et tout à coup, le voilà qui se rendort. Je regarde, la radio est pourtant bien éteinte. Je réveille mon bonhomme, je le mets debout et je lui dis qu'il se fait tard et qu'il ferait mieux de rentrer chez lui. C'est seulement après son départ que j'entends la faible mélodie d'une clarinette. C'est le voisin du dessus qui pratique son instrument. Je n'y ai pas pris garde tout à l'heure mais Michel, lui, a entendu et, comme c'était de la musique, il s'est endormi aussitôt.

Pendant la nuit, des policiers me téléphonent, s'excusent de me déranger si tard. Ils viennent de ramasser un individu étrange qui dormait comme une bûche au beau milieu d'un couloir de métro. Ils ont même eu toutes les peines du monde à le sortir de sa torpeur. Quand ils ont voulu l'embarquer pour ébriété, l'individu en question s'est mis à leur raconter une histoire invraisemblable, comme quoi un M. Béliveau lui aurait ordonné de s'endormir quand il entendrait de la musique. Or il avait entendu un accordéoniste qui jouait dans le couloir... Étais-je en mesure d'apporter une quelconque lumière sur cette histoire abracadabrante ?

* *<br>*

Après toutes ces expériences, pourquoi ne pas donner des spectacles ? Il y a bien des gens qui gagnent leur vie de cette manière, comme le Grand Roméo ou Great Harrison, qui font des tournées dans tout le pays. Alors pourquoi pas moi ? Est-ce que je ne connais pas au moins autant de trucs qu'eux ?

Adjugé, vendu, je serai hypnotiseur. Je m'organise, je prépare ma mise en scène, je me fais faire une série de photographies saisissantes, en cape noire et haut-de-forme, un loup sur la partie supérieure du visage, révélant des yeux troublants qui fixent l'objectif. On jurerait Mandrake le Magicien... À propos, il me faut un nom de scène. Voyons voir... Et si je m'appelais Monsieur Hyp ?

Malheureusement, ce Monsieur Hyp n'a pas la moindre notoriété. Or l'hypnose est avant tout affaire de crédibilité. N'étant précédé d'aucune réputation, Monsieur Hyp ne peut se lancer de but en blanc à Montréal. Il doit faire ses premières armes dans une région éloignée des grands centres.

J'étudie une carte de la province et je jette mon dévolu sur une ville de la Gaspésie. Aussitôt, je fourre mes accessoires dans le coffre de ma voiture et je donne le départ des aventures de Monsieur Hyp.

Arrivé à destination, je loue un studio, puis je vais trouver le propriétaire d'un hôtel qui dispose d'une grande salle de réunion.

– Monsieur, je donne des spectacles d'hypnose. Que diriez-vous si je me produisais chez vous samedi soir?

– Je voudrais bien, mais je n'ai pas d'argent pour vous payer.

– Pas de problème. Les gens paient un droit d'entrée. Moi, je garde la recette des entrées et vous, celle des consommations.

– D'accord. Mais il faudrait de la publicité...

– Je m'en charge. Combien de personnes pouvez-vous accueillir dans votre salle?

– Deux mille.

Deux mille personnes multipliées par deux dollars, cela représente un magot plus qu'appréciable... À condition de faire salle comble.

Je cours à la station de télévision locale où je m'offre pour presque rien un message publicitaire. C'est le présentateur du coin qui, debout face à la caméra, annonce:

«Samedi prochain, dans la salle du Grand Hôtel, ne manquez pas le stupéfiant spectacle d'hypnose présenté par l'extraordinaire Monsieur Hyp, l'homme aux pouvoirs supranaturels! Samedi soir à vingt heures au Grand Hôtel, Monsieur Hyp sera en vedette, venez nombreux».

Quand il a fini son boniment, la caméra recule et les téléspectateurs découvrent que l'animateur est debout sur mon ventre, et que je suis moi-même allongé dans le vide;

179

seules ma nuque et mes chevilles reposent sur un dossier de chaise. Pour des gens peu habitués à ce genre de numéro, l'image est assez spectaculaire. Puis l'animateur descend de mon ventre, je me relève, et avec un petit pas de révérence et mon sourire le plus énigmatique, je lance :

« À samedi ! »

Dans cet endroit retiré, mon annonce télévisée fait un tabac. Le lendemain, dans la rue, je m'aperçois que les gens changent de trottoir pour ne pas me croiser.

Dans tous les magasins, c'est la même comédie. Les gens m'évitent, refusent de me servir, et surtout ils prennent grand soin de ne pas me regarder dans les yeux. Je m'arrange tant bien que mal de la situation, et je prépare mon spectacle en allant coller des affiches sur les murs.

Le samedi soir, quand j'arrive à l'hôtel, la salle est déjà pleine à craquer. Les gens ont un peu peur, mais la curiosité a été la plus forte. Le patron se frotte les mains. Quant à moi, je commence à être saisi par le trac. Et pour cause : jamais de ma vie je n'ai donné de vrai spectacle d'hypnose.

En fait, j'avais commis une erreur capitale, due à mon manque d'expérience. Les hypnotiseurs ont toujours des complices, avec eux ou dans la salle, ou au moins ils peuvent compter sur des gens qui sont préparés à l'avance afin d'assurer le bon déroulement du spectacle. Moi, je n'avais rien prévu...

Dès que je bondis sur la scène avec mon smoking et mon loup sur le visage, un silence attentif s'installe. Bon, il faut que je me lance...

– Mesdames et messieurs, nous allons procéder à quelques expériences d'hypnose. Pour cela, j'aurai besoin de volontaires. Y en a-t-il dans la salle ?

Personne. Je répète ma question, j'arpente le devant de la scène, j'essaie à gauche et à droite :

– Vous madame... Ou bien vous, monsieur...

Les gens désignés agitent les mains désespérément, ils se cachent derrière le fauteuil de leur voisin. Pour un peu ils brandiraient un crucifix.

– Non, non! disent-ils.

Vingt minutes passent ainsi, sans que je réussisse à convaincre qui que ce soit de monter sur la scène. Personne ne veut tenter le diable. Quand je regarde les gens, ils se cachent le visage. Me voilà bien embêté: comment faire un spectacle d'hypnose si je n'ai personne à hypnotiser?

Enfin, j'aperçois dans le fond un homme qui lève la main, il est prêt à participer, lui. Mais je constate rapidement que cette hardiesse est due à un excès d'alcool. Le gars s'est à peine levé de son siège qu'il tombe dans les pommes. Voilà qui ne fait pas mon affaire. D'autant plus que les gens s'empressent d'attribuer cet évanouissement à mes pouvoirs surnaturels. Comment vais-je m'en sortir?

– Un peu de patience, je vous prie. Il s'agit uniquement d'un premier contact. Le spectacle reprend dans quinze minutes.

Je disparais dans les coulisses. Je tombe sur le propriétaire de l'hôtel qui a assisté à ma déroute et qui commence à se faire du mauvais sang.

– Prenez quelqu'un du personnel, me dit-il.

Je me tourne vers les employés de l'hôtel. Mais les filles s'enfuient devant moi en poussant des cris. Les garçons restent invisibles. Rien à faire, Monsieur Hyp n'a personne à se mettre sous la dent.

– Donnez-moi un quart d'heure, dis-je au patron, je vais aller réfléchir à tout ça, je reviens.

Je file dans la chambre qu'on m'a réservée en guise de loge, je ramasse toutes mes affaires, je sors par la porte arrière, je saute dans ma voiture et je quitte le bled sur les chapeaux de roues!

Le samedi suivant, je m'installe dans une autre ville, toujours en Gaspésie. On est loin de Montréal, l'information circule moins vite ici, je ne suis donc pas précédé par mon échec de la semaine dernière. Je recommence tout: promotion, choix de la salle, message télévisé, affichage...

Le soir du spectacle, je suis dans mes petits souliers. Je n'ai toujours pas compris la nécessité de disposer de complices, je travaille toujours sans filet. Depuis les coulisses, je peux constater que ma publicité a attiré du monde. Mais l'ambiance n'est pas particulièrement raffinée. La bière a coulé à flots, il y a beaucoup de gars qui sont ivres. Public difficile...

J'ai un peu l'impression d'être dans une arène. Mais allons-y... Avec les plus grandes précautions oratoires, je demande un volontaire. Les gens sont plus téméraires ici, et je n'ai aucun mal à être entendu. Un gaillard bâti comme une armoire à glace, une vraie force de la nature, veut bien se prêter à l'expérience.

– Faites-moi le truc que vous avez fait à la télé, me dit-il. Avec la tête sur le dossier...

Ma devise, c'est de satisfaire le public. Je mets le gars sous hypnose, je l'allonge tout raide sur deux chaises, la nuque sur un dossier, les pieds sur un autre. Tout se déroule à merveille. Mais voilà qu'un petit rigolo vient mettre son grain de sel. Il monte sur scène, bientôt imité par un copain. Ils sont pleins comme des barriques et je sens qu'il y a du grabuge dans l'air. Avant que je puisse faire quoi que ce soit pour l'en empêcher, le comique grimpe sur ma table d'accessoires, prend son élan comme sur un plongeoir et saute à pieds joints sur le ventre de mon hypnotisé! Mais il va me le tuer!

Les chaises se renversent sous le choc, les deux gars roulent par terre sous les éclats de rire de l'assistance, bon public. Mon costaud se relève, un peu sonné, il ne comprend pas ce qui lui arrive, mais dans le doute il envoie son poing dans la figure de l'autre, encore hilare du bon tour qu'il vient de jouer. Voyant son copain se faire malmener, le deuxième intrus saute sur le dos du costaud pour le ceinturer, mais le gars se met à tourner sur lui-même, et propulse bientôt le type jusqu'aux premiers rangs. Ceux qui le reçoivent sur les genoux n'apprécient pas. Les gars prennent l'estrade d'assaut, et le costaud nettoie la place avant de céder à la marée montante. En quelques secondes, c'est la bagarre générale dans la salle. Tout le monde veut se taper dessus. Les chaises volent, les coups fusent, on s'attrape par la chemise, par les cheveux, on pousse des hurlements. Moi, je recule prudemment, je me faufile sous le rideau et je disparais en douce. Décidément, les spectacles d'hypnose, c'est plus ardu que ce que j'avais pu imaginer...

De peur de me faire démolir, je quitte la Gaspésie à tire-d'aile.


Après deux expériences aussi désastreuses, j'aurais pu jeter l'éponge et le masque. Mais j'avais décroché un troisième engagement que je décidai d'honorer. Surtout que c'était à La Tuque, ma ville natale.

Je n'avais toujours pas donné un vrai spectacle d'hypnose. Moi qui comptais là-dessus pour gagner ma vie, je commençais à avoir des doutes. Dans l'après-midi, à l'hôtel, le cœur me sautait tellement j'étais nerveux.

Une heure avant le spectacle, avant d'endosser le costume de Monsieur Hyp, je descends prendre le pouls de la salle. Comme d'habitude, c'est plein.

Je repère un vague copain de La Tuque et, comme je l'avais fait pour mes conférences, je lui demande :

– Parmi les gens, qui sont dans la salle, en connais-tu plusieurs ? Peux-tu m'en nommer vingt-cinq ?

Il m'en nomme quarante. Je le remercie, je monte enfiler mon smoking, mon loup et mon chapeau claque. Bientôt, on annonce le spectacle. J'entre en scène, la salle est complètement noire, seul un spot suit mes déplacements et éclaire mon visage à demi masqué.

– Est-ce qu'il y a des gens ici qui me connaissent ?

Personne ne répond. Je m'adresse alors à l'éclairagiste :

– Voulez-vous promener votre spot dans la salle ?

Le gars s'exécute.

– Arrêtez.

Le faisceau lumineux s'immobilise au-dessus d'une table, je dis au monsieur qui y est assis :

– Vous, est-ce que vous me connaissez ?

– Non.

– Vous ne m'avez jamais vu, vous ne m'avez jamais parlé ?

– Non.

– Est-ce que vous pouvez vous lever ?

Le gars se lève. Je fais mine de me concentrer.

– Est-ce que votre prénom commencerait par A ?

– Oui.

– Est-ce que par hasard il se termine par un *t* ? Est-ce que vous vous appelez Albert ?

Le gars fait signe que oui.

– Est-ce que votre nom de famille commence par M ?

Et dans la foulée, je donne son nom de famille. Le gars est abasourdi : comment un étranger, un type qu'il ne connaît ni d'Ève ni d'Adam peut-il savoir son nom ?

– Et votre amie, est-ce qu'elle ne s'appelle pas Céline ?

Dans le mille. Là je commence à nommer une à une les personnes que mon ami m'a désignées tout à l'heure. Pour eux, c'est de la magie, forcément. Le public est médusé, j'ai réussi à créer cette tension nécessaire au bon déroulement du spectacle. Des mains se lèvent :

– Moi, moi, nommez-moi !

Je voudrais bien. Malheureusement, eux, je ne connais pas leur nom. Mais voilà qui est facile à contourner :

– Oui, vous, d'accord...

Je grimace quelques secondes comme sous l'effet de la concentration, je me masse les tempes :

– Non, désolé, les ondes ne passent pas avec vous. En revanche la personne à côté, oui, vous...

Et j'enchaîne. Le truc fonctionne. Quand je suis au bout de ma liste, je demande qu'on éclaire la salle et j'appelle une dizaine de personnes :

– Albert, Céline, Michel, Joël... levez-vous, venez sur la scène avec moi. Vous allez vous asseoir sur les chaises disposées sur la scène, et vous allez vous endormir instantanément.

Ils se sont levés comme une armée de robots. À leurs yeux, Monsieur Hyp était désormais un sorcier aux pouvoirs extraordinaires. Ils étaient tellement conditionnés que la moitié n'est pas arrivée jusqu'aux chaises que j'avais installées derrière moi. Ils tombaient les uns sur les autres en montant les marches menant à la scène.

À partir de là, le spectacle était lancé. J'ai réalisé tous les trucs habituels. Je leur faisais manger des oignons comme si c'étaient des pommes, ou bien je leur disais :

– Vous vous moquez de moi dans mon dos parce que je suis bossu mais quand je vous regarde, vous arrêtez immédiatement de rire pour ne pas me blesser.

Je me tournais vers la salle, les hypnotisés étaient pris d'un énorme fou rire qui cessait dès que je faisais volte-face, ce qui amusait beaucoup le public.

Ce soir-là, j'ai donné ce qui devait rester l'un de mes meilleurs spectacles. La réponse des gens à mes manœuvres était tout simplement extraordinaire. À tel point que je crois n'avoir pas été moins surpris que les spectateurs.


Au cours des tribulations de Monsieur Hyp, un dimanche, une femme accompagnée de son mari vient me trouver à la maison.

– Monsieur Béliveau, j'ai entendu dire que vous pratiquez l'hypnose. Est-ce que vous pourriez me guérir ?

– Ah, non, madame, je ne suis pas guérisseur, et encore moins médecin. Pourquoi ? Qu'est-ce que vous avez ?

Elle tient son bras en écharpe. Elle m'explique qu'elle ressent une douleur lancinante à la hauteur du poignet. Son mari confirme :

– Elle a des élancements insupportables. Hier soir, on regardait la télé et elle souffrait tellement que j'ai dû passer la soirée à lui masser le bras.

– Mais enfin, on vous a fait des radiographies ? Vous avez consulté des médecins ?

– Oui, mais ils ne trouvent rien d'anormal. Alors si vous vouliez bien...

Tous deux semblent dans une telle détresse que je me laisse convaincre, un peu curieux aussi de tenter l'expérience.

— Bon, je veux bien essayer.

J'endors la femme sans aucune difficulté, je la réconforte, je la conditionne.

— Je vais compter jusqu'à dix, et à dix, vous allez vous réveiller et vous n'aurez plus mal.

Je claque des doigts, la femme ouvre les yeux, elle touche aussitôt son bras, puis un sourire éclaire son visage :

— Ah, mais c'est un miracle... C'est un miracle ! Je peux bouger la main, je n'ai plus mal !

Son mari demeure incrédule :

— Ça se peut pas ! Deux ans qu'on fait tous les hôpitaux, qu'on voit tous les spécialistes, et vous, là, simplement en comptant jusqu'à dix...

À vrai dire, je ne sais trop qu'en penser moi-même.

— Combien on vous doit ?

— Hein ? Vous ne me devez rien du tout, bien sûr.

— Vous parlez au bon Dieu, me dit la femme en se levant.

Ils s'en vont en me laissant un billet de vingt dollars. Je l'ai pris parce que ça leur faisait plaisir — et à moi aussi, tout compte fait.

Trois semaines plus tard, encore un dimanche matin, on frappe à la porte. C'est le même couple, catastrophé :

— Monsieur Béliveau, la douleur a repris. Est-ce que vous pouvez la faire disparaître en permanence ? Je vous en prie...

— Je n'en sais rien. Mais entrez, assoyez-vous.

Je la remets sous hypnose et il me vient soudain une idée digne de Sigmund Freud.

– Dites-moi pourquoi ça vous fait mal ?

Là, toujours sous hypnose, et sous le regard sceptique de son mari, elle se met à me raconter que sa fille de vingt-deux ans, mère célibataire, lui a demandé un soir de garder son bébé, mais qu'elle a refusé pour je ne sais quelle raison... La jeune fille a alors confié l'enfant à une gardienne, mais un incendie s'est déclaré dans la maison, et le bébé et la gardienne ont péri dans les flammes. Depuis, cette femme se sent coupable de la mort de sa petite-fille. Peu après le drame, elle a ressenti un malaise dans le bras. La douleur n'a fait ensuite qu'empirer.

Remariée depuis trois ans, elle n'a jamais raconté ce drame à son mari. Je m'efforce d'expliquer à cette femme, toujours plongée dans un sommeil hypnotique, qu'elle n'est pas responsable, qu'elle doit évacuer ce sentiment de culpabilité, qu'elle a fait ce qu'elle croyait devoir faire à ce moment-là. Puis je la réveille. Elle n'a aucun souvenir de ce qu'elle vient de raconter.

– Est-ce que vous souffrez toujours ?

Tout éberluée, elle ouvre et referme plusieurs fois sa main.

– Non, tout est normal.

De nouveau ils se confondent en remerciements, puis ils partent. Ils ne sont jamais revenus frapper à ma porte ; j'imagine que la femme a été guérie pour le reste de ses jours...

\*  \*
\*

Après une telle expérience, j'ai été un moment tenté de pousser plus loin l'exploration des possibilités offertes par l'hypnose. Après tout, quoi de plus satisfaisant que de pouvoir soulager les gens et leur faire plaisir? Mais une chose m'arrêtait: je n'avais aucune connaissance médicale particulière. Guérisseur par hypnose, cela sentait un peu trop le charlatan, à mon goût.

Quant à Monsieur Hyp, ses tribulations me fatiguaient.

J'ai donc choisi de ranger son costume dans un placard. J'en ai pourtant retenu un enseignement qui m'est toujours utile aujourd'hui quand je prépare un gag de *Surprise sur Prise*: pour qu'une mystification soit réussie, il suffit bien souvent de conditionner les «victimes». Mettez-vous un turban sur la tête, prenez un nom exotique, faites répandre la rumeur selon laquelle vous êtes le plus grand hypnotiseur du monde, et vous pourrez endormir les gens comme par enchantement. Contrairement à ce que laisse croire le dicton, l'habit peut faire le moine.

# Chapitre 9

Était-ce le désir soudain d'une situation établie et respectable? Ou bien l'influence de ma rencontre avec l'étrange avocat new-yorkais Jerry Gayle? Quoi qu'il en soit, en 1973, revenu de mes rêves d'architecte et lassé de mes aventures d'hypnotiseur, j'ai décidé d'entreprendre des études de droit. À trente-trois ans, j'estimais qu'il était temps de mettre un terme à ma vie de bohème. J'en avais assez de faire des coups d'argent dans le seul but d'aller ensuite me chauffer au soleil. Il me fallait une plus haute ambition: j'allais devenir avocat.

Je me suis donc inscrit à l'université, où j'ai côtoyé des gamins de vingt ans, alors que j'avais une expérience de vie plutôt avancée. D'emblée, les professeurs n'ont pas pu me supporter: il faut dire que je les corrigeais constamment, dénonçant la théorie par la pratique. Mais j'ai tenu jusqu'à la fin de l'année. Les vacances venues, j'ai décidé d'aller me dégourdir les jambes et l'esprit à Paris, où je n'étais pas retourné depuis trois ans, depuis que j'avais claqué la porte de Matra et celle de mon copain Tortora.

Je pars donc pour un séjour de trois semaines, avec six cents misérables dollars en poche. Par habitude plus que par nostalgie, je retourne m'installer rue Ordener, dans le XVIIIe arrondissement, mais cette fois dans un hôtel charmant, l'Éden. Manque de chance, intoxiqué par des huîtres, je passe le plus clair de mon temps au lit. J'en profite pour réfléchir: c'est bien beau de vouloir devenir avocat, c'est bien beau aussi l'hypnose, l'hôtellerie, les discothèques, la vente de voitures, les conférences, mais est-ce que je ne serais pas en train de m'éparpiller dangereusement ? J'ai fait des tas de choses dans ma vie, mais en réalité je n'ai encore rien fait, et voilà que j'ai trente ans passés. Certes, j'ai connu des périodes de faste, mais quand je rentrerai au Québec, à Granby, je n'aurai même pas de quoi payer mon loyer ; j'ai une voiture abominable, une vieille Pontiac 59 que j'ai payée 90 dollars et qui a un trou dans le plancher, un vrai celui-là. Je ne peux la démarrer qu'en siphonnant de l'essence avec un tube en caoutchouc pour l'injecter dans le carburateur. Même qu'il faut recommencer l'opération dès que le contact a été coupé. Une fois sur deux, j'avale une gorgée d'essence ; j'en ai la nausée rien que d'y penser...

Bref, il faudrait décider d'une direction à suivre et m'y tenir. Dans le fond, ce qui me plaît le plus, c'est encore la radio. C'est pour cela que je me sens le plus doué. D'un autre côté, je sais par expérience qu'à moins d'être vedette, on y gagne peu d'argent et on ne s'y amuse pas plus que ça : donner l'heure, les bulletins météo et les numéros gagnants de la loto, j'en ai déjà soupé. L'idéal, ce serait donc de trouver quelque chose qui me distingue, et qui inévitablement me fasse connaître...

Je suis allongé sur mon lit, rue Ordener, quand tout à coup il me vient une idée. C'est tout bête : je me confectionne un personnage de pince-sans-rire, je me promène dans la rue avec un micro, j'arrête les gens, je leur pose des questions complètement saugrenues, mais avec le plus grand sérieux. J'enregistre les réponses et je les passe à la radio. Les recettes les plus simples sont les meilleures. Dans mon enthousiasme ou dans le délire de mon intoxication alimentaire, j'écris une carte postale à un ami : «Je viens de trouver l'idée qui va me rendre riche pour le reste de mes jours.»

De retour au Québec, je médite encore une semaine sur la question. De toute façon, il faut que je me secoue, parce que mon propriétaire me réclame le loyer en retard. J'use de mon pouvoir de persuasion pour obtenir quelques jours de délai. Un après-midi où je tourne en rond chez moi, j'ouvre une revue qui traîne sur une table. Je tombe sur une citation de Gœthe qui dit, en substance: «Si tu crois en quelque chose, et que tu as envie de le faire, eh bien, jette-toi à l'eau.» Je referme le magazine.

Cinq minutes plus tard, je franchis la porte, direction la station de radio de Granby, où j'aborde le chef technicien.

– Pourrais-tu me prêter un magnétophone et un micro portant les lettres d'identification de la station?

Pour que mon plan fonctionne bien, il faut en effet lui donner un caractère officiel. Le gars est plutôt réticent, mais je finis par le convaincre, en lui promettant de tout rapporter le soir même. Je cours alors vers un centre commercial où je me mets à interviewer les gens sur un sujet complètement idiot, mais avec le plus grand sérieux du monde.

– En creusant le métro sous le mont Royal, on a trouvé une mine de fromage. Faut-il détourner les travaux ou exploiter la mine?

– Eh bien, ça dépend. C'est quelle sorte de fromage?

Autant dire que le résultat dépasse mes prévisions. Les réponses sont invraisemblables. J'interroge une dizaine de personnes sur ce sujet, puis je passe à un autre. Très satisfait, je retourne chez moi, et avec un second magnétophone, je réalise le montage de trois petites émissions de deux minutes chacune, qui me semblent très drôles. À coup sûr je vais faire un malheur... Me voilà reparti.

Plutôt que de vendre mon idée à la station de radio de Granby, où je risque d'obtenir très peu, je décide d'aller la proposer à Montréal. Je démarre ma vieille Pontiac d'un coup de siphon, et en route pour la gloire. Chaque fois que je m'arrête à un poste de péage, le moteur s'étouffe, je suis obligé de descendre pour aspirer une gorgée d'essence, d'ouvrir le capot, et ainsi de suite. Derrière moi, les automobilistes s'impatientent, les klaxons retentissent, puis tout le monde repart. J'ai beau crachoter, j'ai l'haleine qui empeste l'essence.

En chemin, j'écoute mon enregistrement: d'abord je le trouve hilarant, la deuxième fois je me dis que c'est complètement idiot. Je réécoute la cassette en continu: alternance de rire et de doute.

À vrai dire, je ne sais même pas où je vais. Puis je me souviens de Jacques Dufresne qui, à mes débuts, m'avait engagé à la station de radio de Saint-Hyacinthe. J'ai appris qu'il est alors directeur des programmes à CJMS, la station où j'ai travaillé dix ou douze ans plus tôt, avant de me faire virer. Je décide de commencer par là. Je me présente à la réception de CJMS, très désinvolte et au-dessus de mes affaires, au moins en apparence. Je n'ai aucun rendez-vous, mais je demande à voir Jacques Dufresne comme si c'était un copain de toujours. Heureusement pour moi, il a la gentillesse de me recevoir.

– Marcel, ça fait longtemps qu'on ne t'a pas vu... Quel bon vent?

Je lui explique que j'ai une émission dont je pense qu'elle pourrait avoir beaucoup de succès, mais que d'un autre côté, je me trompe peut-être, parce que c'est assez nouveau... Je vends si bien ma salade que Dufresne finit par me demander:

– Combien de temps ça dure ton montage?

– Cinq ou six minutes.

– Alors arrête de t'énerver, on va l'écouter. Peut-être que c'est une trouvaille, peut-être que c'est bon pour la poubelle. Si c'est mauvais, j'aurai perdu cinq minutes et toi tu passeras à autre chose.

Marché conclu. Nerveux, je le regarde installer le ruban sur le magnétophone. Il écoute mon montage dans le plus grand silence, sans rire une seule fois. Je commence à m'agiter sur mon fauteuil...

– C'est fini? demande-t-il. Est-ce que tu en as d'autres?

– J'en ai deux... deux autres.

Il lance la deuxième bande, toujours le même visage impassible. Et moi qui avais mis tant d'espoirs dans cette idée! Puis Dufresne arrête le magnétophone.

– Qui sont les gens qui parlent? C'est des copains à toi, c'est des comédiens?

– Non, non, c'est des gens pris au hasard dans la rue.

– T'es sûr? Parce que dans ce cas, c'est vraiment bon. C'est même excellent.

Ravi, je pousse un soupir. Il aurait pu le dire plus tôt, non?

– Bon, maintenant attends-moi, je vais soumettre ça au patron.

Une heure plus tard, je suis reçu dans le bureau de M. Bazinet, le grand patron de CJMS, qui a une réputation de tyran.

– Si vous voulez mon avis, me dit-il sur un ton bourru, vos bandes, ça vaut rien. Mais mon directeur de programme me dit que c'est bon, alors je veux bien lui faire confiance. Je vous en donne cent dollars par semaine.

– Cent dollars par semaine? Vous plaisantez? J'habite à Granby, j'ai une vieille voiture qui me coûte cher...

– Oui, mais ton truc, ce n'est jamais que deux minutes par jour...

– Deux minutes par jour? Mais moi je passe toute la journée à travailler! Je dois pondre les questions, interviewer les gens, faire le montage... Cent dollars par semaine, personne ne gagne si peu.

– C'est à prendre ou à laisser. Si tu es d'accord, tu reviens à quatorze heures et on signe le contrat.

J'entre alors dans la première cabine téléphonique et j'appelle la station concurrente, CKAC, où je demande à parler au directeur du réseau. Absent. Le directeur local? On me met en communication avec un certain Pierre Robert.

– Écoutez, j'ai une émission formidable, que d'ailleurs CJMS veut m'acheter, mais avant d'accepter, j'aimerais avoir votre opinion.

– Je suis très occupé, puis il est midi, je m'en vais manger.

– Vous allez passer à côté de quelque chose...

J'insiste tellement qu'il finit par me dire de venir immédiatement. Renonçant à démarrer ma vieille Pontiac, je saute dans un taxi, sans argent. Arrivé devant CKAC, je demande au taxi d'attendre, et je vais rencontrer Pierre Robert, un gars qui a l'air sympathique. Il écoute mes bandes, il les trouve amusantes:

– Ce serait combien?

– Je voudrais trois cents dollars par semaine.

– Trois cents! Combien on vous en offre à CJMS?

– Deux cent cinquante.

Il me regarde comme si j'étais un fou dangereux.

– Si quelqu'un est prêt à donner autant pour ces bandes, n'hésitez pas, sautez sur l'offre.

Mon coup de bluff manqué, il ne me restait plus qu'à repartir en maugréant: «Toi, mon bonhomme, un jour tu vas me revoir.» Je ne me trompais pas puisque Pierre Robert est aujourd'hui mon associé. Mais je suis remonté dans mon taxi et à deux heures, j'ai revu Bazinet comme c'était prévu.

– Cent dollars, c'est impossible, lui ai-je dit. Donnez-moi cent vingt-cinq dollars et j'accepte. À une autre condition, toutefois, c'est qu'à l'instant même, vous me donniez une avance de trente-cinq dollars.

Il a protesté un peu, à croire que je lui ôtais le pain de la bouche. Finalement, il s'est rendu à mes conditions mais, intrigué, il m'a demandé:

– Pourquoi trente-cinq dollars?

– Parce que je dois payer le taxi qui m'attend en bas...


Je suis rentré à Granby avec un emploi. En fait, je n'étais pas à proprement parler engagé par la station; je tenais à ce qu'on me donne un contrat qui me laisse la propriété de mon produit. En somme, parce que je voulais protéger mes idées, je suis devenu le premier producteur indépendant à la radio québécoise.

J'ai appelé mon émission *Le monde à l'envers*. Durant les mois d'août et de septembre, j'ai enregistré mes capsules dans la rue ou dans le métro, et au fur et à mesure je les faisais écouter à Jacques Dufresne qui m'encourageait vivement.

L'idée, c'était de prendre un point de départ vraisemblable, ou au moins un fait connu, auquel chacun pouvait se référer. Ainsi, tout le monde au Québec connaît le frère André, qui paraît-il faisait des miracles, et dont le cœur est conservé dans un bocal, à l'oratoire Saint-Joseph. Moi, dans la rue, en complet-cravate, très poli, j'arrêtais les gens, je leur mettais sous le nez mon micro portant le logo de la station et je leur disais :

– Vous suivez l'actualité politique ? Que pensez-vous de l'échange culturel que le Québec veut établir avec la France ?

– Oui, c'est une bonne chose...

– Oui, mais savez-vous qu'ils veulent échanger le cœur du frère André contre la langue de Molière ?

Aussitôt, par association d'idées, les gens imaginaient la langue du dramaturge flottant dans le formol. Cela donnait lieu à des réponses cocasses. Certains trouvaient qu'on y perdait au change et au poids ; d'autres, pour être allés à Paris, se souvenaient d'avoir vu le petit doigt de saint Antoine, mais jamais la langue de Molière.

Ou bien j'annonçais aux passants qu'on allait désormais chauffer nos hôpitaux avec la fièvre des malades. J'exposais mes arguments avec logique, j'expliquais que toute chaleur s'élève, et qu'elle pourrait donc être emmagasinée au-dessus des patients ; on pourrait réaliser ainsi de substantielles économies. Ou bien les hôpitaux étaient tellement congestionnés qu'à l'avenir on allait y utiliser des lits à deux étages. Les embûches étaient plus ou moins drôles, selon mon inspiration du jour, mais ce sont les réponses qui faisaient toute la saveur du *Monde à l'envers*. En posant la question habilement, tout devenait possible.

Par exemple, je prétendais que, pour gagner un peu d'argent, les services publics proposaient d'aménager le tunnel Louis-Hippolyte-LaFontaine en lave-auto.

– Mais comment ça peut fonctionner ?

– Dans le tunnel, on est sous l'eau. Il suffirait d'avoir quelques jets, on ferait des trous pour laisser passer l'eau qui laverait la voiture.

– Oui, mais pour la sécher ?

– On n'aurait qu'à accélérer une fois rendu à la moitié du tunnel.

– Ah oui, c'est pas bête...

Le soir, chez moi, je faisais le montage de mes émissions. Et au début d'octobre, on lançait *Le monde à l'envers* sur les ondes. Ma capsule de deux minutes passait trois fois le matin, entre six heures et neuf heures, et trois fois le soir entre seize heures et dix-huit heures. Premier jour, deuxième jour, troisième jour... Les gens s'étonnaient, ils trouvaient l'émission complètement loufoque. Au bout de trois mois, ce fut le succès humoristique de l'année... Tout le monde ne parlait que du *Monde à l'envers* de Marcel Béliveau.

Une dame interviewée dans la rue m'avait répondu:

– Mais c'est complètement «faferlu», vos questions!

– Pardon?

– Je dis, c'est «faferlu»!

J'en avais fait le leitmotiv de l'émission. Chaque fois que quelqu'un donnait une réplique amusante, on entendait cette dame qui s'exclamait, presque outrée: «C'est faferlu, complètement faferlu!»

Au bout de trois mois, M. Bazinet me fit venir.

– Marcel, ça marche bien, il faut renouveler le contrat.

– D'accord, mais pas au même prix.

Il était tellement dur en affaires que j'avais pris un avocat pour défendre mes intérêts. J'ai obtenu trois cents dollars par semaine, salaire confortable à l'époque. Mais Bazinet voulait que les cassettes demeurent leur propriété. J'avais fini par le détester, lui et ses manières autoritaires. Un jour, il me présente un contrat:

– Tiens, on a tout préparé, ton avocat l'a vu. T'as qu'à signer.

Je m'apprête à lire le document.

– Non, non, puisque je te dis que tout est en règle. Signe!

Je prends mon stylo et au-dessous de la mention «Lu et approuvé» j'écris: Merci Beaucoup – avec deux lettres majuscules comme dans Marcel Béliveau.

Satisfait, Bazinet s'empresse de ramasser le contrat, et le range précieusement dans un classeur.

\* \*
\*

Tous les jours, avant de me rendre au travail, j'allais prendre mon café en face de la station, au terminus Voyageur. Un matin, je me pointe avec mon petit magnétophone en bandoulière, et à la main mon microphone au logo de CJMS. Je me plante au comptoir, et la serveuse qui vient prendre ma commande remarque mon attirail:

– Ah, vous êtes reporter à la radio?

C'est une femme entre deux âges, un peu ronde, les pommettes rouges.

– Oui, en effet.

– Et qu'est-ce que vous faites ici ce matin?

– Je fais une enquête.

J'ai répondu au petit bonheur, sans penser à mal, simplement parce que je trouvais ça plus intéressant que de lui dire: «Je viens boire un café.»

– Une enquête? Quelque chose d'important?

Quand le poisson mord à l'hameçon, il faut bien le ferrer.

– Tout à fait entre nous, lui dis-je en me penchant au-dessus du comptoir, il paraît qu'il va y avoir un hold-up ici même ce matin.

– Vous êtes sérieux ? s'exclame-t-elle avec un mouvement de recul.

Je confirme en hochant gravement la tête.

– Mais comment pouvez-vous savoir à l'avance qu'un hold-up va avoir lieu ?

– Vous savez, de plus en plus souvent, avant de commettre leur forfait, les malfaiteurs préviennent un journaliste au cas où ils auraient besoin de négocier avec la police. Hier, j'ai reçu un appel d'un gangster qui m'a dit : «Demain matin, je vais braquer le restaurant du terminus Voyageur, je veux qu'un reporter soit témoin.» Alors me voici...

– C'est dangereux ?

– Oh, non, je ne pense pas. Il compte juste emporter l'argent de la caisse. Un hold-up, ce n'est jamais qu'un hold-up, et il faut bien que ce gars-là gagne sa vie comme tout le monde.

– Vous le connaissez personnellement ?

– Non, je ne fréquente pas ces gens-là.

– Alors comment vous allez faire pour le reconnaître ?

– Il m'a donné son signalement. Il doit porter une chemise à carreaux et une casquette.

– Oh là là, je me sens toute retournée rien que d'y penser ! Si vous le voyez arriver, vous me prévenez, parce que moi, les hold-up, je trouve pas ça drôle.

– Surtout ne le dites à personne. Il ne faut pas créer la panique. Je vous ai raconté ça parce que vous m'avez posé la question, mais j'aurais peut-être mieux fait de me taire.

– Non, non, je vais faire comme si je ne savais rien.

Curieusement, il suffit d'inoculer une donnée dans une situation quelconque pour que la réalité semble concorder et revêtir un aspect étrange. Balayant la salle d'un regard anxieux, la serveuse aperçoit ses deux patrons en train de discuter, plus loin.

– Vous avez raison, me souffle-t-elle. Regardez, les deux messieurs qui sont debout près de la colonne, là-bas, ce sont les patrons. Probablement qu'ils s'attendent à quelque chose.

– C'est fort possible...

Entre alors un policier. La serveuse me glisse :

– Ah, et en plus, la police est là, sûrement que tout est organisé.

Elle va prendre la commande du policier, qui s'étonne des clins d'œil appuyés qu'elle lui adresse. Les minutes passent, la pauvre dame est de plus en plus nerveuse, elle court d'un bout du comptoir à l'autre, dépose les tasses en tremblant et laisse brûler les toasts. À tout moment, elle m'interroge d'un regard furtif... Non, toujours rien à l'horizon.

Et tout à coup entre un gars plutôt costaud, en chemise à carreaux et casquette. La serveuse me tournait alors le dos, occupée à servir un café. Je lui lance :

– C'est lui. Il est derrière vous !

Poussant un cri d'effroi, elle lâche la cafetière comme si elle venait de se brûler et plonge derrière le comptoir qu'elle longe, à quatre pattes, en direction des cuisines. Je la vois déguerpir dans la salle avec toute la vitesse dont elle est capable. Le policier, les clients et les deux patrons interrompent leur déjeuner ou leur conversation pour suivre avec perplexité la trajectoire de cette femme qui galope entre les tables en tricotant furieusement des bras et des jambes. Quelle mouche a donc piqué la serveuse ? Sans ralentir, produisant un bruit sourd, elle fonce tête baissée dans les portes battantes de la cuisine et disparaît, laissant tout le monde estomaqué.

L'air de rien, j'ai fini mon café, j'ai ramassé mes affaires tranquillement et je suis sorti... Pendant les semaines qui ont suivi, j'ai évité le restaurant du terminus Voyageur.

* *
*

*Le monde à l'envers* continuait à marcher très fort. J'avais obtenu l'aide d'un technicien, et une hôtesse m'accompagnait dans la rue et abordait les gens :

— Accepteriez-vous une entrevue pour la radio ?

Elle me les amenait et je posais mes questions pièges. Tous les jours, il me fallait trouver une astuce nouvelle. Jacques Dufresne s'inquiétait pour moi :

— Mais Marcel, qu'est-ce que tu vas prendre comme sujet pendant les six prochains mois ?

Je n'osais pas lui dire que je savais à peine ce que j'allais faire pour le lendemain... Mais l'émission allait si bien que je me disais qu'il valait mieux en profiter tant que ça durerait. Je réclamai donc plus de sous auprès de mon patron, qui commença à trouver que j'ambitionnais sur le pain bénit. M. Bazinet me fait venir :

— Combien tu veux ?

— Je veux cinquante mille dollars par année.

C'était plus que le triple de ce qu'il me donnait.

— Tu as perdu la tête ? Personne, même notre meilleur animateur, ne gagne une telle somme. Jamais.

Je menace de m'en aller, et à force de négocier, nous parvenons à une solution. Je vais devenir le *morning man*, dans une station du réseau CJMS à Québec, avec un salaire de vingt mille dollars. J'obtiens d'un commanditaire une participation de dix mille dollars par année. Et je toucherai enfin vingt mille dollars pour *Le monde à l'envers*. Me voilà rendu à cinquante mille.

À l'époque, c'était presque la fortune. En tout cas, à en juger par la tête du directeur de ma banque, qui quelques mois auparavant me faisait les pires menaces, ma position sociale avait fait un drôle de bond...

\* \*

\*

Mon arrivée à Québec coïncidait avec le lancement par la station de sa nouvelle grille de programmes. On avait organisé dans un hôtel chic une grande soirée de gala, à laquelle étaient conviés un bon nombre d'artistes et de célébrités québécoises.

Avec l'accord de mon nouveau patron, je décide de profiter de l'occasion pour monter une petite mystification qui reposait sur le fait que même si mon nom commençait à circuler, mon visage restait complètement inconnu. À l'époque, on sortait à peine des manifestations du Front de libération du Québec et il était plus mal vu que jamais de parler anglais. Je me déguise donc en maître d'hôtel, chargé d'accueillir les invités, mais je baragouine un français affreux, avec un fort accent anglais. Cette entrée en matière a le don de prendre à rebrousse-poil les patriotes les plus militants, qui s'étonnent de trouver un employé anglophone dans ce prestigieux hôtel de la capitale. D'autant plus que cet individu se montre extrêmement déplaisant, se permettant même de ne pas reconnaître les vedettes les plus établies :

– Qui vous êtes ? Je ne pas avoir votre nom *on the list*... Et puis, ta tenue vestimentaire n'est pas *appropriate*. Je vais placer vous derrière la colonne, pour que personne voir vous.

Je me montre si arrogant et désagréable que tout le monde n'a qu'une envie, m'abîmer le portrait. Dans la salle, une fois les invités attablés, je continue mon odieux manège. Une grande dame de la chanson m'appelle :

– Garçon, apportez-moi un scotch je vous prie.

– Madame, tu as des jambes comme moi. Si tu es soif, tu te lèves et tu vas chercher whisky.

La chanteuse s'offusque de ce langage :

– Comment? Dans un grand hôtel, les serveurs ne se permettent jamais de me parler sur ce ton... Je veux voir le patron.

– C'est moi le *boss* ici. Tu vois personne.

– Mais vous savez qui je suis?

– *I don't give a damn*, je me fiche, le monde, c'est le monde. Toi chanteuse, moi serveur, je gagne ma vie, tu gagnes ta vie. Si pas contente, *go home.*

J'ai ainsi dressé toute l'assistance contre moi. Avant de prendre une commande à une table où étaient réunies quelques personnalités du monde politique, je demandais :

– Combien vous allez me donner pourboire? Je ne pas travailler pour des *peanuts.*

– Il exagère, le gars, il veut être payé avant.

– C'est ça, c'est des gens comme vous qui font gagner mal ma vie.

Le type riait jaune et sortait un dollar.

– Tu peux mettre un autre.

Je m'approchais d'un monsieur en train de fumer, je lui tapotais l'épaule.

– Je vois vous mettre la cendre par terre, vous n'être pas chez vous ici, je vais poser cendrier par terre pour vous parce que vous êtes mal *educated...*

205

La personne visée s'emballait, puis faisait mine de céder aux appels au calme lancés par ses amis. Il n'y avait pas un invité dans la salle qui n'aie envie de me poignarder. Au point qu'un des responsables de la station vint me mettre en garde :

— Marcel, tu en mets trop, les gens ont envie de te tuer... Arrête parce que j'ai entendu le type debout là-bas dire que si tu lui fais encore une réflexion, il va te casser la gueule.

— Ah oui, lequel ?

Je vais voir le gars, décidé à le pousser à bout.

— Monsieur ne pas être content du service ? Monsieur qui ne sait pas vivre veut faire loi ici ?

Je le sens qui fulmine intérieurement.

— Écoute, lui dis-je, tu t'assois tranquille ou tu viens avec moi par petite porte derrière, dans la ruelle ; moi je suis ceinture noire de judo, je vais relever mes manches et je vais donner une bonne raclée à toi.

Et le type s'est assis, bien qu'il fût plus costaud que moi. J'étais fasciné de voir les gens s'écraser ainsi, simplement parce que j'avais une grande gueule et de la détermination.

Pendant ce temps, la soirée avançait, on procédait à la présentation des animateurs. Il restait à faire connaître le *morning man*, c'est-à-dire moi. Pendant que le maître de cérémonie prononçait quelques mots d'introduction, je me suis approché de la scène en portant un plateau chargé de verres et au moment de monter sur l'estrade, j'ai fait semblant de trébucher sur la marche et je me suis étalé de tout mon long.

Les gens se sont levés comme un seul homme et se sont mis à rire et à saluer ma chute en applaudissant. Ils se trouvaient vengés. Puis on m'a présenté comme *morning man* et toute la supercherie a éclaté au grand jour. Comprenant qu'ils avaient été manœuvrés les gens se détestaient de ne pas m'avoir mis plus tôt leur poing dans la figure. Mais, beaux joueurs, ils ne m'en ont pas gardé rancune, peut-être même en ont-ils tiré une petite leçon personnelle. Quant à moi, j'ai abandonné mon accent anglais pour leur souhaiter la bienvenue.

*　*<br>*

Après cette inauguration, j'ai travaillé à Québec pendant tout l'automne, mais ce n'était pas gai, il y avait beaucoup trop de neige à mon goût. J'animais l'émission du matin, de six heures à neuf heures, puis je partais avec mon magnétophone vers les centres commerciaux où j'enregistrais mes capsules. Je demandais aux passants ce qu'ils pensaient du projet d'un nouvel annuaire téléphonique, avec des photos des abonnés, en noir et blanc ou en couleurs. Ou bien je leur parlais d'une piste d'atterrissage souterraine, à cause des intempéries; les avions entreraient par une brèche. J'étais parfois surpris, voire choqué, de constater que les gens marchaient, mais le résultat était plutôt amusant. Le vendredi et le samedi, j'allais faire des annonces publicitaires pour mon commanditaire, un grand magasin de vêtements de Québec.

Mais je m'ennuyais tellement que quelquefois le matin à neuf heures, après mon émission, je filais aussitôt à l'aéroport, je partais pour Montréal où je passais la journée à faire mes enregistrements pour *Le monde à l'envers*. Le soir, je revenais à Québec.

En fait, ce qui me déplaisait le plus, c'était que j'étais en butte aux chicanes de l'administration de la station. En dépit du succès de l'émission, j'étais toujours à couteaux tirés avec les patrons. On me reprochait de garer ma voiture dans les emplacements réservés aux clients, ou bien on m'interdisait de fumer dans les locaux. Moi qui grillais deux paquets de gitanes par jour, c'était le genre de mesure qui me hérissait. J'ai décidé d'ignorer les rappels à l'ordre. Nous allions ainsi de disputes en querelles. De plus, les dirigeants me reprochaient d'avoir une mauvaise influence sur les autres employés de la station en les incitant à ne pas courber l'échine. Les patrons me voyaient de travers; je revendiquais toujours quelque chose, je défendais mes droits...

Au mois de janvier, mon supérieur me fait finalement venir dans son bureau pour m'exposer ses griefs. Mon sang ne fait qu'un tour:

– À partir de tout de suite, je vous quitte, ça ne m'intéresse plus de passer mon temps à me disputer pour des peccadilles. Si on ne travaille pas dans le plaisir, ce n'est pas la peine... Moi, je m'en vais.

Il va chercher le directeur de la station:

– Béliveau veut nous lâcher aujourd'hui même...

– Non, non, c'est pas possible, on va appeler le grand patron à Montréal.

Il décroche le téléphone, appelle Bazinet, parlemente un moment.

– Béliveau, le grand patron veut te parler.

Je prends le combiné:

– Allez au diable!

Et je raccroche aussi sec.

– Quoi, tu as osé parler comme ça au patron?

Les laissant atterrés, j'appelle Pierre Robert, directeur à CKAC et je lui dis que je veux le voir le lendemain.

– C'est terminé à CJMS, lui annoncé-je. Alors, si vous voulez de moi à CKAC, c'est maintenant; quarante mille dollars pour *Le monde à l'envers*, et je ne fais que ça.

Pierre Robert décide de m'engager. Mais M. Bazinet réagit aussitôt, refusant de lâcher le morceau aussi facilement.

– Tu as un contrat signé en bonne et due forme, qui t'empêche de travailler pour une autre station.

– Quel contrat?

Voyant que je fais la sourde oreille, Bazinet entame une procédure judiciaire. Les avocats de CKAC prennent ma défense contre ceux de CJMS. Et on se retrouve tous au tribunal. Avant de passer devant le juge, je demande à mon avocat:

– Vous avez bien regardé le contrat? Sous la mention «Lu et approuvé»?

– Ah, mais qu'est-ce que c'est? C'est signé «Merci Beaucoup»! Ce contrat n'a aucune valeur juridique!

Il s'empresse auprès de l'avocat de la partie adverse:

– Je vous conseille d'abandonner tout de suite votre plainte, parce que vous n'avez pas de contrat. N'importe qui aurait pu signer «Merci Beaucoup».

La rage au cœur, les autorités de CJMS ont été obligées d'abandonner les poursuites. Ridiculisé, Bazinet en aurait mangé son chapeau. Il m'a alors juré:

– Je vais t'écraser, je vais t'empêcher de vivre! Tu vas te retrouver à la rue, tu vas me demander un emploi, et je t'enverrai paître...

J'ai alors écrit à toutes les stations de radio de Québec: «Voulez-vous diffuser *Le monde à l'envers*?» Tout le monde connaissait l'émission et les réponses ont été positives à 98 %. J'ai fait une fortune instantanée: j'étais producteur indépendant, je vendais mon émission à quarante-sept stations qui me payaient la modique somme de cent dollars par semaine chacune; multiplié par le nombre de stations, cela faisait presque cinq mille dollars par semaine !

Mon nouvel employeur, CKAC, n'a pas vu la manœuvre d'un très bon œil, puisqu'il perdait l'exclusivité. En fait, j'ai été le premier à la radio à forcer les portes, à me défendre en cour, à engager des avocats pour dire que c'étaient mes idées et qu'elles m'appartenaient. J'ai gagné sur toute la ligne. Les gens de CKAC ne se sont pas obstinés, l'affaire était déjà en marche. Et cela a duré quatre ans, jusqu'au jour où j'ai eu envie d'aller voir ailleurs... comme d'habitude.

# Chapitre 10

Deux ans environ après notre altercation à propos de l'alunissage «truqué» des Américains, j'ai vu débarquer au Québec mon copain Tortora, l'ex-future vedette du café Édouard-VII, qui venait tenter sa chance au Nouveau Monde. Il a d'abord travaillé comme mécanicien puis, même sans diplôme, il s'est trouvé un poste de professeur de mécanique à Granby. Pendant les fins de semaine, pour se distraire, il participait à des courses automobiles pour amateurs, ayant mis au point une voiture dont le moteur gonflé expirait régulièrement. Dans ces cas-là, comme je vivais grassement grâce au *Monde à l'envers*, Tortora venait gentiment m'emprunter de l'argent :

– Marcel, il faut que tu m'aides : on a une course dans trois jours et on a bousillé le moteur pendant les essais.

– Je ne peux pas t'acheter un moteur toutes les semaines. Moi, j'adore le golf, est-ce que je te demande de remplacer mes clubs cassés ?

Je le dépannais quand même, en rechignant, parce que la course automobile, moi, ça ne m'intéressait pas, mais alors vraiment pas. Pourtant, parce que c'était l'occasion d'une virée entre copains, je me laissais souvent convaincre d'accompagner Tortora sur les circuits à travers le Québec.

Je m'étais moi-même offert un caprice, un gros autobus de tourisme à impériale que j'avais fait transformer en caravane, avec salon, chambre, cuisine et salle de bains.

211

Cette petite folie m'avait coûté les yeux de la tête, mais rien ne m'amusait plus que d'aller travailler à CJMS juché derrière le volant de mon propre autobus. Souvent, à un feu rouge ou à un arrêt d'autobus, quelques personnes distraites me faisaient signe, je m'arrêtais, obligeant, et je leur ouvrais la porte. Ces gens montaient sans m'adresser un mot, et allaient s'installer sur un divan, à peine surpris par le confort intérieur. Lorsque je me garais devant CJMS, face au terminus d'autocars, certains passagers descendaient tranquillement, d'autres se souvenaient qu'ils n'avaient pas payé, d'autres encore me prenaient à partie, me reprochant de ne pas avoir respecté l'itinéraire. À ceux-là, je faisais froidement remarquer qu'ils auraient pu s'informer au moment de monter, au lieu d'ignorer le chauffeur.

Pendant les fins de semaine, Tortora et moi embarquions femmes et enfants dans la caravane et nous partions sur les routes du Québec, de l'Ontario ou même des États-Unis pour assister à une course de voitures. Notre vitesse maximale ne dépassait pas les 85 kilomètres à l'heure, mais nos expéditions avaient un parfum d'aventure.

Une année, au moment de Noël, j'ai eu l'idée de me rendre ainsi jusqu'en Floride. Le jour du départ, j'étais à peine sorti de Montréal que la maudite caravane tombe en panne. Je la fais remorquer jusqu'au garage le plus proche où le mécanicien en chef décrète après examen que c'est le *flywheel* qui est mort. Je me garde bien de contester, je ne savais même pas que j'en avais un, *flywheel*. La seule question qui m'intéresse, c'est:

– Pouvez-vous réparer?

– Oui, mais c'est un travail de deux jours, à dix heures par jour: ça va coûter cher en pièces et en main-d'œuvre. Et puis de toute façon, c'est Noël, c'est fermé.

J'appelle à la rescousse mon copain Tortora à qui je raconte ma malchance.

– Il paraît que c'est le *flywheel*. Le garagiste me demande mille dollars et me dit que le travail demande deux jours.

– Quoi? Mais il faut à peine une heure pour remplacer cette pièce.

– Une heure? T'es sûr? Tu peux t'amener?

Accompagné de Tortora, je retourne m'entretenir avec le garagiste. Courtois, je lui explique que mon copain ici présent est mécanicien, et que, selon lui, les réparations devraient pouvoir sc faire en un peu moins de temps que le délai annoncé...

– C'cst un Français, bougonne le garagiste, il s'imagine qu'il connaît tout.

Je m'énerve un peu.

– Écoute bien, bonhomme, il est peut-être Français, mais c'est un excellent mécanicien. S'il te dit que ça prend une heure pour réparer ce *flywheel*, c'est que ça prend ne heure. Et toi, tu voulais m'escroquer.

– Ah, il peut le faire en une heure? éructe l'incriminé. Bouge pas.

Il attrape le téléphone et appelle la compagnie d'autobus de la ville pour demander combien de temps leurs mécaniciens mettent à changer un *flywheel*. Huit heures, lui dit-on. Il raccroche, arborant un large sourire satisfait, comme un joueur de poker abattant quatre as.

– Voilà, ce sont des spécialistes, ils ne font que ça, ils sont bien équipés, et il leur faut une journée.

Il commence à m'ennuyer, le garagiste.

– Je te gage mille dollars que mon copain le fait en une heure.

– D'accord.

– Tu lui prêtes les outils, on met le véhiculc dans le garage...

– Pas question, vous vous arrangez comme vous voulez, je ne m'en mêle pas.

Tortora et moi avons acheté toutes les pièces nécessaires et nous avons remorqué l'autobus jusque chez moi, suivis par le garagiste dans son gros quatre-par-quatre. Il faisait un froid de canard, le thermomètre était à vingt-deux au-dessous de zéro. Resté bien au chaud dans sa voiture, le garagiste a déclenché son chronomètre. C'était parti !

Emmitouflé dans une combinaison de motoneigiste, Tortora s'est glissé sous la caravane et s'est mis au travail. Je me contentais de lui passer les outils en l'encourageant, un œil sur ma montre. En expert, il a enlevé la pièce défectueuse et remonté la neuve, tandis que l'autre fripouille surveillait son chrono. Au bout de cinquante-huit minutes exactement, Tortora a resserré le dernier boulon. Nous sommes tombés dans les bras l'un de l'autre et avons fait le V de la victoire. Mauvais joueur, le garagiste a embrayé et a mis les voiles sans nous remettre les mille dollars du pari.

À vrai dire, cet autobus ne m'a apporté ensuite que des ennuis. Un jour où il m'avait encore lâché net, je l'ai laissé au bord de la route en me promettant de revenir le lendemain. Au bout d'une semaine, je n'avais toujours pas trouvé le temps de m'en occuper. Grâce à l'immatriculation, la Sûreté du Québec a pu me joindre et m'a demandé de déplacer mon véhicule, sous peine d'amende. J'ai chargé un garagiste de le faire, mais quand il est arrivé sur les lieux, l'autobus avait disparu. J'ai appelé la police, qui ne put rien faire. Volatilisé. Je m'étais fait voler mon jouet ; on ne l'a jamais retrouvé. Pourtant, diable, un autobus à impériale tout confort, on ne peut pas dire que ça passe inaperçu !

* *
*

214

Par l'entremise de Tortora, j'avais fait la connaissance de plusieurs personnes qui évoluaient dans le milieu de la course automobile. Il y avait ainsi un coureur qui devait jouir d'une jolie fortune personnelle, puisqu'il conduisait une superbe voiture de luxe. Un soir, il arrive chez moi à l'improviste alors que j'étais en compagnie d'un ami et d'un curieux bonhomme, conférencier, expert en phénomènes paranormaux et en extraterrestres. Je fais rapidement les présentations et nous descendons tous les quatre au sous-sol, où j'ai installé mon bureau, et dans cette atmosphère de caverne, la conversation s'engage sur les manifestations surnaturelles. Le spécialiste parle d'abondance et avec un enthousiasme communicatif, étayant sa démonstration par des exemples frappants. Tout à coup, le voilà qui sort de son sac un appareil photo et qui lance, sur un ton convaincu :

– Si l'un d'entre vous veut bien me nommer une personne qui est morte, je m'engage à faire apparaître son visage en prenant une photo là, sur le mur nu, et la personne morte sera visible sur le polaroïd.

Les trois novices que nous sommes échangent des regards perplexes. L'affaire paraît totalement invraisemblable et pourtant le gars a l'air sérieux, sûr de son coup. Pourquoi, alors que nous l'écoutions avec la plus grande attention, prendrait-il le risque d'être brutalement démenti par les faits ? C'est le coureur automobile qui le premier rompt le silence :

– Un instant, dit-il en se levant, attendez-moi deux secondes...

Il monte et sort ; par le soupirail nous l'entendons ouvrir puis refermer la portière de sa voiture. Il revient aussitôt s'asseoir à la table et pose devant lui un gros revolver, le genre d'engin qui m'inspire plus de terreur que de fascination et que j'ai toujours proscrit chez moi.

– Maintenant, dit-il en s'adressant au conférencier, vous allez prendre une photo sur le mur et vous allez faire apparaître ma grand-mère qui est morte l'an dernier.

Réaction immédiate de mon copain et moi :

– Mais pourquoi le revolver ?

Le pilote de course répond posément.

– Si ce type est capable de faire apparaître ma grand-mère sur un polaroïd, ici et maintenant, devant nous trois je me tire une balle dans la tête...

Il n'a pas l'air de plaisanter.

– C'est de la folie pure !

– Pas du tout. Ma grand-mère était la personne à laquelle je tenais le plus au monde, c'est elle qui m'a élevé... Si elle peut apparaître sur la photo, c'est qu'il y a une autre vie ; moi j'ai fait le tour de celle-ci, je suis prêt à faire le grand saut.

Nous voilà face à un terrible dilemme. Faut-il, oui ou non, laisser prendre la photo ? En mon for intérieur, j'essaie de me rassurer : il est absolument impossible que ce type, si fort soit-il, puisse faire apparaître le visage d'une morte sur un mur de brique. Mais d'un autre côté, s'il y avait un trucage quelconque ? Ou mieux, si c'était vrai ? Je peux bien miser tout l'argent du monde qu'il bluffe, mais est-ce que je suis prêt à laisser un homme jouer sa vie ? Parce que le pilote de bolide est suffisamment exalté pour donner suite à sa décision séance tenante ! En le regardant, je vois à quel point la situation l'excite. La tension est à son comble autour de la table, les yeux vont d'un protagoniste à l'autre, puis de l'appareil photo au revolver.

Soudain, déterminé, j'annonce :

– Finies les folies ; on arrête tout, ça suffit pour ce soir.

Coupant court aux protestations, je m'empare aussi sec du revolver, que je fais disparaître dans le tiroir de mon bureau, et je demande au coureur de se calmer. La tension retombe lentement, on parle d'autre chose et finalement chacun rentre chez soi, bien en vie.

Le revolver, lui, est resté dans le tiroir de mon bureau.

Deux jours plus tard, un homme frappe à ma porte vers dix-neuf heures. C'est un type assez imposant, en chemisette, l'air peu aimable, avec de gros favoris qui lui mangent la moitié des joues. Je l'ai déjà vu deux ou trois fois, mais je ne sais plus où exactement.

– Je voudrais vous parler en privé, me dit-il.

– Ah oui? Bon, suivez-moi.

Une fois installé dans mon bureau, face à moi, l'inconnu m'annonce que je dois régler une dette de cinq mille dollars.

– Vraiment! Ça me surprendrait...

On discute un moment de la somme et de la personne à qui je suis censé la devoir.

– De toute façon, finit-il par me dire, que vous deviez cet argent ou pas, c'est pas mon problème, moi je suis juste venu le réclamer. Et si vous ne payez pas...

Il se met à taper plusieurs fois ses larges biceps, comme quelqu'un qui veut se réchauffer.

– Savez-vous lire? me dit-il.

– Pardon?

Il se retape les bras.

– Savez-vous lire?

– Ah oui, je lis même couramment... Et si ma lecture est bonne, vous êtes en train de me faire des menaces?

217

Il hoche la tête en me regardant d'un air inquiétant. Veut-il me flanquer une raclée sur-le-champ? Ou compte-t-il m'attendre un soir, et à la faveur de l'obscurité, m'attaquer avec une chaîne ou un couteau? Je n'en sais rien, mais le fait est que tout à coup je vois rouge. Mû par une sorte d'impulsion, j'ouvre le tiroir de mon bureau et je saisis aussi adroitement que possible le revolver oublié par le pilote de course quarante-huit heures plus tôt. D'un bond, avant que l'intrus ait le temps de réagir, je me jette sur lui et je lui braque l'arme sur l'oreille.

– Monsieur, apprenez que les gros bras ne me font pas peur. Avec ce joujou-là, je suis tranquille.

Dans la seconde, le gars devient blanc comme un drap. De mon côté, je m'efforce tant bien que mal de contenir ma tremblote. C'est la première fois de ma vie que je tiens quelqu'un en respect avec un revolver.

– Maintenant, vous allez gentiment prendre la porte. Mais à genoux, pour mieux vous excuser du dérangement...

Il se laisse glisser de son fauteuil, la nuque raidie, la prunelle affolée. Quand il est en position de pénitent, je lui fais monter les marches de l'escalier une à une, le canon d'acier toujours collé contre sa tempe.

– Surtout pas de gaffe, bredouille-t-il, on peut sûrement trouver un terrain d'entente...

Il monte l'escalier à genoux, marche après marche, la sueur au front. Une fois en haut, je lui dis, durement:

– Vous vous levez, vous disparaissez, et pour toujours! Compris?

Je n'ai jamais plus entendu parler de lui. Mais je suis sûr qu'il a eu la peur de sa vie. Moi aussi d'ailleurs... Le hasard nous joue décidément de drôles de tours: une rencontre invraisemblable dans un sous-sol, un polaroïd censé évoquer les esprits, un casse-cou qui veut se suicider, et deux jours plus tard, son revolver qui me tire d'un mauvais pas.

\*    \*

\*

Il y avait quatre ans que chaque jour, qu'il pleuve ou qu'il vente, je créais mon *Monde à l'envers*, lorsque je traversai une période de remise en question. Le travail pompait mon énergie et je me sentais dégoûté de tout. Je suis allé trouver mes patrons à CKAC.

– Je n'en peux plus, je suis vidé...

Ils m'ont proposé de me mettre au repos pendant un mois. Puis ils ont voulu rediffuser mes capsules d'humour pendant les vacances d'été, sans me payer, ne serait-ce qu'un dollar symbolique. Écœuré, j'ai décidé de ramasser mes cassettes et de lever l'ancre. J'ai donc mis un terme brutal à quatre ans de succès de l'émission *Le monde à l'envers*.

De son côté, Tortora venait de perdre son emploi de professeur en mécanique. Comme nous comparions nos sorts, je lui ai demandé pourquoi il n'essayait pas de gagner sa vie en exploitant sa passion, la course automobile.

– Tu n'as qu'à suivre les courses et faire des reportages que tu vendras aux stations de radio, comme moi avec *Le monde à l'envers*. Si tu veux, maintenant que j'ai du temps libre et un peu de sous devant moi, je t'accompagne et je deviens ton agent.

J'ai fait le tour des stations en leur proposant des comptes rendus de courses automobiles, et des entrevues. À cette époque, ce sport commençait à peine à intéresser le public mais, à cause de mes micros-trottoirs, les stations de radio ont accepté de m'acheter des reportages pour cinq ou dix dollars chacun. Tortora n'ayant aucune

219

expérience dans ce domaine, je lui écrivais son texte, j'appelais la station et Tortora lisait. Les premiers temps, il était nerveux, son accent français ne passait pas toujours très bien, mais peu à peu, notre affaire s'est rodée.

Il se trouve qu'à ce moment-là un jeune pilote commençait à faire beaucoup parler de lui: Gilles Villeneuve courait alors en formule atlantique, et non en formule 1, mais c'était un pilote prometteur, téméraire et plein d'ambition. Avec Tortora, nous avons décidé de miser sur l'ascension de cet as du volant.

– Villeneuve va aller loin, les stations à travers le Québec vont s'arracher nos reportages comme des petits pains.

Pendant trois mois, sans rien connaître du milieu, j'ai trimé sur un plan de marketing qui devait nous permettre de couvrir la formule atlantique et la formule 1 sur tous les circuits du monde. Comme l'addition était salée, j'ai pris contact avec la brasserie Labatt, qui devint notre commanditaire, de connivence avec CKAC à qui je promettais des reportages de formule 1. Après mille péripéties, j'ai fini par boucler notre budget. Excité comme une puce, Tortora a choisi de couvrir les quelque dix-sept grands prix de la formule 1, tandis que je couvrirais la formule atlantique. Tout baignait dans l'huile.

– Le seul problème, dit soudain Tortora, inquiet, c'est que tu ne connais rien en sport automobile....

– T'en fais pas pour moi, je vais me débrouiller...

Pendant ce temps, Villeneuve réalisait des essais chez McLaren, où il échouait de justesse avant de se faire engager chez Ferrari.

– Tu vois, Torto, on a eu raison. Villeneuve est en train de grimper, le voilà en formule 1.

Nous avons acheté un minibus Volskwagen, à l'arrière duquel nous avons aménagé un lit et des appareils d'enregistrement, puis nous avons envoyé le tout au Havre par bateau. Dans cette camionnette, Tortora devait sillonner une bonne partie de l'Europe: Grands Prix de France, d'Italie, d'Espagne, d'Allemagne... Puis ce fut le Brésil, l'Argentine, l'Afrique du Sud... Pendant ce temps, j'allais couvrir quelques courses à Montréal, en Ontario ou à Vancouver. Profitant de ce nouvel engouement des Québécois pour le sport automobile, notre affaire marchait rondement, sans qu'on ait à travailler beaucoup.

Au fond, je ne voyais qu'un problème, qui n'était pas celui auquel pensait Tortora, car je m'étais rapidement adapté au jargon de ce sport. Non, le seul problème, c'était que les courses d'automobiles, ça m'ennuyait à mourir. Un jour, je devais me rendre à Milwaukee, sur la rive du lac Michigan, pour commenter je ne sais quelle épreuve de formule atlantique. Il fallait que je me tape l'avion pour Milwaukee, plus une heure dans un petit coucou, et trois heures de route jusqu'au circuit. Le bout du monde! Bien sûr, c'était mon boulot et j'étais payé pour le faire, mais là, je n'avais vraiment pas le goût de me déplacer. D'autant plus que c'était la fin de semaine et que j'aurais pu m'offrir un ou deux parcours de golf...

Alors au diable Milwaukee, ils n'ont pas besoin de moi! J'appelle Tortora à Paris pour le prévenir. Il ne prend pas bien la chose:

– Quoi? Tu ne peux pas me faire ça! Si CKAC se rend compte qu'on ne fait pas le reportage, on va perdre le contrat; c'est ma carrière que tu mets en danger, il serait temps que tu sois un peu responsable!

– Oui, mais j'y peux rien si ça m'ennuie, moi, la course automobile. Villeneuve n'est plus là... Et Milwaukee, c'est pas précisément la porte à côté...

– Alors fais-toi remplacer par quelqu'un d'autre.

Mais je ne trouve personne. Pourtant, c'est décidé: Milwaukee, il n'en est pas question. Je fais une réservation dans un club de golf des Laurentides, et je dis à l'ami qui doit être mon partenaire:

– C'est simple comme bonjour: je vais appeler la radio depuis l'hôtel et je ferai semblant d'être à Milwaukee.

– Je veux bien, mais tu vas les prendre où les reportages?

– Bah! J'improviserai...

Le vendredi soir, je pars donc avec mon copain et mon sac de golf pour le château Montebello. Mais en arrivant dans la chambre, c'est la douche froide: pas de télévision, pas de radio, même pas de téléphone. Comment vais-je pouvoir faire mes reportages?

Pas de panique, j'ai encore le temps de voir venir. Le lendemain matin, je vais prendre un départ de golf, mais j'apprends qu'on n'a pas enregistré ma réservation: impossible de jouer. Décidément, ça commence bien... Depuis la réception, j'appelle le circuit de Milwaukee, je demande la salle de presse et je tombe sur un journaliste de Chicago.

– Voilà, je suis reporter au Québec, et j'ai eu un ennui avec ma voiture, je suis retardé, mais il faut absolument que je fasse un compte rendu des essais d'aujourd'hui. Pourrais-tu me dresser un tableau de ce qui s'est passé? Je ferai mon reportage avec ce que tu vas me donner. Et si jamais je ne peux pas me rendre à Milwaukee à temps, est-ce que je peux te rappeler?

– Bien sûr, il faut bien s'aider entre collègues.

Le gars me raconte les moments forts de la séance d'essais, je prends note sur mon calepin. Puis, j'appelle CKAC:

– Ici Marcel Béliveau qui vous parle en direct de la piste de Milwaukee. Dans une odeur d'asphalte et de caoutchouc, sous un soleil de plomb qui met à rude épreuve les machines, le meilleur temps a été réalisé par l'intrépide pilote américain...

Mon ami a catégoriquement refusé d'imiter le vrombissement des moteurs en fond sonore, mais les auditeurs et CKAC ont cru quand même qu'ils y étaient.

Maintenant passons aux choses sérieuses: puisqu'on m'empêchait de jouer au golf, je décide de changer d'hôtel. Mes valises sous le bras, je me rends dans l'établissement le plus proche qui possède un terrain de golf, et je me présente à la réception:

– Vous avez des chambres libres? Avec téléphone? On peut jouer cet après-midi?

– Oui... Oui... Oui...

Soupirs d'aise. Voilà le programme: manger un morceau, envoyer mon reportage, mais enfin et surtout, jouer au golf. La vie est belle. Première étape, la salle à manger.

Nous sommes à peine attablés que je vois s'approcher du bar une tête qui m'est on ne peut plus familière: le patron de CKAC en personne!

Maudit! Je me camoufle derrière un journal, en m'enfonçant désespérément dans mon fauteuil.

– Qu'est-ce qu'il fait? demandé-je à mon copain. Où est-ce qu'il regarde?

Je peux entendre la barmaid:

– Bonjour monsieur Beaulne, comment allez-vous? Ah, je vois que vous ne vous séparez jamais de votre radio, même quand vous jouez au golf...

– C'est plus fort que moi, j'aime bien vérifier ce qui se passe sur les ondes. Et puis tantôt, il va y avoir un reportage en direct sur la course de Milwaukee, ça m'inté-resse...

À ce moment-là, j'ai déjà presque disparu sous la table, on ne doit plus voir que le haut de mon journal. Je n'ai qu'une idée en tête : déguerpir à toute vitesse. Mais le patron s'attarde au bar, il me bloque le passage. Pendant qu'il fait du charme à la serveuse, j'agonise. Et l'heure de mon reportage qui approche ! On l'annonce même à la radio : «Et tout à l'heure, en direct de Milwaukee, Marcel Béliveau...»

Puis j'entends enfin la réceptionniste :

— Au revoir, monsieur Beaulne.

Il s'en va ! Je me lève, et je me dirige à pas de géant vers la réception quand j'aperçois le patron qui revient : il a oublié je ne sais quoi. Je me jette à plat ventre entre deux tables, pendant que mon ami fait le guet.

— Il est toujours là ?

Dès que la voie est libre, je sors du bar à quatre pattes, sous l'œil intrigué des clients. Mon copain et moi nous faufilons jusque dans la voiture ; je m'installe au volant.

— Fichons le camp d'ici au plus vite, ça va mal tour-ner.

Je m'apprête à mettre le contact quand je découvre juste devant moi, à une vingtaine de mètres, le patron qui commence son parcours de golf. Encore lui ! Je plonge la tête sous le tableau de bord, maudissant ma malchance. De temps en temps je jette un œil à l'extérieur. Qu'est-ce qu'il fait ? Non, pas le fer droit ! Prends donc un bois n° 4 ! Et mets-y du swing ! Mais monsieur examine le moindre brin d'herbe de la pelouse, ajuste dix fois la balle sur son té. Et pendant ce temps l'heure qui tourne... Transpi-rant à grosses gouttes, je suis mort de chaleur, j'attends au moins quinze minutes avant que le patron se décide enfin à frapper son coup, puis à s'éloigner vers le deuxième trou. Nous pouvons y aller, je l'ai échappé belle...

Nous roulons pendant presque une heure avant de trouver un hôtel superbe, le Chantecler, avec piscine, chambre disponible, golf, radio, téléphone, télévision. Le rêve.

Je me précipite dans la chambre, j'appelle mon collègue de Chicago qui me donne tous les détails, je joins CKAC et je fais mon reportage juste à l'heure, «en direct de Milwaukee».

Vers dix-huit heures, je propose à mon ami d'aller manger tranquillement. Ensuite, nous irons nous détendre au bord de la piscine et demain matin, je vais enfin pouvoir me taper un dix-huit trous.

J'arrive à l'entrée de la salle à manger en me frottant les mains quand, stupéfait, j'aperçois une énorme banderole: BIENVENUE AUX CADRES DE CKAC! Encore un peu et je m'étrangle. Ce n'est pas possible, c'est un cauchemar! Je cours vers la réceptionniste:

— Mais c'est quoi, ce panneau? Il n'était pas là tout à l'heure!

— Non, on vient de l'installer. C'est pour le séminaire qui a lieu ce soir et demain.

Ne pouvant risquer de me trouver nez à nez avec un de mes employeurs, j'ai passé la soirée du dimanche et tout le lundi terré dans ma chambre, à putter sur le green de la moquette, envoyant rageusement les balles dans un verre, entre deux reportages en «direct du circuit de Milwaukee»...

Le mardi, j'ai croisé dans les couloirs de CKAC le patron que j'avais vu au départ du golf:

— Ah, Marcel, excellents tes reportages. On s'y serait cru.

– Ah oui, mais vous savez, Milwaukee, c'est pas très drôle...

* *<br>*

Sur notre lancée, Tortora et moi avons alors racheté une revue mensuelle de sport automobile. Et là, nous nous sommes plantés en beauté : nous y avons laissé notre chemise et nous nous sommes mis dans la rue avec ce magazine. J'en avais assez.

– Le sport automobile, c'est pas mon domaine, ai-je dit à Tortora. Si tu veux continuer, je te souhaite bien du plaisir, mais moi j'ai tout englouti là-dedans, ça suffit.

Le moment était venu d'agiter le drapeau à damier blanc et noir : fin de la course automobile !

* *<br>*

Heureusement, je pouvais toujours compter sur mes conférences pour assurer ma subsistance. J'ai ainsi été demandé par une agence de publicité me proposant de prendre la parole devant les participants à un congrès de la brasserie Labatt, qui réunissait à Montréal tous ses agents du Québec, soit environ deux cents personnes. Il s'agissait, m'avait-on expliqué, d'un colloque sur les techniques de vente et sur l'image que les représentants de la célèbre marque de bière devaient promouvoir auprès de leurs clients. Mon rôle était de motiver les troupes. Telle que je voyais la chose, la seule façon attrayante de faire passer le message, c'était de monter encore une fois un bateau.

Nous étions à la fin des années soixante-dix et les curés ne faisaient plus autant recette qu'au début de ma carrière. J'ai donc décidé de me glisser dans la peau d'un

Français arrogant venu en remontrer aux Québécois. C'est le genre de provocation qui fait des étincelles à tous les coups. La marge entre les Français et les Québécois est plus ou moins importante, mais ils ont en commun un chauvinisme à fleur de peau.

J'arrive donc dans la salle du congrès, où l'on me présente comme «M. Jean Philippe de Sernac, grand viticulteur et œnologue émérite, qui a bien voulu venir tout spécialement de France pour nous faire profiter de son expérience.» À la bouffée d'agacement qui s'élève aussitôt de l'assemblée – Il vend du vin, qu'est-ce qu'il connaît à la bière, et qu'est-ce qu'il connaît du Québec? –, je sens que je vais pouvoir m'en donner à cœur joie.

Je commence à parler à la française, avec ce qu'il faut de protocolaire et de guindé. Le nez en l'air, je fais l'homme d'importance. J'en viens alors à expliquer que nous autres, Français, sommes des gens très fins, et qu'il est impossible de trouver plus fin que nous dans le monde. Mon arrogance hérisse visiblement les représentants. Alors j'en rajoute, je me mets à les écraser:

«Je suis au Québec depuis quelques jours, c'est très plaisant, vraiment, cela vous a un charme provincial. En fait, il s'agit de ma seconde visite, puisque je suis déjà venu au moment de l'exposition universelle. Cela devait être en 1965... ou 66, si je ne m'abuse...»

1967! me souffle-t-on avec irritation des premières rangées, en se raidissant à l'idée qu'on puisse oublier cette date historique pour Montréal.

«1967, si vous voulez... En tout cas, j'avais beaucoup apprécié, c'était très réussi comme "kermesse". J'avais eu l'occasion de rencontrer le maire de la ville, un petit bonhomme moustachu. Comment s'appelait-il donc? Mais peu importe...»

Jean Drapeau ! s'écrie-t-on dans la salle, indigné que je traite aussi cavalièrement une véritable institution.

Pris de haut par un orateur qui se croit sorti de la cuisse de Jupiter, l'auditoire s'énerve. Tranquillement, je fais monter encore la tension.

«Chez nous, en France, nous n'acceptons que la perfection. Ici, évidemment, vous êtes bien loin d'une telle exigence... Bien sûr, me direz-vous, vous parlez français ; c'est vrai, mais tellement mal...»

Les représentants s'agrippent à leurs fauteuils, la colère est presque palpable et pourtant personne n'ose rouspéter, je peux les insulter aussi longtemps que je veux.

«Vous avez un stade olympique, qui n'est pas mal, mais je vous rappelle que c'est tout de même un Français qui en a été l'architecte...»

Les gens se renfrognent, obligés de reconnaître le fait.

«Vous avez un beau métro, français d'ailleurs, équipé de pneus Michelin, la célèbre marque française... Votre village olympique a son modèle près d'Antibes. Tout cela, c'est français, et c'est très bien ainsi, car la France se réjouit d'éclairer de son savoir-faire nos braves cousins canadiens, que nous n'avons jamais vraiment abandonnés. Et c'est la raison de ma présence ici...»

Puis je distribue généreusement quelques conseils abracadabrants sur la meilleure façon de vendre leur bière. Je continue avec tellement de morgue et de prétention que tous les congressistes donneraient cher pour me noyer dans l'une de leurs cuves. Pourtant, j'ai beau les rabaisser, personne ne proteste.

«J'ai écrit un livre sur le marketing, dis-je en conclusion. Un livre que je vends 60 dollars. Levez la main ceux qui veulent l'acheter, pour que je sache si j'ai suffisamment d'exemplaires.»

Je les ai tellement menés par le bout du nez que je suis à peine surpris de voir tout le monde lever la main. Les quelques rebelles qui rechignent à débourser, je les interroge du menton :

« Et vous ? »

Je vois bien que cela leur fait mal au cœur de donner une somme exorbitante à un pédant qui vient de les insulter pendant une demi-heure, mais ils finissent par se joindre à la forêt de bras.

« Je vais vous dédicacer mon livre, soyez sûrs que ce livre va vous aider dans la vie. »

Quand finalement les organisateurs se décident à éventer la supercherie, un silence plane pendant quelques instants, puis un brouhaha de joie et de soulagement retentit.

Cela dit, la mystification n'était pas gratuite. En réalité, j'avais fait passer le message voulu en présentant son contraire. Les congressistes savaient désormais comment il ne fallait pas aborder le client. En plus, ils avaient appris quelque chose sur eux-mêmes : certains vinrent me voir après pour me dire :

– J'ai failli me lever pour te mettre ma main au visage.

– Oui, mais failli, c'est failli. Vous n'avez rien fait.

De mon côté, je me disais que si j'avais pu filmer la situation, le résultat ne manquerait sans doute pas d'intérêt...

J'ai prononcé beaucoup de conférences comme celle-là pour de grandes compagnies. Puis, me souvenant du conseil que j'avais donné à Tortora, j'ai essayé de joindre l'utile à l'agréable en montant une affaire de voyages organisés pour amateurs de golf, sur la Côte d'Azur. J'avais obtenu de Lucien Barrière, propriétaire du Majestic à Cannes, et de plusieurs casinos, des prix capables de rivaliser avec ceux de la Floride. Mais les commanditaires ont bâclé la promotion et je n'ai pas vendu un seul voyage! Malgré tout, je m'étais offert des repérages sur tous les terrains de golf de la Côte d'Azur, à peu de frais...

Puis j'ai donné des spectacles de comique dans des cabarets et des restaurants. J'allais d'un café à l'autre, proposant mes services à trois cents dollars par semaine. J'ai écrit des sketches qui duraient une heure et demie; certains soirs c'était le délire, d'autres, le fiasco complet. Je devais faire rire des gens qui venaient pour manger. Pas facile la vie d'artiste... J'ai fini par comprendre que mon avenir n'était pas là non plus.

J'ai alors reçu un coup de fil de M. Bazinet, le patron de CJMS, celui qui m'avait promis autrefois de m'écraser comme un ver de terre. Il me demandait la permission de rediffuser *Le monde à l'envers* et voulait savoir combien j'en voulais.

– Souvenez-vous, monsieur Bazinet, il y a quelques années vous m'avez dit: «Un jour, tu voudras revenir à la radio, et tu me supplieras à plat ventre...» Aujourd'hui, je me débrouille, je n'ai pas besoin de vos sous. Par contre, vous, vous avez besoin de mes capsules. Eh bien, je vais vous les prêter, ça ne vous coûtera pas un sou!

– Comment ça?

– Si vous voulez mes cassettes, vous m'écrivez une lettre comme quoi vous les prenez sans me payer, parce que je ne demande rien, et vous affichez la lettre.

C'était plus humiliant pour lui que de me verser un pont d'or, mais il s'est exécuté. Les bandes ont été repassées en ondes, avec le même succès.

Sa honte bue, Bazinet a accepté de m'engager pour travailler la nuit sur les ondes de CJMS. Durant presque un an, j'ai travaillé de une heure à quatre heures, ce qui ne me facilitait pas la vie, loin de là. Mais j'avais une liberté presque entière, et mes émissions complètement hors norme laissaient perplexes les journaux: «Ou c'est un fou ou c'est un génie», lisait-on. Quoi qu'il en soit, je suis resté à CJMS jusqu'en 1980, date à laquelle j'ai été congédié, sans doute parce que j'avais poussé un peu trop loin mes élucubrations nocturnes.

*     *

*

Nouveau retour à la case départ. J'ai replongé dans l'éparpillement le plus total, qui d'une certaine façon constituait ma force puisque j'arrivais toujours à rebondir et à retomber sur mes pieds, ce que je ressentais de plus en plus comme une limite ou comme un défaut.

Et je me suis remis à penser à l'hypnose. Non pas à Monsieur Hyp, que j'avais bel et bien enterré, mais à la possibilité de programmer les gens, de leur dicter une conduite, parfois même à long terme. Si je pouvais le faire aux autres, pourquoi pas à moi? Par la suggestion, j'étais capable de m'engourdir le bras, de me le faire lever ou baisser. Mais s'autohypnotiser n'est pas une mince affaire, car au moment même où on veut s'assurer que ça marche, ça ne marche plus, puisque forcément on reprend conscience.

D'où l'idée de recourir à une forme de programmation mentale dérivée de la suggestion hypnotique et qui devait me permettre de tendre mon esprit vers la réalisation d'un but précis. Il s'agissait d'écrire sur une feuille de papier le ou les objectifs qui me tenaient à cœur, puis de les lire trois ou quatre fois par jour à haute voix et ce, pendant trois semaines. Pourquoi trois semaines? Parce que je me souvenais d'avoir lu dans un bouquin rédigé par un chirurgien plasticien que c'est le temps qu'il faut au

231

cerveau humain pour s'habituer à une situation nouvelle, que ce soit un changement de visage ou de lieu. Au bout de ces vingt et un jours, le sentiment de nouveauté disparaît. Je me suis donc fixé ce temps pour obtenir le maximum d'efficacité dans ma programmation mentale.

Dans cette démarche, il ne s'agit pas de se livrer à de simples incantations magiques, mais plutôt de concentrer son esprit dans une direction. Et il ne suffit pas de viser un objectif, il faut agir en conséquence. On peut se répéter autant de fois qu'on veut «je vais devenir milliardaire», si on ne fait rien pour cela, on a peu de chances d'y parvenir. Là était d'ailleurs mon problème...

Quoi qu'il en soit, à cette époque, j'étais fatigué de la radio, des conférences, de la course automobile et des voyages organisés... J'en avais assez, il fallait que j'essaie une expérience nouvelle, quelque chose que je n'avais pas encore touché: la télévision. Premier objectif.

En outre, depuis plusieurs années, je rêvais d'une maison où je pourrais véritablement m'installer, obligatoirement au bord de l'eau. Je n'avais pas d'argent pour concrétiser ce rêve, mais souvent, le soir, je quittais Montréal pour longer la rivière Richelieu, sans toutefois trouver la maison de mes rêves. Depuis des années, dès que j'avais un moment libre, je partais en quête de MA maison. Deuxième objectif.

Un jour, j'ai donc décidé de mettre à l'épreuve mon système de programmation mentale. On ne sait jamais... J'ai écrit sur un morceau de papier: «Je trouve une maison au bord de l'eau. Je fais de la télévision.» Et je me suis mis à répéter ces petites phrases plusieurs fois par jour, sans y croire vraiment, mais sans écarter la possibilité de réussite.

Au bout d'une semaine, un soir, le téléphone sonne alors que je rentrais d'une partie de golf. Ma fille Julie, sept ou huit ans, répond et vient me chercher dans la cuisine :

— Papa, il y a un monsieur qui te demande.

Je crevais de faim, je n'étais pas de bonne humeur.

— Qu'il aille se faire voir, j'ai pas envie de lui parler.

Elle retourne au téléphone :

— Mon père dit d'aller vous faire voir, il a pas envie de vous parler.

— Dis à ton père que je suis Vincent Gabrielli, de la télévision, et que je veux absolument lui parler.

Vincent Gabrielli travaillait en effet à Télé-Métropole ; je connaissais son nom, car c'est lui qui m'avait engagé pour la conférence de la brasserie Labatt. Je me lève donc et je réponds.

— Marcel ? Tu donnes toujours tes conférences ?

— Oui.

— Je pourrais te voir demain à dix heures ?

— Oui.

Je raccroche en me disant qu'il va sans doute falloir monter une entourloupette aux employés de Télé-Métropole. Le lendemain, je vais voir Gabrielli, qui me dit :

— On va lancer une nouvelle émission à l'automne et ton nom a été proposé comme animateur éventuel parce qu'il y aura pas mal d'interviews à faire dans la rue. On te connaît depuis *Le monde à l'envers* ; tu es fonceur, tu n'as peur de rien. Et le salaire est plus que confortable.

— Où est-ce que je signe ?

Avant midi l'affaire était conclue et je suis rentré chez moi avec un emploi à la télévision. Évidemment, je n'ai pas pensé une seconde que c'était le résultat direct de ma programmation mentale, mais j'ai malgré tout relevé la coïncidence.

La semaine suivante, je monte dans ma voiture et je vais me promener le long de la rivière Richelieu. Je vois une belle maison à vendre, sans doute trop belle pour moi. J'entre, je tombe sur une dame qui se dit chargée des visites. D'un regard, elle me jauge :

– Je doute que ce soit dans vos moyens...

Elle a probablement raison, même si c'est le genre de chose qu'on n'aime pas s'entendre dire. Elle accepte de me faire visiter, sans se départir d'une moue dédaigneuse. Le prix ? Deux cent cinquante mille dollars, soit au moins quatre fois plus que ce que je projette de payer. Effectivement, je ferais mieux de passer mon chemin.

Je m'apprête à retourner chez moi quand tout à coup je vois une superbe maison dont on achève la construction, toujours au bord de l'eau. La voici, la maison de mes rêves. Apparemment, elle n'est ni à louer ni à vendre, mais je décide d'aller y jeter un coup d'œil, pour le plaisir. Je descends l'allée en direction de la rivière, puis je regarde l'intérieur à travers une fenêtre. C'est spacieux, clair, tout ce que j'aime. Or soudain une porte s'ouvre, un monsieur passe la tête :

– Vous voulez visiter ? La maison est à vendre.

– Ah bon ? Mais ce n'est pas indiqué...

– Non, c'est tout récent, je suis l'agent immobilier, je suis venu prendre des notes, établir l'état des lieux...

– Combien elle vaut ?

– Quatre cent mille dollars.

Quatre cent mille dollars ! Une somme exorbitante pour l'époque. Surtout pour moi, dont le compte en banque doit se chiffrer à soixante dollars environ. Et pourtant, c'est le coup de foudre... !

– J'achète... Pour cent cinquante mille.

Le type fait mine de trouver ça marrant.

– Désolé, mon vieux, vous rêvez en couleurs. On est loin du compte.

– La maison est à vous? Non? Alors présentez mon offre aux propriétaires.

– Inutile. La semaine dernière, ils ont refusé une offre de deux cent cinquante mille. Alors vous pensez...

– Quel mal y a-t-il à essayer?

De guerre lasse, il joint le propriétaire. Mon offre est acceptée! Pour un peu je sauterais au plafond, mais je me rappelle subitement que je n'ai pas un sou. Alors je fixe mes conditions: nous sommes au début de l'été, j'habite la maison tout de suite, mais je ne donnerai l'acompte qu'à la fin de l'année. Puisque je viens de décrocher un boulot à la télévision, je me dis que ça me laisse un peu de temps pour ramasser l'argent. Mes conditions sont acceptées. Il est convenu que le 22 décembre, date limite, je verserai un acompte de trente-deux mille dollars.

Je m'installe aussitôt dans cette maison que personne n'a encore habitée, où il manque des portes, et même un escalier, mais où je me sens déjà heureux comme un pape.

Cette fois, je suis bien obligé de penser que ma programmation mentale a fonctionné: à peine quinze jours que je répète mes objectifs, j'ai trouvé un emploi à la télévision et j'habite la maison de mes rêves! C'est probablement le hasard, mais alors un hasard invraisemblable. Tout ce que je mets sur ma programmation devient réalité. J'en parle autour de moi, je conseille la méthode à mes amis. Pendant vingt et un jours, quatre ou cinq fois par jour, à haute voix, répéter ses objectifs. Je ne sais pas pourquoi, ni comment, mais cela oblige à fonctionner dans ce sens. En tout cas, ça me réussit plutôt bien.

Je me fais alors une deuxième programmation mentale, qui s'impose en la circonstance. J'écris sur un papier, parmi d'autres choses: «Je trouve la somme nécessaire à l'achat de ma maison.» Mais je suis devenu si confiant dans ma méthode que j'en oublie de mettre de l'argent de côté. L'été, puis l'automne passent. Et quand la bise est venue, je me suis trouvé fort dépourvu. Le 22 décembre, je dois aller chez le notaire pour signer l'acte de vente, et verser mon acompte...

Dix jours avant la date fixée, je commence à m'agiter. Je vends quelques bricoles, et je rassemble six mille dollars. Il me manque un drôle de paquet. Paniqué, je cours à la banque et je réussis à leur arracher un prêt de vingt-deux mille dollars, pas un sou de plus. Me voilà en possession de vingt-huit mille dollars. Plus que trois jours et je suis encore à court de quatre mille dollars. Je n'ai jamais aimé emprunter à mes amis, ce n'est pas aujourd'hui que je vais commencer. J'appelle le notaire, je me renseigne discrètement:

– Cher maître, nous nous voyons toujours le 22? Et qu'est-ce qui se passe si je n'ai pas la somme nécessaire? Simple supposition...

– L'acte de vente est aussitôt annulé. L'ancien propriétaire reprend possession de la maison, et vous êtes expulsé.

Je m'efforce de ne pas laisser paraître mon inquiétude, mais le fait est que je n'ai pas la somme voulue. Pourtant, j'ai procédé scrupuleusement à ma programmation mentale; ça a toujours marché, pourquoi pas maintenant? Ce n'est pas possible, au dernier moment, quatre mille dollars vont sûrement me tomber du ciel. Mais les heures passent et je ne vois toujours rien venir...

Le 22 décembre, je me présente chez le notaire avec un chèque de vingt-huit mille dollars en poche, au lieu des trente-deux mille qu'on attend de moi. Sont présents le notaire, l'agent immobilier et les vendeurs de la maison, qui représentent une institution bancaire. Tout le monde est de bonne humeur, on échange des amabilités et des congratulations. Puis l'acte de vente circule. Je remplis sans les lire les documents qu'on me soumet, tout le monde signe. Puis le notaire me demande :

— Vous avez le chèque ?

— Oui, oui, j'ai le chèque.

Je prends l'enveloppe dans ma poche et je la lui tends sans l'ouvrir. Il la décachette, en extrait le chèque et le met sous son coude. Tout le monde relit les clauses en hochant la tête quand soudain le notaire s'exclame à la cantonade :

— Mais attendez, il y a une erreur...

— Où ça ? répondons-nous en chœur, un peu tendus.

— En page deux, si on tient compte des intérêts... Le comptant n'est pas de trente-deux mille...

Il se livre à un calcul rapide.

— ... mais de vingt-huit mille.

Je n'en reviens pas, ça n'a pas de bon sens ; depuis six mois, tout le monde me parle de trente-deux mille dollars, j'en apporte vingt-huit mille et ça fait le compte ! C'est là que j'ai fait le rapport avec ma programmation mentale : je n'avais pas dit «Je trouve trente-deux mille dollars pour l'achat de ma maison», mais simplement, «Je trouve la somme nécessaire à l'achat de ma maison.»

Sans doute s'agit-il d'un simple hasard, mais il a été providentiel, et depuis ce temps-là, je fais de la programmation mentale. Je veux quelque chose, je l'écris, durant vingt et un jours je le répète, et ça marche. Enfin... la plupart du temps. Je ne me pose plus de questions, et je ne sais pas si c'est valable pour d'autres. J'en ai parlé à des amis, je leur ai conseillé la méthode. Certains m'ont dit qu'après essai, ils n'ont obtenu aucun résultat probant. En tout cas, je sais que ça a très bien fonctionné pour moi.

\* \*
\*

237

J'ai donc fait mes débuts à la télévision en 1981 dans *Le monde en folie*, une émission quotidienne d'une demi-heure qui ne cassait pas la baraque, mais qui a connu un gros succès au Québec. Je coanimais avec le comédien Gaston Lepage, avec qui je jouais quelques sketches humoristiques. Le principe général était relativement simple, puisque l'émission était un défilé hétéroclite de gens complètement bizarres : un bonhomme présentait sa collection de macarons, un autre roulait sur son fils en voiture, puis un fort-à-bras soulevait je ne sais combien de personnes, un kangourou venait boxer...

C'était mon premier contact avec la télévision et j'étais très déçu. Je m'étais imaginé que c'était autre chose, et notamment qu'on y accordait une grande part à la création. Dans mon fauteuil de spectateur, j'admirais les décors, les prises de vues multiples et les éclairages sophistiqués. Je pensais qu'il fallait être un grand spécialiste pour gérer tout ce dispositif. À présent que je voyais la même chose depuis les coulisses, je me disais au contraire : «Si ce n'est que ça, moi aussi je suis capable de produire des émissions de télévision.»

# Chapitre 11

C'est à la fin des années soixante-dix que m'est venue l'idée de *Surprise sur Prise*, à l'époque où je regrettais de ne pouvoir filmer mes conférences-mystifications. J'étais en effet persuadé que si je décidais de monter un bateau à quelqu'un, et que je le filmais, j'obtiendrais un bon sketch pour la télévision, et je me promettais de réaliser un jour de tels canulars. En 1978, j'ai même proposé l'idée à une station; mais à ce moment-là, on ne disposait pas de caméras à batterie, et il fallait utiliser des kilomètres de fils électriques, et tout un équipement lourd et difficile à camoufler. Le projet est donc resté dans l'un de mes tiroirs.

En 1983, alors que je travaillais toujours à Télé-Métropole, le désir de me lancer dans la conception d'une émission m'a de nouveau hanté. J'ai alors pensé à réaliser des intermèdes humoristiques du type *Le monde à l'envers*, mais en images seulement, sans dialogue : des capsules de deux minutes environ où je mettrais en scène une histoire amusante, souvent absurde... Je visais ainsi plus le marché du cinéma que celui de la télévision.

Je me mets donc à rédiger une dizaine de scénarios. Personnellement je me trouve assez drôle, mais je ne tarde pas à m'apercevoir que tout le monde n'est pas de mon avis. Je présente en effet mon projet à des organismes chargés de subventionner le cinéma, et je me fais traiter de demeuré qui veut réinventer le cinéma muet. Alors qu'il s'agissait pour moi d'un défi de scénariste, consistant à raconter une histoire seulement par l'image, éventuellement avec l'appui d'effets sonores ; les acteurs ne devaient même pas faire semblant de parler – comme dans les films de Charlot – et je ne m'autorisais même pas le recours à des cartons intercalés. Mais à l'évidence, les organismes en question n'étaient pas séduits et me déclaraient ne pas vouloir subventionner des «bouche-trous de deux minutes»...

Furieux, je bricole tout seul quelques capsules-pilotes dans lesquelles je joue souvent moi-même, faute de trouver quelqu'un d'autre. Les scénarios divers visent à imposer un personnage d'imbécile heureux, facilement reconnaissable d'une séquence à l'autre. Les spectateurs intrigués doivent essayer de deviner la chute.

Mes quatre ou cinq démos dans la boîte, il faut que je trouve un producteur et un distributeur. Au printemps 1984, curieux d'avoir l'opinion de professionnels, je décide de faire un tour au Marché international des programmes de télévision (MIP) à Cannes.

J'essaie de me joindre au groupe de producteurs québécois dont le voyage est subventionné par le gouvernement, mais on me répond qu'il est trop tard, et que la liste est close. Je prends alors contact avec le responsable pour lui expliquer que je ne demande pas la charité, que je suis prêt à payer mes frais, et que je ne cherche qu'une occasion d'exposer mon travail.

– Rendez-vous à Cannes, me dit-il gentiment, je vais vous organiser quelque chose.

Je débarque donc sur la Côte d'Azur avec mes bobines sous le bras. Le groupe des Québécois bénéficie d'un salon pour présenter sa production ; moi je n'ai rien, pas même une affiche publicitaire.

– Utilisez la pièce de service, me dit-on. Là où les autres entreposent leurs cartons.

À la guerre comme à la guerre... Je m'installe dans ce réduit, puis je vais me promener dans les allées du MIP. On m'explique que le macaron rouge à la boutonnière indique qu'il s'agit d'un acheteur, le jaune, d'un vendeur... À force de courbettes et de poignées de mains, je réussis à drainer une foule de macarons rouges jusqu'à mon stand. Ils visionnent mes courts-métrages qui ont un succès fou : tout le monde les trouve formidables, tout le monde veut en acheter, de la Nouvelle-Zélande aux Émirats arabes, en passant par l'Espagne et le Japon. Tous, sauf le Québec.

Un producteur indien se déclare très impressionné par mes films. Il m'explique que dans son pays il n'y a pas moins de deux cents dialectes différents pour huit cents millions d'habitants. Mes capsules sans dialogue permettraient de faire passer toutes sortes de messages compréhensibles par tous. Le producteur me laisse une carte d'affaires très luxueuse, glissée dans un étui de cuir fait main, et il me promet que j'aurai de ses nouvelles.

De retour au Québec, je reçois un télex qui m'annonce que le ministre de la Culture indien sera chez nous le 22 août, et qu'il désire me rencontrer dans mes bureaux, afin de me confier le cas échéant la réalisation de messages d'utilité publique, sous forme humoristique ou non. Le problème, c'est que je n'ai pas de bureau, je ne suis même pas producteur. Me voilà dans de beaux draps ! Comment m'en sortir ?

J'appelle à la rescousse mon avocat et ami François Ferland, qui allait par la suite devenir l'avocat personnel du premier ministre de l'époque, René Lévesque, et qui *a priori* n'est pas du genre «faferlu», comme disait la dame :

– François, il faut absolument que tu me prêtes ton bureau pendant une journée.

Il accepte sans trop se faire prier, mais à condition que ne soient pas au courant la quinzaine d'avocats de son cabinet: ça ne ferait pas très sérieux. Nous ne mettons dans la combine que la réceptionniste, parce que nous ne pouvons pas faire autrement.

Le jour dit, une véritable délégation d'Indiens – ils sont une dizaine – débarque en costumes soyeux et colorés, et portant le turban.

– Productions Marcel Béliveau?

– Oui, c'est bien ici, assoyez-vous. Désirez-vous un café?

La réceptionniste me prévient de leur arrivée. Je sors de MON bureau, en complet-cravate, et je viens à leur rencontre d'un air dégagé, très à l'aise dans MES meubles.

– Bonjour, bienvenue à Montréal.

On me présente le ministre de la Culture et sa suite, je serre des mains et je fais des courbettes. Quand nous avons tous échangé suffisamment de sourires de ravissement et d'incompréhension, je les invite à me suivre. Dans les couloirs, je croise des avocats que je ne connais absolument pas:

– Bonjour, cher ami, comment allez-vous? Permettez-moi de vous présenter le ministre de la Culture de l'Inde...

Tout le monde est enchanté, le gars serre ces mains d'officiels sans savoir ce qui lui vaut cet honneur. Nous entrons enfin dans MON domaine. Située au cœur du Vieux-Montréal, bien aménagée, la pièce sent l'homme important. Malheureusement, la bibliothèque ne contient que des livres de droit... Je m'installe derrière le bureau, on trouve des sièges pour tous les visiteurs, nous commençons à discuter de choses et d'autres. Je ne sais pas si c'est l'humilité hindoue, mais j'ai toutes les peines du monde à accrocher un regard.

Toutes les trois minutes, nous sommes interrompus par la sonnerie du téléphone. C'est François Ferland qui, depuis la pièce voisine, m'appelle pour montrer à quel point je suis un producteur actif et occupé.

– Allô, oui, oui... Rappelez Los Angeles, réglez ça avec eux... Allô? Écoutez, j'en ai plein le dos de vos dépassements de budgets... C'est moi, oui... Changez d'acteur, ce n'est pas ça qui manque...

Chaque fois, je prie le ministre de m'excuser, puis nous reprenons la conversation.

– C'est curieux, me dit-il, mais nous n'avons pas vu un seul téléviseur dans vos bureaux. C'est inhabituel dans une maison de production...

– Euh... Oui, mais voyez-vous, ici c'est uniquement l'administration. Nos studios sont ailleurs.

– Nous aimerions beaucoup les visiter.

– Malheureusement ce n'est pas possible, ils sont actuellement loués pour un gros tournage. Parlons plutôt de notre projet...

Le gouvernement indien veut réaliser des films de quelques minutes, à but éducatif, capables de surmonter leurs problèmes de langues multiples. Ces films seraient diffusés dans des salles de projection communautaires à travers tout le pays. On me propose un mirobolant contrat de cinq à six millions de dollars! J'en suis pris de vertige. En contrepartie, il faut que j'aille m'installer en Inde et que je dépense les trois quarts de mes bénéfices sur place. Là, ça accroche: je n'ai aucune envie de m'exiler, et Bombay ne m'attire pas particulièrement...

Finalement, j'ai refusé le contrat, pour ces raisons et aussi parce que je savais que je n'avais pas objectivement les reins assez solides pour mener à bien cette opération.

J'avais réussi à faire illusion ce jour-là, je m'étais improvisé un bureau de production, mais on ne peut jeter de la poudre aux yeux pendant longtemps.

* *<br>*

Le muet, c'est le marché mondial. Plus de problèmes de doublage, l'image parle par elle-même. Pourtant, je n'arrive pas à débloquer ce projet; une bonne quinzaine de pays ont confirmé leur intérêt, mais je ne trouve pas preneur au Québec. Ce qui signifie que je ne peux pas produire, et donc pas davantage fournir l'étranger. Impasse totale.

Il faut pourtant que je trouve une solution car, après deux ans de *Monde en folie*, Télé-Métropole décide de ne pas renouveler le contrat. Je perds mon emploi, puis plus rien. Il va falloir que je me remue.

Un jour, j'en discute avec mon avocat François Ferland.

— J'ai bien une autre idée que j'aurais voulu réaliser il y a quelques années déjà... Ce serait de faire des canulars pour piéger les gens. Par exemple, j'arrive chez un copain déguisé en scheik, avec limousine, tracteurs et pelleteuses, et je lui fais croire qu'il y a du pétrole sous son jardin et que je vais commencer l'exploitation. Nous filmons avec une caméra cachée, et voilà...

— Oui, c'est une très bonne idée. Je suis sûr que ça marcherait. Combien ça coûterait?

— Cinq mille dollars. De quoi payer un ou deux caméramans et louer des caméras. Pour le reste, je pourrais m'organiser. Le problème, c'est que j'ai englouti toutes mes économies dans mes films muets.

Le lendemain, mon avocat m'appelle:

– Je t'ai trouvé cinq mille dollars.

Par la suite, j'ai appris qu'il en avait emprunté la moitié à la banque et l'autre à son frère. Il fallait qu'il ait confiance...

Me voilà de nouveau sur les rails. Je rencontre un entrepreneur de construction et je lui demande de me prêter deux gros tracteurs et des camions... pour faire une blague.

– Vous êtes complètement fou, mon vieux. Ça représente beaucoup d'argent, les assurances... et tout.

– Oui, mais si on ne peut plus faire de blagues dans la vie, où est-ce qu'on va ?

Il me regarde un moment, puis il hausse les épaules, et me dit :

– C'est d'accord. Je te prête mes machines.

Je déniche quelques djellabas, je recrute quelques copains, plus un professeur arabe de l'Université de Montréal, qui va devenir mon comédien vedette pour les besoins de la cause. En fait ma seule dépense, à part le matériel de tournage, c'est la location d'une grosse limousine noire, parce que le scheik ne peut pas décemment arriver à pied, ni même sur un chameau.

Reste à choisir la victime. Ce sera Gaston Lepage, avec qui je coanime *Le monde en folie*. Pour amplifier l'effet de surprise, je décide que l'équipe débarquera chez lui à cinq heures du matin.

Je me lève à deux heures pour superviser les derniers préparatifs. Mais je suis tellement nerveux que je fais quarante de fièvre. J'ai presque du mal à parler. C'est mon premier gag et je vais être malade ? En fait, c'est uniquement dû à la tension. Pendant deux semaines, je me suis démené comme un diable pour tout organiser. Pendant le tournage, je vais rester assis dans la limousine, gelé, fiévreux, tremblotant.

Heureusement, on n'a plus besoin de moi. Les Arabes attaquent à l'aube, les tracteurs font semblant de commencer à forer. Prise au saut du lit, la victime court du scheik à la pelleteuse en s'arrachant les cheveux. Le caméraman caché dans une camionnette filme la scène; les séquences sont bonnes.

Le tournage fini, ma fièvre tombe comme par miracle. Je monte le film et je cours le présenter aux directeurs de programme de Télé-Métropole, qui se déclarent enchantés.

– L'an prochain, comme poisson d'avril, on pourrait passer cette émission-là...

Le 1er avril? On est en septembre, je trouve que c'est un peu loin le mois d'avril. Comment vivre jusque-là? Moi qui espérais qu'ils signeraient tout de suite et que je pourrais enchaîner avec le tournage suivant...


En fait, il m'a fallu tenir presque deux ans! J'avais tous les problèmes imaginables, mais j'étais sûr d'être dans la bonne voie, je voulais tourner d'autres canulars. En attendant, je n'avais aucune rentrée d'argent, je ne pouvais pas payer les traites de ma grosse maison, j'avais à peine de quoi nourrir ma famille. Je vivotais en écrivant des textes pour des émissions de télévision, mais j'étais maigrement payé. Je possédais un tracteur, je l'ai vendu. Cela m'a permis de tenir un mois. Puis j'ai vendu ma voiture, et j'ai tenu deux ou trois mois de plus. J'ai vendu mon poêle à bois; puis mon ordinateur, que je n'avais même pas fini de payer. Je me dépouillais morceau par morceau.

Puis vint le moment où la banque menaça de m'expulser de chez moi parce que je ne payais pas. J'ai déployé toutes les astuces juridiques pour retarder cette éviction; j'ai pris d'assaut tous les organismes de subventions pour me maintenir à flot. Mais malgré tous ces déboires, je ne changeais pas de cap: je voulais faire *Surprise sur Prise*.

J'ai finalement dû me résigner à vendre cette maison que j'aimais tant, au moins pour récupérer ma mise. Mais je ne trouvais pas preneur.

Et l'arrêt tombe: on va m'expulser lundi matin. Mais voilà que le vendredi se présente un acheteur:

– Je reprends la maison, mais à une condition: cet après-midi on passe chez le notaire et demain matin vous n'êtes plus là.

– Demain matin? C'est impossible; il y a treize pièces ici et rien que pour enlever mes meubles...

– C'est à prendre ou à laisser.

Le type ne m'était pas sympathique – comment aurait-il pu l'être? Contraint et forcé, j'ai cependant accepté son offre. Je rentrais à peine dans mes frais, mais au moins j'avais l'impression de m'en sortir honorablement.

Le samedi matin, les déménageurs sont venus charger mes meubles, et au moment de partir, nous avons croisé dans l'allée le camion du nouvel acquéreur qui arrivait avec les siens...

J'avais dit aux déménageurs que je m'installais à Montréal, et qu'ils n'avaient qu'à suivre ma voiture. En fait, je n'avais nulle part où aller.

Pendant deux heures, j'ai tourné ainsi en rond dans Montréal, guettant les pancartes «À louer», mes biens me suivant dans le camion. À un feu rouge, le chauffeur du camion klaxonne et vient aux nouvelles:

– Mais où est-ce que vous allez? Vous devez bien avoir une adresse.

– Non, je n'ai rien du tout.

247

— Mais vous n'allez pas vous promener comme ça pendant cent sept ans! Nous, on a d'autres déménagements à faire!

— Vous inquiétez pas, on va trouver.

Je prends une petite rue, complètement au hasard, et je vois, accrochée dans une fenêtre, une pancarte «Maison à louer». J'arrête, je dis au camionneur:

— C'est ici. Faut que j'aille voir le propriétaire, le temps de régler quelques affaires; donnez-moi quinze minutes...

Je cogne à la porte. Une femme vient m'ouvrir.

— C'est encore à louer?

— Oui, moi je suis venue faire le ménage, il n'y a personne d'autre ici.

Elle me donne le nom et l'adresse du propriétaire. Je fais signe au camionneur d'attendre. Le propriétaire n'est pas là, il est parti acheter des cigarettes. À son retour, je me précipite:

— Bonjour monsieur. La maison que vous avez à louer, c'est combien par mois?

— Six cents dollars.

— Je la prends.

— Quand voulez-vous entrer? Le mois prochain?

— Non, tout de suite, cet après-midi.

— Mais c'est pas possible, il me faudrait des références...

— Ce sont mes conditions. Je vous paie deux mois d'avance.

C'est tout ce qui me reste.

— Mais le ménage n'est pas fini, il me faudrait quinze jours pour tout repeindre.

– Pas quinze jours, ni même une semaine. C'est tout de suite.

Il m'a fallu presque une heure pour le convaincre de me louer sa maison sans références, et sur-le-champ. L'affaire conclue, les déménageurs ont entré mes meubles. Je venais de me reloger dans la journée. Une chance incroyable... Ma bonne étoile était sûrement avec moi ce matin-là encore.

Mais je quittais à regret ma belle maison de Saint-Hilaire, vendue en catastrophe. Dans ces moments-là, il faut savoir plier, pour mieux se redresser.

* *
*

Un dimanche soir, en octobre 1986, mes canulars ont enfin été diffusés par Quatre Saisons. J'avais baptisé mon émission *Surprise sur Prise*. Servie par une bonne promotion, la première a été un succès, la deuxième, presque un triomphe. Cette année-là, je n'ai fait que quatre émissions. J'ai eu des ennuis de santé parce que je travaillais sous une tension épouvantable. L'argent tardait à rentrer, je fonctionnais à coup de promesses. Je vivais de subventions, mais il fallait rédiger des rapports; c'était une bataille juridique complexe. J'ai finalement engagé quatre personnes, mais quand je leur remettais leur chèque de paie, ils partaient ventre à terre pour la banque, sachant que le dernier arrivé ne pourrait pas encaisser le sien, puisqu'il n'y avait jamais assez de fonds. Je devais m'y prendre à l'envers: j'empruntais de l'argent sur la prochaine émission pour payer les frais de la précédente. J'étais déjà mon propre producteur, je ne voulais dépendre de personne d'autre. J'ai bouclé la première année de peine et de misère, et les quatre émissions ont été très bien accueillies.

L'année suivante, Quatre Saisons m'a demandé deux fois plus d'émissions. Je me suis alors associé avec Pierre Robert, celui-là même que j'avais connu à CKAC, qui avait refusé mon *Monde à l'envers*, et que je m'étais promis d'attendre au tournant. Il a pris en charge l'administration, pendant que je m'occupais de la production.

L'argent a commencé à rentrer, j'ai vendu une seconde émission à Quatre Saisons, et j'ai acheté de l'équipement parce que je tenais à être indépendant. Puis nous avons demandé à Quatre Saisons dix fois le prix qu'il nous payait. On nous a dit oui, ce qui nous a permis de renoncer enfin aux subventions. Passé la deuxième année, nous avons pu respirer, vendre plus cher, et faire plus de profit. En outre, nous avons vendu l'émission en France, d'abord à Canal +, puis à TF1. Nous avons évolué, nous avons augmenté le nombre d'émissions. Nous avions notre propre équipement et nos salles de montages. Baptisée Pram, notre entreprise a connu un essor rapide, au point de devenir une importante maison de production de télévision du Canada. Tout cela en trois ans...

Aujourd'hui, *Surprise sur Prise* est regardée dans une quarantaine de pays à travers le monde.

*     *
*

Trouver un bon gag peut s'avérer un terrible casse-tête. Pourtant, il suffit souvent de savoir regarder autour de soi pour avoir des idées de canulars. De nombreux gags de *Surprise sur Prise* sont inspirés de situations vécues, dont j'ai été la victime ou l'instigateur...

Vers la fin des années soixante-dix, il y avait chaque semaine au Québec un tirage de la loterie dont le gagnant se voyait offrir un million de dollars. L'un de mes amis,

Yves Chamard, véritable mordu de jeu, achetait régulièrement toutes sortes de billets de loterie, alors que je n'en
prenais jamais. Il me disait souvent:

– Marcel, pourquoi tu n'achètes pas de billets?

– Parce que je ne compte pas là-dessus pour devenir
riche, lui répondais-je invariablement.

Un dimanche matin, 1<sup>er</sup> avril, je suis tranquillement
chez moi à boire mon café en feuilletant un hebdomadaire
disparu aujourd'hui, dont le titre était justement *Dimanche-Matin*. En bonne place sur la première page, se trouve
le numéro gagnant de la loterie, qui ne retient pas mon
attention. Je suis plongé dans la page des sports quand je
reçois un coup de fil de mon copain Yves Chamard. On
parle de choses et d'autres, puis il me dit:

– Évidemment tu n'a pas pris de billet de loto cette
semaine encore...

– Eh bien si! Tu vois, pour une fois, j'en ai pris un.
Ou plus exactement, je l'ai acheté avec mon oncle qui est
à Granby. C'est lui qui a insisté, moi ça ne m'intéresse pas
plus que ça... Mais toi qui suis ça de près, est-ce que tu
pourrais vérifier notre numéro?

– Bien sûr. Donne-le moi.

– Attends, il faut encore que je retrouve ce bout de
papier où je l'ai noté. Je vais aller fouiller dans mes
poches...

Je laisse poireauter mon copain un moment.

– Bon, ça y est, voici mon numéro.

Chiffre après chiffre, je lui donne le numéro gagnant
que je lis en première page du journal. À l'autre bout
du fil, j'ai l'impression d'entendre claquer la mâchoire
d'Yves. Parce que bien sûr lui aussi a le journal sous les
yeux.

– Mais attends un peu, répète-moi le numéro...

251

Je le lui répète.

— Dis donc Marcel, est-ce que tu es bien assis ?

— Non, je suis debout. Pourquoi ?

— Marcel, c'est incroyable ! Tu as gagné ! Est-ce que tu te rends compte ? Tu as gagné le MILLION !

— Qu'est-ce que tu racontes ? T'es fou, ça n'a pas de bon sens. Tu veux me faire marcher.

— Non, non, je te jure ; sans rire, le numéro que tu viens de me donner, c'est le numéro gagnant de la loterie !

— Ah ben, ça alors...

— Mais où est-ce qu'il est, ce billet ?

— C'est mon oncle qui l'a gardé.

— Mais ton oncle, il est peut-être distrait, ou négligent, il l'a peut-être jeté, ton billet... Appelle-le tout de suite, il faut être sûr.

Yves est tout excité à l'idée que j'ai gagné le million. Peut-être qu'il y voit aussi son intérêt, vu qu'on est de bons copains. Mais je fais celui qui redescend sur terre.

— Bon, arrête de me faire marcher avec ton histoire de loterie, parlons d'autres choses. Qu'est-ce que tu dirais d'un parcours de golf tout à l'heure ?

— Mais laisse donc faire le golf ! Puisque je te dis que tu as gagné le million ! Occupe-toi du billet, et vite.

— Fous-moi la paix, on ne t'a jamais dit que les meilleures plaisanteries sont les plus courtes ?

Je parviens péniblement à détourner la conversation et nous projetons d'aller jouer au golf dans l'après-midi.

Sans perdre une seconde, j'appelle mon oncle à Granby et je lui explique le coup :

— C'est sûr, un de mes amis va vous appeler pour vous demander si vous avez un billet de loto. Vous lui dites oui et voici le numéro que vous allez lui donner.

– Bien noté. Qu'est-ce que tu mijotes ?

– Rien, je veux juste m'amuser un peu.

Il ne reste plus qu'à laisser prendre la sauce. Je sais que mon copain est en train de chercher partout le numéro de téléphone de mon oncle. Dix minutes plus tard, le téléphone sonne de nouveau. Je suis prêt à parier mon million que c'est Yves. Pari gagné.

– Marcel ? C'est encore moi, dit-il, tout excité. Je viens tout juste de parler à ton oncle. Tu as une veine de pendu, il avait soigneusement rangé le billet dans un tiroir. Et tu sais quoi ? C'est bien le numéro gagnant ! Tu te rends compte ? Un million de dollars ! C'est extraordinaire, Marcel ! Ne bouge pas, j'arrive chez vous.

Je pose le combiné et je ne peux m'empêcher de jubiler. Voici bientôt Yves, accompagné de sa femme ; un sourire jusqu'aux oreilles, les yeux comme des feux follets, il brandit le journal :

– Marcel, regarde si je te raconte des blagues. Tu as appelé ton oncle ? Non ? Mais vas-y donc ! Moi je l'ai appelé...

– Tu as raison, faut que j'en aie le cœur net.

Je fais semblant de m'extasier au téléphone avec mon oncle :

– Oui, c'est formidable ! Venez à Montréal avec le billet, demain on ira réclamer...

Yves est heureux comme s'il venait lui-même d'empocher le gros lot. Nous nous mettons à rêver à voix haute : qu'est-ce que «nous» pourrions faire avec un million de dollars ? Nous étions tous les deux dans la dèche et tout à coup la vie nous fait une fleur. Installés autour d'un café, nous discutons ferme. Soudain le téléphone sonne, je dis à Yves :

— Va donc répondre, je n'ai pas envie de parler, je suis encore sous le choc : je suis millionnaire.

C'est Tortora.

— Torto ! C'est Yves. Je suis avec Marcel. T'as pas idée... Tu as le *Dimanche-Matin* ? Écoute bien ce numéro de loterie...

Et ça recommence... J'entends Tortora qui s'écrie à l'autre bout du fil :

— Mais c'est le numéro gagnant !

— Tu te rends compte ? Marcel a gagné le million ! Amène-toi qu'on fête ça !

Tortora, qui habite à trois pâtés de maisons, rapplique tambour battant avec quatre amis qui se trouvaient chez lui. Et ils n'arrivent pas les mains vides : l'un apporte du jambon, les autres du champagne et des boîtes de chocolats. Bientôt, on est dix, douze personnes à la maison. Nous portons des toasts, le champagne coule.

— À notre copain Marcel !

— Alors, comment on se sent quand on est millionnaire ?

— Qu'est-ce que tu vas en faire, de ce magot ?

— Oh, vous savez, pour moi, ce qui compte avant tout, c'est les amis... Qu'est-ce qui vous ferait plaisir, à vous ?

— Marcel, on ne te demande rien, on est contents pour toi...

— Oui, mais quand même, dis-je, sur un million... Hier je ne l'avais pas, si demain je ne l'ai plus, je ne m'en porterai pas plus mal. Alors, dites-moi qu'est-ce qui vous ferait plaisir ?

C'est Tortora qui se lance le premier :

— Hé bien moi, note que je ne te le demande pas, mais si je pouvais finir de payer l'hypothèque sur la maison, je serais rudement soulagé !

254

– Combien ça fait?

– Je ne sais pas, quelque chose comme cinquante mille dollars...

– C'est tout?

– Marcel, c'est beaucoup d'argent.

– Une paille, oui; moi j'ai un million à dépenser. Qu'est-ce que tu veux d'autre?

– Puisque tu insistes, mon rêve, ce serait un quatre-par-quatre...

– Ah oui? De quelle marque?

– Une Jeep.

– Parfait, on ira l'acheter demain.

Tortora ne se tient plus de bonheur.

– Et vous autres? Qu'est-ce qui ferait votre affaire? Yves?

– Ah ben moi, il me manque des sous pour m'offrir un bateau...

– Moi, ça serait un voyage à Hawaï.

– Hawaï? Toutes dépenses payées, alors...

Et pendant une heure, je me mets à faire des heureux à tour de bras. Nous discutons inlassablement, nous redistribuons l'argent...

– Si on ouvrait un restaurant ensemble, lance quelqu'un. On est tous des amis...

Nous trinquons à cette idée; c'est l'euphorie générale.

– Bon, maintenant, si on faisait le compte de tout ça...

Je vais chercher un petit tableau dans la chambre de ma fille, et nous calculons. Additions, soustractions, règle de trois et je retiens deux: je griffonne sur l'ardoise, sous l'œil vigilant de ma petite classe de nouveaux riches. Lorsque le résultat tombe, clameur générale:

– Mais, Marcel, y a plus rien pour toi! T'as tout donné. Te voilà pauvre comme Job.

– Oh, c'est pas grave... Hier je n'avais pas d'argent, demain je n'en aurai pas plus, mais au moins vous êtes heureux... Votre joie est mon plus beau trésor.

– Non, c'est pas possible, s'exclame Tortora, grand seigneur. C'est toi qui as gagné, il faut partager équitablement, parce qu'au départ, t'es pas obligé... C'est à nous de nous en passer. Moi, je renonce à la Jeep et tu paies juste l'hypothèque, ou le contraire...

Il faut tout recommencer, cela donne lieu à des sacrifices déchirants, puis à des marchandages. Nous finissons par nous organiser, tout le monde est fou de joie: je leur ai fait des cadeaux princiers.

– On va aller souper dans un très bon restaurant, me disent-ils en chœur; tu as été tellement généreux avec nous, tu seras notre invité...

– Non, écoutez les gars, ce n'est vraiment pas la peine...

– Si, si, ne discute pas, on t'invite.

Nous nous rendons tous jusqu'à l'un des meilleurs restaurants de la ville, en tout cas l'un des plus chers. La troupe a bu toute la journée, nous sommes d'excellente humeur. Mis en appétit par notre subite richesse, nous salivons rien qu'à lire le menu.

– J'hésite entre le foie gras et le caviar en entrée, dis-je, mais c'est drôlement cher...

– T'inquiète donc pas de ça, Marcel, choisis ce que tu veux. Gêne-toi pas, c'est nous qui invitons.

On me présente la carte des vins.

– Je prendrais bien ce vin-là, mais il coûte les yeux de la tête...

– Non, non, vas-y, prends la meilleure bouteille, ça nous fait plaisir.

Alors nous mangeons à en crever, la conversation est facile et enjouée. Les copains sont à la fête, et moi aussi, parce qu'à force d'en parler, je me serais pour un peu persuadé que je l'ai vraiment gagné, ce million.

Rendu au dessert, je m'absente un moment de la table et je dis au serveur :

– Je vais m'en aller par la porte de derrière et tout à l'heure, en apportant la note à mes amis, vous glisserez ce poisson d'avril sous l'addition.

Je lui remets un poisson d'avril découpé à la va-vite dans une feuille du *Dimanche-Matin* et je lui glisse un bon pourboire. Puis je rentre chez moi en me tordant de rire.

Un quart d'heure plus tard, une meute en furie tambourine contre ma porte à grands coups de poings et de pieds :

– Marcel. Salaud ! Ouvre !

Ils veulent m'étrangler. Évidemment, ils tombent de plus haut que moi, parce qu'ils y ont vraiment cru toute la journée. Prudent, je fais le mort et reste barricadé derrière ma porte.

Le lendemain, ils sont revenus, plus tristes que furieux. Je les ai consolés :

– On a quand même passé un bon moment tous ensemble, non ? On a bien mangé, on s'est amusés...

Tous ont convenu que nous avions passé une journée formidable. Bien sûr, la réalité était décevante, mais ils ne m'ont pas gardé rancune de ce poisson d'avril. Après tout, je ne leur avais pas fait croire qu'ils avaient gagné eux-mêmes le million. J'avais partagé avec eux des cadeaux, imaginaires peut-être, mais surtout un peu de rêve, ce qui n'est jamais perdu.

Cette folle journée m'a inspiré un gag de *Surprise sur Prise*, dans lequel la victime fut Lucien Francœur au Québec, puis Maria Pacôme en France.

Lucien se trouve dans une taverne avec Michel Barrette quand, au comptoir, un client ivre veut payer sa consommation avec un billet de loterie. Le serveur refuse, le ton monte. Michel Barrette, qui est notre complice, décide d'acheter le billet. C'est justement le soir du tirage, et la télévision est allumée dans la salle. Le complice s'absente un moment, demande à Lucien de surveiller les résultats, au cas où... Effectivement, le présentateur à la télé donne la liste des numéros gagnants. Les yeux de Lucien Francœur s'ouvrent tout grands. Son ami revient, il lui annonce qu'il a gagné dix-sept millions. Lui, d'abord incrédule, offre bientôt de partager la somme. On répète le numéro à la télévision. Michel explose de joie, paie la tournée générale. Les gens se mettent à applaudir... avant de venir quémander une chaîne stéréo, un voyage, un costume ou une montre en or. N'écoutant que son grand cœur, Michel distribue des milliers de dollars en chèques, sous le regard un peu effaré de Lucien Francœur. Les gens s'en vont, contents. Et soudain, tandis que le patron apporte une addition faramineuse, à la télévision le présentateur annonce qu'il y a eu tellement de gagnants pour ce tirage que la part de chacun ne sera que de cent cinquante dollars. Tête catastrophée de Lucien Francœur...

*  *

*

On me demande parfois si dans la vie de tous les jours, j'aime jouer des tours. La réponse est claire: je ne pense qu'à ça. Mais je ne dis pas que les gens me trouvent drôle chaque fois...

Toujours à la fin des années soixante-dix, je suis allé passer quinze jours de vacances aux Bahamas, plus précisément à West End, près de Freeport. J'avais acheté un forfait complet et dans l'avion, je me suis retrouvé avec un groupe de Québécois qui allaient comme moi vers le soleil des Caraïbes. Il y avait notamment un homme d'une cinquantaine d'années qui venait de Bedford. Maître de chapelle, il avait une assez belle voix de ténor. Pour mieux en persuader tous les passagers, il ne cessait de se promener dans les allées en chantonnant. À l'écoute des deux premières chansons, tout le monde a trouvé le divertissement agréable. Au bout d'une heure, ayant déjà à supporter le ronflement des moteurs, nous ne pensions plus qu'à bâillonner ce Caruso des airs pour le jeter dans la soute à bagages...

Notre hôtel de West End était plutôt agréable. Le matin, nous prenions le déjeuner dans une grande cafétéria, et à midi nous mangions sur la plage. Vers dix-sept heures, les serveurs rouvraient la cafétéria. Affamés par leur baignade, les gens se pressaient aux portes comme si la nourriture devait manquer sur l'immense buffet où l'on découpait le rosbif et la dinde.

En fait, ce séjour aurait été des plus plaisants si le chef de chorale de Bedford ne s'était obstiné à nous rebattre les oreilles de ses sempiternelles vocalises. On le rencontrait sur la plage, il fredonnait une barcarolle; on le croisait dans les couloirs de l'hôtel, il beuglait un *negro spiritual* ou chantonnait un air d'opérette... Cela devenait intenable. J'ai donc été contraint d'employer les grands moyens.

J'avais appris que le gérant de l'hôtel se nommait Bridgewater. Un soir, de ma chambre, j'appelle notre ténor, et je m'adresse à lui en anglais.

– Ici Bridgewater, le directeur de l'hôtel. De nombreux clients m'ont rapporté que vous avez une voix superbe...

– Non, non, pas tant que ça, vous me flattez... Je ne suis qu'un amateur, je chante uniquement pour mon plaisir personnel.

– Justement, il serait dommage de ne pas en faire profiter tous les vacanciers. Demain samedi, il y a un grand dîner dans la cafétéria, vous pourriez venir y chanter pour tout le monde.

– Non, vraiment, vous m'embarrassez... C'est vrai, je ne chante pas mal, mais je n'oserais pas...

– Si vous acceptez, je vous offre gracieusement une semaine supplémentaire à l'hôtel.

L'offre est alléchante, le bonhomme plonge.

– C'est entendu, mais c'est bien pour vous faire plaisir. Comment s'organise-t-on?

– Vous attendez que la salle soit pleine, vous entrez, vous vous placez près du buffet, afin que tout le monde puisse vous voir, et vous chantez.

– Comment dois-je m'habiller?

– L'idéal, ce serait que vous portiez un smoking pour qu'on voie d'emblée que vous êtes la vedette.

– Mais je n'ai pas apporté de vêtements habillés; je suis en vacances, je ne comptais pas donner un récital, tout cela est si soudain.

– Écoutez, si vous allez à Freeport, vous devriez pouvoir y louer ce qu'il faut.

Le lendemain midi, les pieds en éventail au bord de la piscine, je vois mon bonhomme monter d'un air affairé dans un taxi, direction Freeport. Il en a pour une heure, c'est déjà ça de pris.

À dix-huit heures, tous les baigneurs se pressent dans la cafétéria, en bermudas et pleins de coups de soleil. Je m'installe près du buffet – aux premières loges – et j'attends l'attraction.

Le roi du *bel canto* ne tarde pas à faire son entrée en grande pompe, le port majestueux, le costume et le nœud papillon impeccables. Il est plutôt grand, son crâne est dégarni, son maintien, sévère. Il avance les yeux fixés sur un lointain horizon, la tête haute, les épaules bien droites.

Il se place au centre de la salle, devant le buffet, apparition incongrue au milieu de cette foule débraillée, en tee-shirt et short à fleurs, qui ne prête d'ailleurs pas attention à lui, trop occupée qu'elle est à se remplir la panse. Le soliste met la main sur son cœur et il entonne son premier air *a capella*, au profond étonnement du serveur en train de trancher la viande derrière la table. Les gens alentour lèvent la tête, on tolère l'intrusion, mais on préfère bientôt la salade de poulet, la bouffe tout court à l'opéra bouffe. À la fin de sa chanson, l'artiste attend pendant un moment des applaudissements qui ne viennent pas. Il regarde partout autour de lui, les gens l'ignorent. Il décide d'en pousser une deuxième, un peu plus fort. Mais le serveur l'interrompt dès le refrain:

– Eh, ça suffit! Vous dérangez les gens, vous gênez ceux qui veulent se servir. Qu'est-ce qui vous prend?

Mais le chanteur ne veut pas s'en laisser imposer par quelqu'un qui ne connaît rien à l'art du chant. Il persiste, entame une troisième chanson, à tue-tête cette fois, pour enterrer le brouhaha des goinfres. La bataille est perdue d'avance. Elle se résume bientôt à une altercation entre le maître de chapelle et le trancheur de rosbif. Celui-ci menace de le faire expulser séance tenante; notre artiste réplique à coups de trilles et de contre-ut.

Finalement, le serveur appelle en renfort deux employés de l'hôtel, deux costauds qui prennent le bonhomme chacun sous un bras, le soulèvent et l'emportent hors de la salle comme un colis. Fou de colère, le ténor continue de s'égosiller, en pédalant désespérément dans le vide...

– Lâchez-moi! finit-il par crier. Espèces de brutes, vous allez vous en mordre les doigts: c'est M. Bridgewater qui m'a demandé de me produire ici ce soir. Attendez que je le voie.

On l'emmène voir M. Bridgewater qui bien sûr lui dit qu'il n'est pas au courant, qu'il ne lui a jamais parlé au téléphone.

– Et ma semaine de vacances gratuite?

Le lendemain, veille du départ, le pauvre gars répétait à tous ceux qui voulaient l'écouter:

– Je me demande qui a bien pu me faire une blague pareille...

Il a dû longtemps méditer sur ce mystère et se jurer qu'on ne l'y reprendrait plus. En tout cas, dans l'avion du retour, il est resté muet comme une carpe.

Ce gag est sans doute trop «méchant» pour être utilisé dans *Surprise sur Prise*, car la première règle de l'émission, c'est que la «victime» ne soit jamais ridiculisée. Il ne s'agit pas d'angélisme de notre part, mais plutôt d'une forme d'éthique. Rien n'est plus facile en effet que d'insulter les gens ou de les humilier. Pendant un temps, on a beaucoup ri des pseudo-insolences des caméras cachées. Pourtant, les gags étaient souvent bêtes et méchants. J'installe une vitre sans reflet dans un couloir, les gens viennent s'y casser le nez l'un après l'autre: est-ce que c'est vraiment drôle? Je mets de la colle sur une chaise, quelqu'un vient s'asseoir, c'est sûr qu'il va rester collé. Est-ce que c'est irrésistible?

Il y a aussi les gags plus pernicieux, du type «la machine à laver qui parle». Une femme vient faire sa lessive dans une laverie automatique, elle s'apprête à charger son linge quand la machine se met à lui parler. Et la femme répond... À partir de là, la situation peut s'éterniser, elle ne deviendra pas plus drôle. À mon avis, c'est exploiter la naïveté de certaines personnes. Je ne sais pas ce qui en est pour vous, mais quant à moi, si mon barbecue se met soudain à me parler, je peux vous garantir que je ne lui répondrai pas.

Il y a un principe sur lequel repose l'écriture de nos canulars. Si la sympathie du téléspectateur va à la personne qui est piégée, c'est que le gag est mauvais. Il faut que le téléspectateur reste notre complice, qu'il s'amuse avec nous du tour que nous jouons. C'est sans doute le respect de cette règle qui explique la longévité et la popularité de *Surprise sur Prise*.

# Chapitre 12

En 1987, j'ai eu ma première crise cardiaque. L'émission *Surprise sur Prise* marchait bien; presque du jour au lendemain j'étais devenu une «vedette», mais ce succès impliquait une somme de travail énorme. D'autant plus que je devais m'occuper de tout, de A jusqu'à Z: la scénarisation des gags, les repérages, le choix des comédiens et des costumes, puis la direction du tournage et du montage. La première année, quatre émissions seulement ont été diffusées, mais quatre émissions que j'ai véritablement portées à bout de bras, avec le stress que me procurait la sensation d'être au pied du mur.

Un soir de janvier 1987, je viens d'avaler mon repas à la maison lorsque je ressens à l'estomac une crampe que j'associe avec une simple indigestion. Je traîne ce malaise jusqu'à l'heure du coucher, et le matin, je me réveille frais et dispos. Je dois consacrer une bonne partie de la journée à des entrevues et relations de presse à la station de télévision Quatre Saisons. Quand j'arrive aux studios à dix heures, ma douleur à l'estomac reprend, plus forte que la veille. Je réponds aux questions des journalistes comme si de rien n'était, toujours persuadé que j'ai mangé quelque chose qui ne veut pas passer.

Vers seize heures, je quitte la station de télévision et je vais retrouver mon ami Yves Chamard – le gars du billet de loterie – qui m'attend dans un restaurant d'où nous irons à l'Union des Artistes, dans le centre-ville. L'état de mon estomac m'indispose de plus en plus.

— On va juste prendre un café et se sauver, dis-je à Yves, parce que je ne suis pas très en forme.

Mais, au moment de sortir, je change d'avis:

— Écoute, je déclare forfait pour la réunion. Mieux que ça, tu vas prendre le volant et me conduire à l'hôpital.

Je n'ai pas pensé une seconde à une crise cardiaque. Mais à partir du moment où j'ai pris la décision d'aller consulter un médecin, la douleur est devenue plus intense.

— Vas-y, brûle le feu rouge...

Heureusement, l'hôpital est à deux pas. J'entre dans le hall et je m'adresse à l'infirmière:

— J'ai des douleurs à l'estomac.

J'ai à peine le temps de le dire que jc m'effondre par terre. Lorsque je reprends connaissance, je suis allongé sur une civière et entouré d'une flopée de médecins.

— Vous êtes en train de faire une crise cardiaque.

— Ah bon...

À ce moment-là, pour moi, crise cardiaque ou crise de foie, c'est du pareil au même.

— Mais on peut dire que vous êtes chanceux, continue le médecin.

— Comment ça?

— D'abord parce que vous êtes arrivé ici à temps, et ensuite parce que je reviens tout juste de Los Angeles, où l'on a mis au point un nouveau sérum qui peut diluer les caillots de sang.

On m'injecte alors ce sérum, et en effet la douleur diminue lentement. On me laisse me reposer dans une chambre. Au bout d'une heure et demie, ne sentant presque plus rien, je me lève et je me rhabille.

– Où est-ce que vous croyez aller ? demande le médecin en entrant dans la pièce.

– Eh bien... Je rentre chez moi.

– Vous êtes fou ? Vous venez de faire une crise cardiaque.

– Oui, mais c'est passé, je n'ai plus mal.

– Pas question, vous restez ici, on vous garde sous observation.

Je passe deux jours aux soins intensifs, puis on m'installe dans une chambre privée. Comme ma crise cardiaque est étalée dans tous les journaux, mes amis viennent me voir ; curieusement, je les trouve beaucoup plus traumatisés que je ne le suis.

Puis le cardiologue se présente à mon chevet, il me montre l'endroit précis où le cœur a été endommagé et m'annonce que je dois passer des examens, angiographies et autres coronographies, qui permettront de préciser l'étendue des dégâts.

Concrètement, il s'agit d'insérer un tube dans mes artères et d'y injecter un liquide qui facilitera la lecture aux rayons X. Normalement cela se fait par l'aine, mais je sais depuis une quinzaine d'années que j'ai les artères bloquées à quatre-vingts pour cent au niveau de l'aine, au point que j'en suis gêné pour marcher. Aussi, lorsqu'on me couche sur la table d'opération, je mets le médecin en garde :

– Par l'aine, ça ne passera pas, c'est bloqué.

– Qu'est-ce que vous en savez ?

– J'ai déjà subi des examens...

– On va essayer quand même.

Essai à droite, ça ne passe pas. Essai à gauche, pas davantage. Je me garde de tout commentaire du genre « je vous l'avais bien dit », mais je n'en pense pas moins.

– Il faudrait passer par le bras, me dit le docteur. Mais cela signifie faire appel à un autre spécialiste.

On me ramène donc dans ma chambre, et trois jours plus tard, on repasse à l'attaque avec en renfort un autre médecin, une femme, spécialiste des pénétrations d'artères par le bras. Direction la salle d'opération, puis on me glisse sous une machine énorme; rien que de la regarder, j'ai presque peur.

– On va essayer par l'aine, m'annonce le médecin.

Mais je proteste:

– Non, on a déjà essayé, ça ne passe pas.

– Je veux me rendre compte par moi-même.

Voilà que ça recommence. Et c'est loin d'être une partie de plaisir. Elle me cisaille l'artère au niveau de l'aine, essaie d'introduire le tube. Mais il faut se rendre à l'évidence:

– Ça ne passe pas.

– Qu'est-ce que je disais?

Cette fois, je n'ai pas pu m'en empêcher.

– Je vais essayer de l'autre côté.

– Ça ne passera pas non plus.

Inutile que je m'égosille, il faut qu'elle aille s'en assurer elle-même. Autre échec.

– Bon, je vais passer par le bras droit.

Ah, tout de même, on y arrive! Elle incise l'artère, entre son tube, et suit la progression sur écran vidéo, ce qui m'énerve au plus haut point. Puis soudain, je ne sens plus ma main droite. Je m'empresse de signaler la chose:

– Dites donc, il y a quelque chose qui ne fonctionne pas normalement, j'ai les doigts tout engourdis...

Le docteur s'affole, elle s'adresse au médecin qui l'assiste:

– Vite, faites vite, il va perdre sa main droite.

Pourvu qu'on me laisse le temps de l'étrangler !

– Enlevez-moi votre bazar, dis-je, et arrêtez votre examen, j'ai pas l'intention de perdre ma main.

– Non, attendez, ça y est, je l'ai, c'est passé, donnez-moi trente secondes et ce sera fini.

Effectivement, les radios prises, on me libère et je réintègre ma chambre. Deux jours plus tard, on me donne les résultats, images à l'appui.

– Vous avez eu une lésion à cet endroit, ce n'est pas l'artère principale, mais l'artère principale est elle-même bloquée à trente-cinq pour cent, il faut faire attention...

J'écoute tout cet exposé d'une oreille plus ou moins distraite.

À présent, on voudrait me soumettre à l'effort. Cela consiste à me couvrir de capteurs et de fils, puis à me faire courir sur un tapis roulant : le rythme cardiaque augmente, les éventuelles anomalies et défaillances peuvent apparaître. On m'apprend que les possibilités de faire une crise sur ce tapis mécanique sont de 1 %. Un pari plutôt confortable, encore que je n'aie pas l'âme d'un joueur. Mais j'échappe à l'exercice, car les médecins décident de ne prendre aucun risque avec moi.

– On va vous donner dix petites pilules qui remplaceront l'effort.

Manque de chance, tout ce qui est chimique, ça m'énerve. J'en regrette presque le tapis roulant, d'autant plus que le refus de m'y faire passer en dit long sur l'opinion du corps médical quant à mon état de santé... On me transporte, le sérum dans le bras, la tige de perfusion dans la main.

– Avalez ces dix petites pilules, étendez-vous et dans quinze minutes, pas de panique, votre cœur va battre comme si vous aviez couru un mille mètres.

J'avale, et j'attends. Il se passe quinze minutes, vingt minutes, une demi-heure. Je ne sens rien du tout.

— Alors, s'enquiert le médecin, ça bat fort ?

— Non. Aucune différence.

— En effet, c'est curieux..., fait-il en prenant mon pouls. Vous avez bien avalé les pilules ?

— Sous vos yeux.

Il s'informe auprès de l'infirmière.

— Ces pilules ne sont pas périmées ?

— Non, docteur.

Il n'en revient pas. Il va chercher un confrère. On m'interroge, on m'ausculte, on décide d'attendre une demi-heure de plus. Je commence à m'impatienter. Ce qui n'a malheureusement aucune influence sur mon rythme cardiaque. Trente minutes plus tard, j'ai le cœur qui bat aussi paisiblement et régulièrement qu'une horloge suisse.

— Vous savez ce qu'on vous a donné ? me demande alors le médecin. Il s'agit d'un poison.

— Ah oui ? C'est gentil à vous de me le dire.

— Il arrive exceptionnellement que ça ne fonctionne pas. Toutefois, pour écarter tout danger, on va vous donner un antidote...

— Puisque le poison n'a eu aucun effet...

— Mais cela pourrait se déclencher dans les prochaines heures.

La belle affaire ! Je suis venu jusque dans cet hôpital pour me faire empoisonner... Le médecin indique à l'infirmière la dose précise d'antidote que je dois absorber. Surtout pas un millilitre de plus. Et il s'en va. On m'injecte le liquide. Je reste sagement allongé sur la civière. Au bout de dix minutes, je sens un léger malaise et je demande :

270

– Vous êtes sûr que ça fonctionne comme il faut ? Je suis mouillé partout.

Elle vérifie. Le liquide semble s'être répandu au mauvais endroit. En tout cas je suis trempé aux hanches et aux cuisses.

– Je ne comprends pas, me dit-elle, il y a une fuite. Le problème, c'est que le médecin a prescrit une dose bien précise, maintenant je ne sais plus combien je vous en ai effectivement donné.

Cette fois, ma patience est à bout.

– J'en ai assez. Vous allez réussir à me tuer si vous continuez. Je m'en vais...

– Non, attendez !

La laissant toute paniquée, je remonte dans ma chambre avec ma tige de perfusion à la main, et je dis à la première infirmière venue :

– Enlevez-moi tout ce bazar.

– Non, je ne...

– Vous l'enlevez.

Elle s'est exécutée, je me suis habillé, et je suis parti.

Quinze jours plus tard, le médecin m'a rappelé, je suis allé le voir, il m'a redonné des pilules. Je les ai jetées dans la poubelle, et j'ai oublié la crise cardiaque.


Tout s'est bien passé pendant trois ans. Mais en 1990, je me sentais très tendu. La rentrée d'automne à Paris avait occasionné un surcroît de travail et un coup de fatigue.

De retour au Québec, je préviens mon associé que je vais m'offrir des vacances en Floride, au mois de novembre.

– Une semaine de repos, ça va me faire du bien.

271

Je dois prendre l'avion avec ma compagne Sylvie le 21 novembre, à sept heures, à Dorval. Nous nous levons vers quatre heures, nos valises sont prêtes. Au réveil, je sens un vague engourdissement dans la main droite, mais je n'y prête guère attention.

Nous partons pour l'aéroport. Dans la voiture, j'ai des bouffées de chaleur, je suis nerveux, agité. Il fait un temps de cochon, la route est couverte de neige fondante, la circulation, lente. On passe la douane; c'est long, il y a du monde, j'ai chaud, puis j'ai froid. Finalement débarrassés de toutes les formalités, nous nous dirigeons vers l'avion.

Je ne suis plus qu'à une dizaine de mètres de l'escalier, Sylvie et moi sommes les derniers à embarquer. L'hôtesse nous attend devant la porte ouverte. Je m'arrête au pied des marches.

– Je ne me sens vraiment pas bien.

– Tu préfères rester ici?

– Peut-être qu'il vaudrait mieux...

L'hôtesse est toujours là, un sourire figé aux lèvres. Je reste planté devant l'escalier.

– Vous montez? nous demande-t-elle.

– On ne monte pas.

Ce qui ne fait plaisir à personne, car il faut trouver nos bagages et les sortir; le vol doit être retardé.

– Appelle un médecin, dis-je à Sylvie.

Elle commence à réellement s'alarmer. Je subis le même effet que lors de ma première crise cardiaque: à partir du moment où je cesse de nier la douleur, elle triple d'intensité. Je suis obligé de m'asseoir; quelqu'un me conseille de m'allonger par terre. Tout de suite une infirmière de l'aéroport arrive, et on appelle l'ambulance. Je reste étendu sur le carrelage, les yeux bien ouverts, tandis qu'on s'agite autour de moi. L'ambulance ne tarde pas et les infirmiers prennent aussitôt mon pouls. Je souffre terriblement, mais je reste conscient.

— Votre tension artérielle est vraiment très basse. À quel hôpital allez-vous habituellement?

— À Notre-Dame.

— Je doute qu'on puisse se rendre jusque-là...

Voilà le genre de réflexion réconfortante que j'espérais...

— On va aller à l'hôpital le plus proche, celui de Lachine, en face de l'aéroport.

Étendu par terre, attendant d'être emporté dans l'ambulance, je me parle à moi-même: «C'est dommage mon petit Marcel, tu t'en allais en Floride en vacances et c'est fini, c'est fini... un matin de novembre...» Et en même temps, une voix intérieure me dit: «Non, ça n'a pas de bon sens. Pourquoi ça finirait ce matin?» Mais je ne maîtrise plus rien. La pensée positive, la programmation mentale, tout cela n'a plus cours ici. La douleur occupe tout entière mon corps et mon esprit, et je ne peux plus penser qu'à une chose, en être débarrassé. Et pourquoi pas définitivement, tout de suite? Car j'ai une conscience très vive du fait que je peux mourir là, d'un coup, d'un seul, en une fraction de seconde, comme on actionne un interrupteur: ça marche, puis ça ne marche plus. Mais que d'angoisse dans ce saut!

On me monte dans l'ambulance qui démarre, sirène hurlante, gyrophare en marche. J'ai l'impression qu'un caillot progresse dans mes artères; quand il va parvenir au cœur, celui-ci va éclater et ce sera terminé.

Sylvie est montée devant avec le chauffeur, je suis seul avec un infirmier qui n'arrête pas de me parler.

— Ferme-la un peu, finis-je par lui dire, tu m'agaces.

— Je vous parle pour que vous ne sombriez pas dans le coma.

Décidément, toujours une parole de réconfort à la bouche...

— Et dis à ton copain de ne pas conduire si vite, sinon on va entrer dans le décor avant d'atteindre l'hôpital.

Nous touchons enfin au but ; on me pose sur une autre civière, on me descend, des infirmiers me poussent dans un couloir en courant. Au passage, j'ai juste le temps de voir le visage d'une garde-malade qui me reconnaît et qui s'écrie :

— Ah, une petite *Surprise sur Prise* ce matin !

Elle se fait aussitôt vertement réprimander par le médecin :

— Pauvre idiote !

On me conduit dans une salle où une demi-douzaine de personnes en blouse se penchent au-dessus de moi. J'entends qu'on va me faire la même injection que lors de ma première crise cardiaque. Je trouve la force d'intervenir :

— Non, j'ai déjà reçu cette injection... On m'a dit que je ne pouvais pas l'avoir deux fois.

— Vous avez raison. Heureusement que vous me le dites.

Faites-moi signe quand vous aurez encore besoin de moi...

On m'administre un autre produit. La douleur est terrible. Je crois que je vomis. Et tout d'un coup, ça s'arrête, je ne sens plus rien. Mais plus rien du tout...

Puis mon corps se résume à une tête grosse comme une marmite, au bord de laquelle mes yeux se promènent en essuie-glace. Je me dis : «Je vais perdre connaissance...», sans savoir que j'ai déjà perdu connaissance, et

274

que le médecin est en train de me gifler à tour de bras pour me ranimer.

— Monsieur Béliveau! Monsieur Béliveau!

— Vous allez me frapper comme ça toute la journée? Si je me lève, vous aurez affaire à moi.

— Il revient à lui!

— Pourquoi vous me battez comme ça?

— Monsieur Béliveau, vous avez été mort durant cinq secondes.

— Sans blague? J'étais mort?

— Oui, il a fallu que je vous réanime par électrochocs. Je vais d'ailleurs m'assurer que vous n'avez pas de marques de brûlures.

Il soulève ma chemise. Non, pas de marques. En tout cas, je me sens mieux, la douleur n'est plus aussi intense.

— On va vous transporter à l'Institut de cardiologie. J'espère que vous pourrez supporter le trajet.

J'espère aussi. Mais au point où j'en suis, je suis plutôt fataliste: si je tiens le coup, tant mieux; sinon, eh bien, tant pis.

À l'Institut de cardiologie, une autre équipe me saute dessus comme une colonie de fourmis sur un morceau de choix. Tout de suite, j'ai droit à de nouvelles injections, à de nouveaux examens.

— Monsieur Béliveau, vous avez de la chance, me dit-on.

J'ai un peu de mal à m'en persuader.

— Si, si. Vous avez fait une seconde crise cardiaque, mais au même endroit que la première. Ce qui signifie que le cœur n'a pratiquement pas été plus endommagé qu'il ne l'était. L'artère n'était pas complètement bloquée, elle l'est aujourd'hui; mais maintenant vous n'aurez plus d'ennuis avec cette partie-là.

En fait, je suis doublement chanceux, m'explique-t-on. Normalement, il faudrait effectuer un pontage pour pallier le blocage de l'artère, mais ce pontage s'est fait naturellement, mon sang a réussi à se frayer un chemin.

– Parfait, c'est réglé, me dit le médecin.

Et je suis sorti de l'hôpital le jeudi. Le vendredi matin je participais à une réunion dans ma maison de production, comme si de rien n'était... Ou presque.

Autant j'avais traversé ma première crise cardiaque à peu près sans m'en rendre compte, autant la seconde a été une épreuve épouvantable. Dès lors, j'ai vécu dans l'angoisse de la troisième. Tous les jours, je me disais: «Ce sera peut-être demain.» La moindre douleur stomacale, des doigts qui soudain semblaient gourds, et je croyais que ça y était...

Récemment, je suis allé à l'enterrement d'un ami comédien qui a succombé à un infarctus. Un an auparavant, il avait eu une première attaque lors d'une émission de télévision.

– Il est mort d'angoisse, m'a dit son fils. Il s'inquiétait tellement à l'idée de faire une autre crise que ça l'a tué.

Je comprenais parfaitement ce sentiment. Il n'est pas facile de vivre avec le spectre de la mort à ses côtés. Quand frappera-t-il de nouveau? Et si j'étais seul à ce moment-là? Et si je n'arrivais pas à temps à l'hôpital? À force d'anxiété, on finit par créer les symptômes de la crise cardiaque.

Deux ou trois fois, j'ai ainsi connu des alertes. J'avais mal au ventre, une barre à la nuque ou une bouffée de chaleur qui m'étourdissait. Chaque fois, je me suis précipité à l'hôpital, où on m'a mis les électrodes.

– Non, tout est normal, vous vous êtes énervé pour rien...

À la troisième fausse alerte, mon cardiologue m'a dit que je ne pouvais pas continuer ainsi, et il m'a conseillé d'aller voir le psychiatre de l'hôpital.

– Mais je ne suis pas fou !

– Non, mais des tas de malades sont dans ton cas. Tous les greffés, tous les cardiaques, surtout les grands angoissés comme toi, les gens qui ne laissent pas voir leurs sentiments, qui gardent leurs émotions à l'intérieur...

Un peu gêné, je suis quand même allé voir le psychiatre à plusieurs reprises. À vrai dire, il n'avait pas vraiment de solution à me proposer. Mais au moins nous discutions du problème, apparemment commun à tous les gens qui ont fait une crise cardiaque. On m'a donné une petite bouteille de nitro : en cas d'alerte, je dois mettre un comprimé sur la langue, comme on le voit dans les films. Mais prendre une pilule, est-ce que ce n'est pas reconnaître que j'ai effectivement quelque chose ? Je traîne donc mon flacon, mais je ne m'en sers jamais.

*     *
*

En dehors de cette inquiétude qu'il m'était impossible d'écarter totalement, je me sentais plutôt en forme et je me suis donc remis au travail. Deux années ont passé sans encombre.

Mais en février, mars 1992, je suis devenu plus agressif, plus impatient que de coutume. Je rentrais à la maison dans un état de fatigue anormal, souffrant en outre d'un manque complet d'appétit. J'étais convaincu que cela n'avait rien à voir avec mon cœur, mais j'ai décidé d'aller consulter un médecin. Je lui parle de mes accès de fatigue, de mes réveils au milieu de la nuit, les cheveux ruisselants

277

de sueur. On procède à des prises de sang, et je reviens le voir deux semaines plus tard.

— J'ai trouvé votre problème, vous faites de l'anémie. Vos plaquettes sanguines sont très basses. Je vais vous donner quelque chose...

— Je veux bien, parce que le soir je suis très fatigué, et en plus je crois que j'ai maigri.

On vérifie sur le pèse-personne.

— Effectivement vous avez perdu deux kilos.

Au cours des semaines suivantes, je me suis mis à maigrir plus rapidement, jusqu'à perdre une dizaine de kilos. Toutes les nuits, je continuais à me réveiller en nage. Un détail curieux me tracassait : je n'arrivais plus à me coiffer comme avant, mes cheveux semblaient avoir une autre texture. Pourtant, je ne ressentais absolument aucune douleur, juste un manque d'énergie.

Je retourne alors voir mon médecin qui me dit :

— Nous allons essayer une radiographie des poumons.

Il m'envoie chez un radiologue qui, lui, m'annonce :

— Il y a bien un petit quelque chose sur vos radios. Vous n'avez pas déjà été opéré ?

— Oui, il y a une trentaine d'années.

— C'est sûrement ça.

Quinze jours plus tard, on examine les radios en question chez mon médecin, qui semble sceptique. Il me demande de passer une seconde radiographie, selon un autre procédé. Je retourne donc chez le même radiologue : les résultats ne semblent pas plus significatifs que les premiers. Il y a quelque chose, mais on ne sait pas quoi. Mon médecin prend alors rendez-vous pour moi chez un spécialiste des maladies vasculaires. Je recommence la série complète d'examens.

– D'après les symptômes que vous m'avez décrits, la source de vos ennuis provient du blocage de vos artères dans les jambes.

– Avec tout le respect que je vous dois, docteur, c'est impossible.

Le voilà qui s'emporte :

– C'est quand même mon métier...

– Écoutez, ça fait quinze ans que j'ai les artères bloquées. Jamais je n'ai eu les cheveux mouillés la nuit, jamais je n'ai perdu dix kilos. Votre diagnostic, vous pouvez le garder pour vous.

Il s'offusque et me fiche à la porte, séance tenante. Je retourne voir mon médecin :

– Votre spécialiste, il est complètement dans les patates.

– Bon, on va essayer autre chose ; vous allez voir un pneumologue.

Le jeudi 4 juin 1992, je vais donc à l'hôpital consulter le D$^r$ Marc Simard, la trentaine, jovial, aimable, avec qui je me sens en confiance. Je lui présente mes radios.

– Le temps que j'y jette un œil, allez donc vous occuper des formalités, faites-vous faire une carte de l'hôpital.

Je traîne les pieds jusqu'à l'accueil. Quand je reviens dans le bureau, je vois mes radios posées sur le panneau lumineux comme des tableaux abstraits.

– Monsieur Béliveau, me dit le docteur, je n'ai pas de bonnes nouvelles pour vous.

– Ah bon... Dites toujours.

– Vous avez une tumeur maligne au poumon gauche.

– Vous voulez dire que j'ai un cancer du poumon ?

– Oui.

279

Le sol s'ouvre devant moi. Je murmure :

— D'après ce que j'ai entendu dire, c'est un cancer qui évolue assez rapidement...

— En effet.

— Combien de temps ?

— En mettant les choses au pire, vous avez deux mois à vivre.

Je m'assois sur un tabouret.

— Peut-être moins, peut-être un peu plus.

Il m'annonce ça avec des mots tout bêtes qui m'assomment comme des coups de massue. Deux mois à vivre... Et pourtant je ne sens aucune douleur...

— Voilà pour le pire, dis-je. Et le mieux ?

— Le mieux, c'est que la tumeur soit localisée et qu'on puisse enlever la partie cancéreuse. Dans ce cas, ce sera comme si vous n'aviez jamais eu de cancer.

— Eh bien, je vais prendre le mieux !

— Pas si simple, ce n'est pas vous qui décidez.

— Est-ce que c'est parce que je fume ou parce que j'ai fumé ?

— Premièrement, ce n'est pas le moment de culpabiliser. Deuxièmement, cinquante pour cent de mes clients qui ont le même problème que vous n'ont jamais fumé. Dans votre cas, cela peut être la cigarette, mais pas forcément. Quoi qu'il en soit, si vous êtes d'accord, on vous hospitalise dimanche soir et toute la semaine on procède à des examens. Je pourrai vous dire au fur et à mesure ce qu'il en est.

Je suis sorti de là dans un état second. On venait de m'infliger un verdict terrifiant: plus que deux mois à vivre. C'était le 4 juin. Cela me laissait juin, juillet, août peut-être, mais en septembre je ne serais plus là.

J'ai passé le reste de la journée dans un épais brouillard. Je ne me souviens plus du tout de ce que j'ai fait. J'ai probablement tourné en rond. En tout cas, j'ai complètement oublié que j'avais promis à deux amis de les accompagner à l'aéroport. Mon existence venait de basculer. Deux mois à vivre... Pourtant, je ne me résignais pas facilement devant ce «deadline», je le trouvais absurde, impossible. Le soir, à mots voilés, j'ai appris la nouvelle à Sylvie, en lui disant que... peut-être...

Le lendemain matin on tournait un gag, j'y suis allé comme si de rien n'était, en me demandant si je devais en parler ou non autour de moi. J'étais entré dans un monde différent. J'optai pour le silence...

Le dimanche soir, j'ai donc été hospitalisé sous le nom de Michel Bellavance que m'avait donné le D$^r$ Simard, afin d'éviter les débordements de la presse à sensation. Pendant les cinq jours suivants, j'ai passé des examens. Tous les jours, j'attendais les résultats dans un terrible état d'angoisse. Je me faisais l'effet d'un accusé contraint de recevoir sa sentence cinq fois de suite. On m'avait autorisé à fumer – «Au point où vous en êtes...» – et je ne m'en privais pas. Chaque soir, le médecin venait me voir.

– Bonne nouvelle, monsieur Béliveau, me dit-il à un moment donné, ça ne s'est pas répandu dans le lobe supérieur...

Je poussais un soupir jusqu'au lendemain. J'ai tenu ainsi jusqu'au vendredi, où le docteur m'a fait subir un examen assez pénible. On m'a entré deux tubes dans le nez, et on a prélevé un échantillon du poumon aux fins d'analyse.

– Vous avez une chance incroyable, me dit le D$^r$ Simard le même soir. Votre cancer semble bien localisé. Et pourtant la tumeur est assez importante, à peu près quatre centimètres. Vous avez rendez-vous lundi avec le meilleur chirurgien de Montréal.

Il me donne la permission de sortie pour la fin de semaine, mais je sais bien que je ne suis pas au bout de mes peines.

Le lundi, je vais à l'Hôtel-Dieu rencontrer ce chirurgien, le D^r Lafontaine. Je passe deux heures dans la salle d'attente. Il y a beaucoup de monde, des gens qui pleurent, des gens qui probablement sont condamnés. Je donnerais cher pour être à mille lieues, mais c'est bien ici qu'est ma place. Je suis enfin reçu par le docteur qui examine les radios :

— Le D^r Simard m'a adressé un rapport encourageant, mais nous ne sommes pas encore certains que le cancer soit localisé.

— Ah bon, je croyais que...

— Non, non, c'est plus compliqué que ça. Il reste à savoir si les ganglions sont attaqués.

— Ah... Et quand le saurez-vous ?

— On ne pourra le savoir que le jour de l'opération...

Nous fixons la date fatidique : mercredi en huit. Une grande semaine à me ronger les sangs. Le mardi, le docteur m'appelle pour me dire qu'il faut reporter au lundi suivant. Toutes ces journées d'angoisse me laissent sans force, un mur s'élève autour de moi, je ne vois plus les gens ni la vie comme avant. En quittant la maison le matin, je dis à ma Sylvie que je vais travailler, mais je m'installe à la terrasse d'un café et je regarde passer les gens. Pourquoi celui-ci est-il en vie, en pleine santé ? Pourquoi celui-là est-il en fauteuil roulant ? Comme tous ceux qui sont confrontés à l'éventualité d'une mort prochaine, je regarde le ciel, les fleurs, les visages, comme si je voyais tout cela pour la première fois.

L'opération est donc reportée au lundi 22 juin. Le jeudi, miné par l'anxiété, je décide d'aller trouver le psychiatre que j'avais déjà consulté à plusieurs reprises après mes crises cardiaques. Je lui apprends que j'ai un cancer du poumon.

— Je viens vous voir aujourd'hui pour la dernière fois peut-être, parce qu'on va m'opérer lundi.

Il semble très touché par la nouvelle. Nous bavardons un moment, puis il me demande si je n'ai pas fait des rêves récemment. C'est une manie chez lui: chaque fois que je vais le voir, il insiste pour que je lui raconte mes délires oniriques. Et chaque fois, je lui réponds que je ne rêve jamais. Mais ce jour-là...

— Eh bien oui, effectivement, j'en ai fait un.

— Ah bon? dit-il, tout heureux d'avoir quelque chose à se mettre sous la dent. Racontez-moi.

— Je rêvais que j'étais en train de voler très haut dans les airs au-dessus d'une maison qui était la mienne. Elle était bâtie au sommet d'une petite colline et entourée de verdure. Tout d'un coup, je ne sais pas comment, je me retrouve au pied de l'escalier, je monte les trois marches menant à la véranda. Je longe une galerie qui fait le tour et avant d'entrer dans la maison, je vois un énorme baril, ou plutôt un long tube en verre transparent d'une dizaine de mètres. Et ce tube est plein de personnages que je ne connais pas, des gens qui sont morts mais qui flottent lentement à l'intérieur.

— Ah, c'est intéressant ça, fait mon psychiatre en se levant pour arpenter la pièce. Continuez, continuez...

— Je regarde dans le tube et je vois ces gens morts qui sont comme des fœtus dans le formol ou, comme au cinéma, ces gens qui flottent dans l'eau, les cheveux en éventail autour de leur tête, et les bras écartés qui semblent esquisser une nage très lente. Je contemple un moment cet étrange spectacle, en me disant: «C'est incroyable, ces gens-là sont morts et pourtant ils nagent.» Puis j'entre dans la maison. Toutes les moustiquaires ont été défoncées, non pas vers l'intérieur, mais vers l'extérieur. Tout à coup, les personnes qui étaient à l'instant dans le tube sont dans la maison et ils me saluent: «Bonjour monsieur Béliveau.» Et c'est à ce moment-là que je me suis réveillé.

À force d'arpenter son bureau en se tenant le menton, le psychiatre va creuser un sillon dans sa moquette.

— Savez-vous ce que veut dire votre rêve? me demande-t-il en se tournant subitement vers moi.

— Non, je n'en ai aucune idée.

— Est-ce que vous voulez que je vous en donne l'explication?

— Oui, s'il y en a une.

— Hé bien, c'est un rêve prémonitoire qui signifie clairement: bienvenue au royaume des morts...

Je prends un coup sur la nuque. Cette fois-ci, c'est sûr: lundi, je serai mort. Si l'interprétation est juste, je n'y échapperai pas. Mon psychiatre semble soudain se rendre compte qu'il vient de m'assommer.

— Mais vous, vous n'allez pas mourir..., dit-il, tentant de se rattraper. Vous avez une bonne étoile qui vous protège. Toute votre vie, il vous est arrivé dix mille choses, vous vous en êtes toujours sorti. Cette fois encore...

En quittant son bureau, j'appelle mon avocat et ami François Ferland et je lui raconte la scène. Il veut coller un procès sur le dos du psychiatre. Je le calme et je me rends chez lui pour rédiger mon testament. Bienvenue au royaume des morts!...

Quelques jours avant l'opération, je vais voir ma mère. J'ai décidé de ne rien lui dire. L'un de mes frères se bat lui aussi contre le cancer, et elle est déjà très affectée par cette maladie.

— Toi, tu ne sais pas ce qu'endure ton frère, me dit-elle. Tu ne sais pas ce que c'est que d'avoir le cancer.

— Non, tu as raison, je n'en ai aucune idée.

Malheureusement, un journal à potins annonce que je suis entre la vie et la mort. La fuite provient d'un infirmier qui m'a reconnu et qui s'est empressé de monnayer l'information. À la dernière minute, ma fille préviendra ma mère, avant qu'elle n'apprenne mon hospitalisation par les journaux.

Le dimanche, veille de l'opération, c'est la fête des Pères et je mange avec mes enfants. Je ne parle de rien, je me dis en pleine forme. Mais à l'intérieur, je vis un enfer épouvantable. Je n'ose pas faire des adieux qui ne feraient qu'augmenter la dose d'angoisse. Je préfère éviter les paroles de réconfort plus ou moins convenues, les gens qui murmurent «ça va bien se passer», parce qu'ils ne peuvent pas me dire «c'est triste, tu vas mourir».

Le dimanche 21 juin au soir, je me présente donc à l'hôpital, toujours sous mon faux nom.

— Il faut tenir compte de votre état cardiaque, me dit le D$^r$ Lafontaine, et s'assurer que vous pourrez supporter le choc opératoire.

Je passe des examens. Je peux «probablement» résister à l'opération... Le médecin vient me confirmer que le grand jour est bien demain.

— Et les ganglions?

— Je vais vous expliquer... Première chose, on va vous endormir. Je vais vous faire deux incisions dans la poitrine pour prélever un échantillon des ganglions. Un chimiste de l'hôpital sera sur place, il fera une analyse à froid. S'il me dit que les ganglions sont attaqués, il est absolument inutile de vous opérer. Dans deux mois vous êtes mort de toutes façons. Je ne vais pas vous opérer pour le plaisir. Si les ganglions ne sont pas attaqués, je vous enlève une partie du poumon ou le poumon entier, je ne sais pas encore. Mais si vous revenez tôt à votre chambre, c'est que l'opération n'a pas eu lieu.

Peut-on me signifier plus clairement que ma vie ne tient plus qu'à un fil, à cette question absurde : est-ce que oui ou non ces fichus ganglions sont attaqués ? Autrement dit : vivrai-je ou ne vivrai-je pas ? Personne n'a la réponse. Encore que depuis mon rêve prémonitoire, je me suis plus ou moins fait une raison, convaincu que je ne passerai pas à travers.

Avant l'opération, l'anesthésiste me prévient gentiment.

— Je vais vous donner de la morphine. C'est une intervention très douloureuse.

Mais je ne suis pas trop inquiet. Ma seule crainte, c'est au contraire de ne pas être opéré. Cette angoisse qui m'étreint, je ne peux la partager avec personne, je dois me renfermer en moi-même, admettre que je ne peux plus rien y faire, sinon attendre.

— Vous me donnez une dose de ce que vous voulez, dis-je à l'anesthésiste, que ce soit un peu flou ; et advienne que pourra...

Et il m'a endormi.

Quand je rouvre les yeux, je suis dans une chambre d'hôpital toute blanche, je n'ai aucune idée de l'heure qu'il est. Je ne ressens aucune douleur. J'ai la poitrine couverte de bandages. Sylvie est là, à mon chevet. Je lui demande aussitôt :

— Est-ce que j'ai été opéré ?

— Oui, Marcel, tu as été opéré. Tout va bien.

Avant de sombrer de nouveau dans le sommeil, j'ai juste le temps de me dire: «Peut-être qu'elle me ment pour me rassurer.» Chaque fois que j'émerge quelques minutes de mon état semi-comateux, une question revient sur mes lèvres, toujours la même:

– Est-ce que j'ai été opéré?

Chaque fois, on me dit «Oui», et je commence à le croire. Ainsi les ganglions n'étaient pas attaqués. Ce sera la vie...

Le mardi matin, je quitte les soins intensifs, on me débarrasse de tous mes appareils. Je suis comme dans un nuage, j'ai mal et je n'ai pas mal, cela n'a plus aucune importance, je suis vivant.

Le chirurgien vient me voir:

– Monsieur Béliveau, vous avez une chance inouïe! [Encore!] Un cas sur mille! Le cancer était assez important, mais il ne s'est pas répandu. J'ai enlevé la partie du poumon qui vous restait. Il n'y a plus rien, vous n'avez plus de cancer.

Le mercredi, d'autres médecins viennent me voir. Ils me trouvent debout, prêt à m'en aller. Je me sens dans une forme superbe.

– Mais vous ne pouvez pas partir, vous avez été opéré il y a deux jours seulement. Attendez au moins jusqu'à vendredi...

Le vendredi, j'ai donc quitté l'hôpital sur mes deux pieds. Et depuis ce jour, tout va plutôt bien.

\*  \*

\*

J'ai passé le mois d'août en convalescence, mais dès le mois de septembre je me suis remis au travail. Le premier septembre, il fallait faire notre rentrée à Radio-

Canada et en France. J'ai tenu le choc, péniblement mais jusqu'au bout.

La presse ayant étalé les détails de mon opération, je recevais un abondant courrier de sympathie. Un jour, ma secrétaire, Hélène Bouchard, me dit:

– Il y a une dame au téléphone qui veut te parler, mais je n'arrive pas à savoir pourquoi, elle pleure comme une Madeleine.

Je réponds; la femme sanglote au bout du fil, incapable d'aligner deux mots.

– Écoutez, je ne peux pas vous comprendre si vous pleurez, alors arrêtez une minute et parlez-moi calmement.

– Vous avez eu un cancer du poumon..., parvient-elle à dire.

– Oui.

– Maintenant vous êtes bien?

– Je pense que oui.

– Je ne sais plus à qui m'adresser, je ne sais plus quoi faire, mon mari a la même chose que vous. Il a un cancer du poumon et depuis qu'il a appris la nouvelle, il ne parle plus, il ne fait plus rien. Sauvez-le!

– Mais madame, je ne suis pas médecin. Et je ne fais pas de miracles...

– Il faut que vous le sauviez.

Je m'informe de son état.

– Il a passé trois semaines dans un hôpital où les médecins lui ont dit qu'il en avait pour deux ou trois mois. Depuis, il a arrêté de parler. Il pleure sans arrêt. Il faut que vous fassiez quelque chose.

– Avez-vous vu d'autres médecins?

– Oui, il y a quinze jours, on est allés dans un autre hôpital. Ils l'ont gardé trois jours. Puis on m'a dit: «Il n'y a rien à faire, allez-vous-en chez vous, votre mari va mourir.»

Que pouvais-je dire à une femme dont le mari est condamné par tous les médecins?

– Vous avez vos radios? Faites une troisième tentative...

– Oh, ça ne vaut pas la peine...

– Écoutez, moi je ne peux pas le guérir, je ne peux que vous donner un conseil. Prenez vos radios et allez voir mon médecin, le D$^r$ Lafontaine, c'est le meilleur. Au moins prenez son avis.

Elle me promet d'essayer.

Quelques jours plus tard, la dame se précipite dans mon bureau:

– Monsieur Béliveau, mon mari n'a pas le cancer du poumon! J'ai vu votre médecin, il m'a dit qu'il allait le traiter.

Elle répétait sans arrêt que j'avais sauvé la vie de son mari, alors que je n'avais fait que l'orienter. Que s'était-il passé? Un diagnostic erroné, provenant pourtant de deux hôpitaux très réputés... Aujourd'hui, le bonhomme est toujours vivant, je l'ai rencontré au restaurant il y a à peine un an, gras comme un moine, de bonne humeur. Lui aussi considère que je lui ai sauvé la vie, il parle même d'un petit miracle. J'imagine que le problème est remis à plus tard, mais au moins voilà des gens heureux.

\*    \*

\*

Si exceptionnel et si «miraculeux» qu'il soit, ce cas a pour moi valeur d'exemple. Je suis persuadé que cet homme, enfermé dans sa chambre et dans son mutisme, serait mort au bout de trois mois. Condamné par la médecine et renvoyé dans son coin, qui d'entre nous ne serait pas tenté d'abandonner la partie? Donnez quelque chose en pâture à votre inconscient, et il agira en conséquence. C'est bien pour cela qu'il ne faut jamais lâcher le morceau, et toujours se dire «non, il y a encore un peu d'espace, je vais aller jusqu'au bout du couloir voir s'il n'y a pas autre chose».

Pourtant, la vie est étonnante: elle n'aime rien tant que de nous voir nous bagarrer bec et ongles, mais au bout du compte, c'est toujours elle qui a le dernier mot, c'est elle qui nous mystifie et nous enfirouape à plaisir, quand nous croyons la modeler comme une pâte. Rencontres, passions, professions, coïncidences et accidents de parcours, tous ces hasards heureux ou malheureux finissent par tracer ce qu'on appelle une destinée – ou une farce dont nous sommes les dindons. La mienne est assez chaotique, je le reconnais volontiers. Mais après tout, qui voudrait d'une existence en forme d'encéphalogramme plat?

Il m'a toujours semblé que c'est en s'abandonnant aux caprices de l'existence qu'on a le plus de chances d'en profiter et de s'y amuser. Si on veut le mouvement et l'animation, il faut sortir dans la rue. Sans appréhension. Quand je monte un bateau, j'aime que les gens y embarquent le pied léger. Ainsi, à la veille de tourner un gag de *Surprise sur Prise*, je n'ai qu'une crainte: c'est que la «victime» du jour ne consente pas à jouer le jeu, qu'elle refuse de se laisser emporter par l'amalgame d'invraisemblable et de burlesque que nous lui servons sur un plateau, comme pour mieux souligner que les péripéties de la vie pourraient bien être considérées sous cet angle, qui n'est pas le pire, loin s'en faut: une suite d'aventures grandes ou petites, mais à coup sûr placées sous le signe de l'absurde et du comique.

Je me souviens d'un petit film que j'ai tourné à l'époque de mes capsules muettes. Un homme sort de chez lui pour se rendre à son travail. Manque de chance, il rate de justesse son autobus. Il décide alors de courir jusqu'à l'arrêt suivant pour le rattraper. Mais là encore, il arrive deux secondes trop tard. Il prend une allée parallèle, il coupe à travers un terrain vague, rien n'y fait, il arrive chaque fois trop tard. Quand enfin il parvient à sauter dans l'autobus, il s'aperçoit que celui-ci a atteint le terminus, et que lui-même est arrivé à destination.

Je ne sais pas bien pourquoi je vous raconte cela, car mes historiettes n'ont jamais eu la prétention d'être des paraboles... Pourtant, je me demande parfois si mon parcours n'est pas à l'image de ce type qui court après une chose dont il n'aura finalement que faire. Mais peu importe : la poursuite est excitante, et la course, revigorante ; voilà mon oxygène ! Et tout à coup, pour celui qui sait la regarder ainsi, la vie n'est plus un canular bête et méchant ; elle devient un jeu passionnant et magique. Surtout ne nous fions pas au vieil adage selon lequel les meilleures plaisanteries sont les plus courtes.

Cette plaisanterie-là, plus elle sera longue, meilleure elle sera...

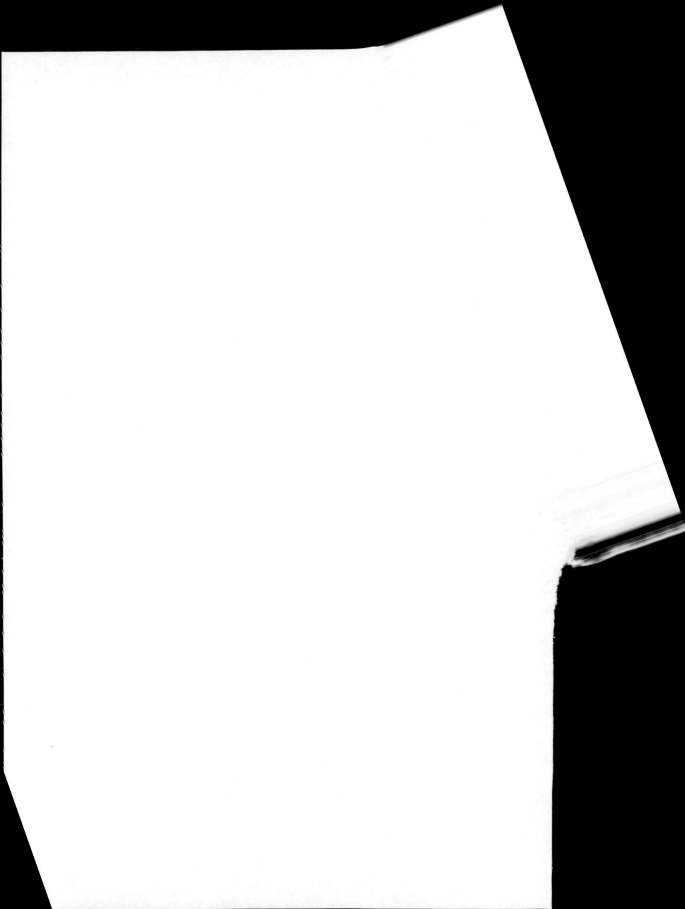